教师怎样说话才有效

（第2版）

李进成 著

中国轻工业出版社

图书在版编目(CIP)数据

教师怎样说话才有效／李进成著．—2版．—北京：中国轻工业出版社，2020.3（2025.7重印）
ISBN 978-7-5184-2754-3

Ⅰ.①教… Ⅱ.①李… Ⅲ.①教师－语言艺术 Ⅳ.①G42

中国版本图书馆CIP数据核字（2019）第274590号

保留所有权利。非经中国轻工业出版社"万千教育"书面授权，任何人不得以任何方式（包括但不限于电子、机械、手工或其他尚未被发明或应用的技术手段）复印、拍照、扫描、录音、朗读、存储、发表本书中任何部分或本书全部内容（包括但不限于光盘、音频、视频等）。中国轻工业出版社"万千教育"未授权任何机构提供源自本书内容的电子文件阅览、收听或下载服务。如有此类非法行为，查实必究。

责任编辑：吴　红　　　责任终审：杜文勇
策划编辑：吴　红　　　责任校对：刘志颖　　　责任监印：吴维斌

出版发行：中国轻工业出版社（北京鲁谷东街5号，邮编：100140）
印　　刷：三河市鑫金马印装有限公司
经　　销：各地新华书店
版　　次：2025年7月第2版第8次印刷
开　　本：710×1000　1/16　印张：19.5
字　　数：192千字
印　　数：26001—28000
书　　号：ISBN 978-7-5184-2754-3　定价：58.00元

读者热线：010-65181109
发行电话：010-85119832　　010-85119912
网　　址：http://www.chlip.com.cn　http://www.wqedu.com
电子信箱：1012305542@qq.com

版权所有　侵权必究
如发现图书残缺请拨打读者热线联系调换
251090Y1C208ZBW

第2版前言
PREFACE OF THE SECOND EDITION

教师的语言是影响教育教学质量的关键因素，很多教师因无法精准地表达而苦恼，因说者无心、听者有意而产生误会，因关注道理的正确却缺乏对学生的心理关注而减弱了沟通效果，把教育者的爱的初心变成了对学生的心理伤害，也因学生的反应不如教师所期盼的那样而反过来影响了自己的心态。所以《教师怎样说话才有效》自2012年出版以来，就受到广大一线教师的喜爱，网上好评不断，成了很多教师开展教育教学工作的语言蓝本，是国内很多地方的教师教育培训用书。

为了更好地在宏观层面上促进一线教师的思维发展，使其更好地理解和运用教师的语言，应中国轻工业出版社"万千教育"编辑部的要求，我对《教师怎样说话才有效》一书进行了修订。

第2版的内容分为两个部分：理论篇和实践篇。理论篇（第1—4章）是本书增加的内容；实践篇基本保持不变，只做了很少的修改。

第1章全面总结了教师语言的基本要素及要求，指出教师的语言要符合教育要求和学段特征，要富有感染力、启迪性和激励性，要体现民主性。这几点都是遵循教育教学规律和学生身心发展规律提出来的，也符合立德树人这一教育根本任务的要求。

如果说第1章是从教育的宏观角度提出了教师的语言标准，第2章就从语言效果上考虑，提出了教师有效说话的基本要求，给出了六个指标：以学生的发展为本，以仁爱、尊重和宽容为基础，以正面引领为方向，以表扬鼓励为主调，以批评指正为校准，以幽默为润滑剂。用这六个标准给教师的语言定调，有利于教师更好地检验自己的语言，提升自己的语言表达能力与水平。

第3章重点分析教师语言的影响力所在，提出了"教师语言里有学生的未来"这一论断。该论断虽有一定的绝对性，却凸显了教师语言的影响力。在动漫电影《哪吒之魔童降世》里，哪吒有这样一句台词："他们把我当妖怪，那我就当妖怪给他们瞧瞧。"外界的评价往往会引导当事人做出相应的行为，虽然评价的目的是希望对方改变某种行为，可是从实际效果来看却可能强化对方的某种行为。教师作为学生成长过程中的重要他人，其语言的影响力自然要比其他人大得多。本章从教师语言里有对学生未来身份的暗示、有对学生兴趣的引导、有对学生价值取向的引导等方面进行分析，然后重点强调了故事和隐喻对开启学生心智的作用。

教育的根本任务是立德树人，是让每个学生发光出彩，帮助学生成长为最优秀的自己。教师的教育教学工作要在以学生发展为本的基础上进行，因此第4章指出，教师要多说有助于学生成长的语言。教师要多说关注学生优点的语言，及时关注学生的显性优点，善于发现学生的隐性优点，深入挖掘学生的潜能。教师也要多说鼓励支持的话，并灵活运用批评的语言。人是情绪化的动物，无论教师还是学生都难以避免情绪的影响，如果过度压抑情绪就会对自己和他人造成更严重的伤害。情绪是有能量的，只有动之以情，才能晓之以理，所以教师还要充分利用情绪的价值，只有这样语言才更具有感染力。

教师是一门具有独特性和专业性的职业，教育有法但无定法，既有专业要求又不能僵化统一。因此本书只是针对教育规律提出了一些语言模式及要求，仅供一线教师参考，敬请广大读者批评指正。

李进成
2019年9月26日

第1版前言
PREFACE OF THE FIRST EDITION

从登上讲台的那一天起，我就立志做一个受学生欢迎的好老师。我满怀激情倾囊而出，沉浸在传道授业解惑的快乐之中。但事实告诉我，这只是我的一厢情愿，一个我平时喜欢并寄予厚望的学生竟然当堂顶撞我，让我良好的自我感觉瞬间消失了。

随着职业生涯的逐步展开，我感受到太多的师生矛盾。为何一心奉献、不求回报的老师却得不到学生的认可？为何双方有着共同的目标却难以形成统一的战线？为何看似很简单的问题，却越处理越复杂？那些报刊上所讲的教育艺术为什么在我的周围难以看到？

直到接触神经语言程序学（Neuro-Linguistic Programming，简称NLP）这门学科之后，我才慢慢找到这一系列困惑的答案。

一次偶然的机缘，我有幸聆听了李姗璟老师的一场报告，阅读了她的《24小时改变孩子的一生》等三部著作，了解到了NLP的神奇作用。于是，我试着用书里的一些技巧来和学生沟通，感觉自己和学生的关系变得融洽了，一些看似困难的问题很容易就得到了解决。

2010年8月，我有机会学习了中国NLP学院创始人黄启团先生主讲的"教练式管理"课程。虽然课程的授课对象是企业管理者，但我从中学到了许多沟通技巧和教育之道。我边听课边想，这些理论和方法怎样才能转化为教育方法呢？

新学期开始，我在"班主任之友论坛"的《教育管理》栏目开了一个以"怎样说才有效——我与学生的对白"为题目的主题帖。该帖精彩的对话、幽默的语言、轻松的氛围、机智的方法立即得到了广大网友的认可和喜欢，甚至成了很多网友每天必读的内容。众网友纷纷跟帖支持和鼓励。

蒲公英的种子：乐山（我在论坛里的网名）老师的智慧有四两拨千斤的效果。学生心领神会，受到了教育就好了。这需要积淀、积累、智慧和心态，非大家不可。我们都得修炼。

大木长天：乐山老师在轻松愉快的氛围中就教育了学生，真正的高手即是如此！

惊弘：这是最快的学习方式，这是最有实效的课堂教育！这也是最令人反省的艺术语言！

春兰：今天继续欣赏了后面的帖子，再次被您高超的语言艺术所折服！简短的话语，尽显您的睿智与您对学生的宽容和尊重，而且诙谐幽默，能使学生在轻松愉快的语言环境中受到教育。读帖的老师也能从中获取智慧与一份好心情。这个帖子真是太精彩了！我以后会常来学习的，再次感谢！

冬春夏秋：看过乐山老师的帖子后，这几天学生出现问题时，我也能静下心来不直接批评，而是心平气和、幽默地指出了。在此，谢谢乐山老师。

网友的鼓励给予我无穷的动力，也让我感受到了 NLP 的威力，我对 NLP 理论的研究更加痴迷。我上网买来几十本国内外关于 NLP 的理论书籍，认真阅读，并试着在更深的层面运用这一技巧。

随着帖子的内容不断丰富和广大网友的跟帖反馈，该帖的影响越来越大。全国著名特级教师张万祥老师专门给帖子写了一篇评论文章，并在他主持的《名家专栏》里推荐。更多的老师慕名而来，此帖的点击量迅速增加，网站也把该帖放到首页，让大家重点关注。

下面节选张老师的部分评论文字，他的鼓励给予我更大的动力。

我把乐山的系列帖子"怎样说才有效——我与学生的对白"下载并兴致勃勃地阅读了，收获挺大。众多青年班主任朋友纷纷跟帖，或赞誉、或点评、或抒发感想，系列帖子博得了大家的喜爱，给论坛带来了一股清新的风。我很同意大家的意见，在此，也想谈点看法。

第一，乐山是个有心人。为什么要推出这个帖子，他说："我相信有效比有道理更重要，看到实际的教学中很多老师与学生发生激烈的冲突，无非就是争论一个道理，认为自己是对的，但效果往往是以伤害师生感情为代价。因此，我就把自己与学生的对白做一个原生态的展示，希望对大家有所启发。"在系列帖子里，乐山研究了在各种情境、各种场合、各种难题面前，老师怎样和学生对话，怎样对话才有效、才能走进学生的心灵。

第二，要明确教书育人，必须重视细节。教育就是平平常常的一堂堂课、平平常常的一节节班会、平平常常的一次次谈话、平平常常的一回回活动、平平常常的一次次锻炼，甚至只是平平常常的微笑或者皱眉……教育就是一个个学期，就是一个个班级，就是一个个学生，就是一天天……而教育的每一天都有打招呼、迟到、课间十分钟、广播操、午餐午休等琐碎的事情。系列帖子的一大特点就是把这些琐事变成了教育的宝藏。

第三，系列帖子凝聚了乐山老师的教育智慧，闪烁着智者思想的光芒。

随着帖子数量的增加和影响力的提升，广大网友纷纷建议整理出书。有一天，青年班主任的领军人物郑学志老师联系我说，他把该帖推荐给了"万千教育"，让我和吴红老师联系。就这样这本书慢慢有了雏形。

该书的写作思路根据教师工作涉及的对象（学生、家长、同事）和领域进行分类，这样有利于读者按图索骥，根据需要有针对性地阅读。领域分为与新生沟通、课堂管理、常规管理、违纪管理、养成教育、化解矛盾、心理辅导、与家长沟通、与同事相处等内容；每部分内容又分为方法源头、沟通实录、案例评析三个板块。"方法源头"重点讲有效沟通的心理学原理和方法技巧，这些内容主要是 NLP 的基本理论和技巧；"沟通实录"主要是展示我和学生沟通的真实情境，给读者一个直观印象；"案例评析"主要是对一些典型案例进行分析和评论，并根据评论做出"现场模拟"的展示，希望给大家更多的启发。

该书的核心观点：

◆ 爱心是基础，教师要注意经营"情感银行"。
◆ 关注"焦点"，所有的沟通都不能脱离核心目标。

- 有效果比有道理更重要，所以很多道理可以不讲，但要积极思考处理眼前问题最有效的方法。
- 寻找正面动机，每个行为背后都有一个正面动机。
- 理性地对待学生的错误，学生犯错是成长的必然过程。
- 置换位置，引导对方从多角度思考问题，从而引发对方内省，自己找到解决问题的方法，而不是被动地接受教师的教导。
- 体验大于说教，创设情境或者引导学生想象某种结果，让学生通过想象感受到行为的结果，反过来用结果影响当前的行为。
- 说清楚不等于听明白，沟通的意义取决于对方的回应。因此，沟通不应该只强调自己说了什么，还要考虑对方听到了什么。
- 事件本身没有意义，是当事人的认识赋予了事件意义。因此，如何定义对方行为的意义直接影响到情绪反应和沟通效果。
- 用重塑自我的方法改变学生内在的自我认识。多用积极暗示，少用消极暗示。
- 事实不等于真相，不要让自己的经验左右了对事实的判断。大脑固有的认识往往会错误地推测对方的意图。
- 学会接纳对方的情绪，先跟后带，引导学生理性思考。情绪的背后往往隐含着爱和关怀，透过情绪看到爱，双方就容易理解和沟通了。
- 调整语言模式，少问"为什么"，多问"怎么办"。

对任何方法的使用都要注意"具体问题具体分析"，因为学生的成长背景、师生关系、教师的教育背景都有很大的差别，因此读者阅读本书时，一定不能拘泥于书中的方法。希望广大读者能活学活用本书中的技巧，让你的教育更轻松。

最后，再次感谢"班主任之友论坛"这个平台以及在这个平台上不断给予我支持与鼓励的张万祥老师、郑学志老师、郑立平老师、杂志编辑以及众多网友，感谢"万千教育"给我这个无名之辈一个机会，感谢吴红老师给我无微不至的指导。拙著即将面世,我怀着惶恐和激动的心情期待大家对拙作进行批评指正,您的意见就是我提升的动力。

李进成
2012年2月26日

目 录
CONTENTS

第 2 版前言 ·· I
第 1 版前言 ·· III

理论篇

第 1 章　教师语言的基本要素及要求 ················ 2
第 2 章　教师有效说话的基本要求 ···················· 9
第 3 章　教师语言里有学生的未来 ···················· 22
第 4 章　有助于学生成长的语言 ······················· 29

实践篇

第 5 章　与新生沟通，怎样说才有效 ················ 42
第 6 章　课堂管理，怎样说才有效 ···················· 63
第 7 章　常规管理，怎样说才有效 ···················· 80
　　　一、制度常规，怎样说才有效 ·················· 80
　　　二、行为常规，怎样说才有效 ·················· 91
第 8 章　违纪管理，怎样说才有效 ···················· 115
　　　一、批评惩罚，怎样说才有效 ·················· 115
　　　二、手机管理，怎样说才有效 ·················· 129
　　　三、学生早恋，怎样说才有效 ·················· 140
第 9 章　养成教育，怎样说才有效 ···················· 145
　　　一、励志教育，怎样说才有效 ·················· 145
　　　二、目标教育，怎样说才有效 ·················· 155

　　　　　三、学习指导，怎样说才有效……………………161

第10章　化解矛盾，怎样说才有效……………………177
　　　　　一、矛盾是怎样产生的……………………177
　　　　　二、化解学生之间的矛盾，怎样说才有效…181
　　　　　三、化解师生矛盾，怎样说才有效…………194
　　　　　四、化解两代矛盾，怎样说才有效…………211

第11章　心理辅导，怎样说才有效……………………220
　　　　　一、学生有负面情绪，怎样说才有效………221
　　　　　二、学生沉默不语，怎样说才有效…………228
　　　　　三、学生缺乏自信，怎样说才有效…………234
　　　　　四、学生懒惰，怎样说才有效………………241
　　　　　五、学生不善交往，怎样说才有效…………247

第12章　与家长沟通，怎样说才有效…………………253
　　　　　一、一般沟通，怎样说才有效………………253
　　　　　二、家长责难，怎样说才有效………………259
　　　　　三、家长求助，怎样说才有效………………266

第13章　同事相处，怎样说才有效……………………277
　　　　　一、同事日常相处，怎样说才有效…………277
　　　　　二、协调科任老师，怎样说才有效…………282

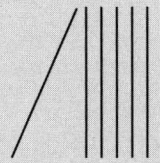

理论篇

　　语言是传道授业解惑的主要媒介，也是情感交流的主渠道，是完成立德树人根本任务的主要手段。如何运用语言完成教育教学任务，从而守好教育主阵地、唱响教育主旋律是教师非常重要的一项专业素养。本篇就从教师应具备的语言素养、有效说话的基本要求、教师语言的内在影响力以及有助于学生成长的基本语言模式等方面进行分析，以帮助教师从宏观上掌握有效说话的基本原理。

第1章
教师语言的基本要素及要求

教师是富有独特性和专业性的职业。独特性体现在面对个性迥异的学生,教师既要遵照基本的教育规律,又不能机械地应用一种模式或方法,而需要根据学生的个性、情绪、经历以及当下的具体情况灵活处理。专业性体现在教育要符合学生的身心发展规律、成长成才规律、认知规律,教师要根据具体情况准确判断学生的思想、情绪、动机,用更符合学生年龄特征、性格特征的方式对其进行教育。而教育主要靠语言,所以教师的语言更应该体现专业性特征。那么教师的语言有哪些规范要求呢?

1. 教师的语言要符合教育要求

我国教育的根本任务是立德树人,致力于培养学生的必备品格和关键能力,培养德智体美劳全面发展的合格的社会主义建设者和接班人。因此,教师的语言要与党的教育方针、政策保持一致,教师要引导学生树立共产主义远大理想和中国特色社会主义共同理想,增强学生的中国特色社会主义道路自信、理论自信、制度自信、文化自信,立志肩负起民族复兴的时代重任。课堂是教育教学的主阵地,在课堂上学生主要靠视觉和听觉学习。因此,教师的语言要符合教育教学的要求,做到声音洪亮,富有节奏,发音标准,表意准确,富有感染力,能充分调动学生的思维。

2. 教师的语言要符合学段特征

习近平总书记说:"广大教师要做学生锤炼品格的引路人,做学生学习知识的引路人,做学生创新思维的引路人,做学生奉献祖国的引路人。"为了做好引路人，教师要注意，自己在教育教学中的语言一定要符合学生不同年龄段的心理特征。低年龄段学生的思维以形象思维为主，注重感受，逻辑分析和理性思考较弱，所以教师的语言要生动形象，多用描述性的语言，少讲抽象的道理，多关注孩子的感受，少进行道理说教。高年龄段学生的抽象思维、理性思考逐渐增强，教师要多引导学生深入思考，透过现象看本质，增强学生的反省能力，引导学生在反思中建构自己的知识结构，提高自己的认知水平。

3. 教师的语言要富有感染力

教师说话时语气亲切、自然、柔和，富有表情，比起平淡无味、冷漠生硬的语气，更能激发学生强烈的内心体验和积极参加各种活动的欲望，从而收到良好的教育效果。陶行知先生说："教师的生活是艺术生活。"教师的语言便是这艺术生活中的艺术。优秀的教师会不断锤炼自己的语言，让传道授业解惑变得生动有趣，如春风化雨，润物无声。教师应该是最好的语言艺术家。而要想让语言富有感染力，教师就必须在生动性、趣味性和深刻性上下功夫。教学时要婉转迂回、引人入胜、深入浅出、画龙点睛，让学生产生身临其境的感觉。谈心时娓娓道来，倾听时专注耐心，讲理时入木三分。话不在多，有效就行。

4. 教师的语言要富有启迪性

陶行知先生说，"教是为了不教"。教育不是简单的知识传授，而是重在培养支撑学生终身发展的、适应时代需要的关键能力，建构学生的知识结构，培养学生的思维能力，因此教师语言的启发性就非常重要。我国古代大教育家孔子就很重视启发式教学。他曾说："不愤不启，不悱不发。"教师应该通过自己的外因作用，调动学生内因的积极性。教师要用启迪性的语言来引导学生，促使学生把学到的知识转化为自己的具体知识，再进一步把具体知识转化为自己的能力。教师可以通过创设情境、运用比喻、联想类比等方法,对接学生的最近发展区,用启迪性的语言激发学生的内驱力,从而引导学生在自主、合作、探究中不断提升学习力并丰富知识。

5. 教师的语言要富有激励性

教师是学生成长过程中的重要他人,其评价往往会对学生的内心产生深远的影响。

随着立德树人、核心素养等教育观念的深入人心,教育的追求从传授知识逐渐向育人的本真回归,不是教知识而是用知识育人成了教育者的共识和追求。俗话说:浇树浇根,育人育心。能否给学生的成长打下一个良好的心之基础,这是教育成败的关键。

欲修身,先修心。身安不如心安,屋宽不如心宽。王阳明认为,心左右一切。心中所想会影响我们的行为,一颗平静而宽容的心能够令人体会到生活的快乐,而一颗躁动而沉重的心则令人陷入黑暗之中,找不到方向。"须先有根,然后有枝叶。不是先寻了枝叶,然后去种根",这是王阳明对修心之重要性的比喻。人生未来的各种行为、成就其实都是从"心"这颗种子而来的。

无论传统文化价值观还是现代教育学、心理学的追求,无论是修身养性还是播撒梦想、进行励志教育,根本的着力点都在"心"这一点上。因此,教师的激励性语言对教育学生来说非常重要。

6. 教师的语言要体现民主性

由于师道尊严观念的长期影响,以及应试教育和学校管理的现实要求,在当下的师生关系中,教师往往占据话语的主导地位,以权威和真理压制学生,教育方式也多以管教、说服为主,容易导致学生感到自己无能、羞怯、退缩,形成过分服从与依赖等心理品质,或者形成反抗、仇视、不信任、不合作等不良行为特征。爱因斯坦说:"学校的目标应当是培养能独立行动和独立思考的人。"亚里士多德说:"吾爱吾师,吾更爱真理。"因此,教育要具有平等、民主和合作的特点。这就要求教师尊重每个学生的兴趣、爱好、个性和人格,要求教师以平等、博爱、宽容、友善和引导的心态来对待每个学生。教师要使自己的语言体现一定的民主色彩,在言谈中为学生提供一个民主、宽松的环境。教师要注意使自己与学生的地位平等,自觉地意识到师生双方在人格上享有同等地位,并且使学生意识和体验到这一点。在教育过程中,教师一定要尊重学生,尊重学生的言行、尊重学生的人格、尊重学生的内心世界,促进学生健康发展。

附:

教师语言规范要求

忌用的字眼

笨,笨蛋,呆子,傻,傻瓜,神经病,白痴,没出息,蠢,滚,讨厌,无可救药

忌语

1. 全班你最笨!
2. 你的脑袋瓜是怎么长的?!这么简单的题你都不会做!
3. 神经有毛病!
4. 你跟白痴没啥两样!
5. 真是猪脑,这点小事你都记不住!
6. 做不出来,就滚出去!
7. 你个没出息的家伙,真讨厌!
8. 你怎么这么笨?怎么教都教不会!
9. 一看你这张脸,就知道人呆呆的!
10. 再忘了,明天你就不用来上课!
11. 整天疯疯癫癫的,真是神经病!
12. 连这都不懂,不知道你有多傻!
13. 猪都比你聪明!

14．这么简单的题目都不会做，你是木头人啊！

15．滚回家去，叫你家长来！

16．你太差了，我不会教，叫你家长自己教！

17．你们这一群笨蛋，长大了一点出息也没有！

18．回家抄课文去！

19．不关你的事，真是白痴！

20．你看看你自己，蠢得像头猪，还能干什么！

21．算了，算了，我再也不管你了！

22．教到你，我真是倒霉！

23．这么笨的事只有你做得出来！

24．蠢材一个！

25．你的眼睛瞎了！自己看！

26．怎么又迟到了，你死到哪儿去了？！

27．只知道玩，跟白痴一样！

28．再闹，再吵，就给我滚回去！

29．没见过你这么令人讨厌的学生，天天都有事，干脆不要来了！

30．老讲你不听，脑袋生锈了吧，不知你妈是怎么生你的！

31．你的孩子我不会教，你自己带回家教去！

32．你这孩子我管不了！

33．你们家长是怎样教孩子的？！

34．你的孩子没家教！

35．你的孩子是全班最神经的一个！

36．把孩子带回家去，好好修理一下！

37．你的孩子真难教，怎么讲都不听！

38．你的孩子脑袋有问题，自己带回去检查一下！

39．作为家长你连签名都不会！

40．你自己都管不好自己的孩子，叫我怎么管！

文明用语

请,谢谢,对不起,没关系,您好,麻烦您

提倡用语

1. 老师真为你高兴!
2. 你能行!
3. 你做得到!
4. 我相信你!
5. 别急,你会让老师满意的!
6. 慢慢说,你会回答的!
7. 今天能看到你举手发言,真是太好了!
8. 一时记不起来,没关系!
9. 谢谢你为同学(为班级)所做的一切!
10. 你这样的表现,真让人满意!
11. 老师喜欢看到你专注的眼神!
12. 错了,大家一起来帮你!
13. 对了,这就是进步!
14. 我能帮你什么呢?
15. 你是不是需要我的帮助?
16. 这次没达到要求,下次再努力!
17. 想好了再说,老师不怪你!
18. 你的进步,就是老师的快乐!
19. 我们一起来(做)!
20. 别忘了,我也是你的朋友!
21. 我认为你是有出息的孩子,只是一时糊涂了!
22. 这可不像你的做法,拿出你的真本事来!
23. 你愿意把心里的话悄悄告诉我吗?
24. 你又成功了!

25．一次一次战胜自己，就是进步！

26．你和别人没什么两样，我一直都是这么想的！

27．我总是记着你的优点！

28．我发现你懂事了，真让人高兴！

29．我给你一点时间。你考虑好了，再告诉我，行吗？

30．孩子的事，我们一起来研究！

31．别忘了，你的孩子也是我的孩子！

32．孩子是有贪玩的时候，我们一起来帮助他！

33．教育孩子，是我们教师的职责。我一定全力以赴！

34．我相信家长也和我一样希望孩子有让人满意的表现，但不能操之过急！

35．对孩子所犯的错，我们应该冷静地想想办法。我们一起来努力！

36．我一直关注着你的孩子，相信他会进步的！

37．我们经常保持联系，好吗？

38．谢谢家长的支持，我们会努力把工作做好！

39．孩子的事，马虎不得。我愿意帮助他！

40．我们要相信孩子，不要给他太大的压力和负担！

第 2 章
教师有效说话的基本要求

有的教师说自己苦口婆心地教育学生,学生却不领情;也有的教师认为自己什么道理都给学生讲了,就是没有效果;还有的教师因为学生屡教不改或者顶撞冒犯自己而大动肝火,甚至在情绪激动之下做出触碰教育底线的行为。我认为,如果教育只是讲正确的人生道理和对学生进行规则约束,那么这项工作就太简单了。教师语言的专业性一定要体现在效果上,一定要符合教育的基本规律和学生的身心发展规律。

1. 以学生的发展为本

中共中央办公厅、国务院办公厅2017年印发的《关于深化教育体制机制改革的意见》中强调,要建立以学生发展为本的新型教学关系。语言是有力量的,以学生发展为本的语言就是给学生力量的语言,是能让学生变得积极向上的语言。很多教师在批评学生时往往理直气壮,因为他们有一个理直气壮的理由——"都是为了学生好"。这个理由只能说明教师的动机是好的。我们常说"有效果比有道理更重要",所以我们要以教育的效果为标准来评价教师的教育语言。

遗憾的是,很多教师在教育的过程中往往不是关注学生的发展成长,而是过多地聚焦在学生的具体行为以及呈现出的问题上,希望通过纠正行为和批评指正来让学生获得成长。这样的动机无疑是好的,遗憾的是,教师的教育行为在现实中往往会激化矛盾,导致两败俱伤。

NLP 认为,关注什么就会得到什么。一般情况下,教师习惯于关注学生存在的问题,怀着悲天悯人的情怀,本着治病救人的策略,语重心长地动之以情、晓之以理，结果却是在一次次地强化学生的问题。这样的教育，不但没有促进学生的成长，反而会不断地给学生贴上一些负面的标签，如"屡教不改""不思进取"等。而学生得不到足够的认可，在教师不断地关注问题的教育下，自信心越来越差，学习动力越来越弱，最后甚至厌学，陷入恶性循环之中。教师则无法产生教育成就感，无法体会到职业幸福感，结果越来越讨厌教育工作，最终走向职业倦怠。

如果一位教师以学生的发展为本进行教育，其教育视野就会更远，他就不会纠结于学生的具体行为，而是会通过行为看到学生的兴趣、潜能、渴望、动机等，然后给予有效引导，从而达到好的教育效果。

例如：

有一次一个职业学校的老师向我咨询了一个问题：她班上的一个学生在学校卖烟，学校德育处抓到该生后要处理他。但该生不服，因为学校的规定是在学校里不能抽烟，他没有抽烟，只是卖烟，所以处理他是没有根据的。被学生如此一反驳，德育处的领导就说："买烟的学生肯定是抽烟的。如果你能说出是谁买了烟，你就没事了。"结果，该生很不配合，说他没有义务说出他客户的名字，他要对客户负责。德育处的领导没有办法，于是就让班主任做工作。该老师也是无可奈何，就向我咨询该怎样处理。

当时我就问该老师：你想要的结果是什么？她说让学生说出买烟者的姓名。我又问：如果是你，你会说吗？她立即摇头说，如果是她，也肯定不说。老师自己不愿意做的事情，却让学生去做，这样的教育会有效果吗？这样的教育思路，只会不断地制造问题。在老师眼里，学生难以管教，让人头疼不已；在学生看来，老师不懂自己，无法真正帮助自己，还总是找自己的麻烦，令自己痛苦不堪。这样的教育思路和教育效果不是我们需要的，却在实际中广泛存在。

那么，这个难题该如何解决呢？该校是职业学校，且有市场营销专业。我立即找到了该生行为背后的"正面能力"：商业意识强，行动力强，善于抓住商机等。老师可以充分肯定该生的这些能力，然后让他组建一个学生社团——"营销公司",只是要对经营的范围做一些调整,不卖烟,可以卖学生的必需品等。这样既培养了学生的能力,又增加了学生对老师、学校的认同感。这样教育,很可能会培养出一个未来的商业奇才。

2. 以仁爱、尊重和宽容为基础

习近平总书记说:"做好老师,要有仁爱之心。"有仁爱之心的教师会给予学生足够的尊重和宽容。

(1) 仁爱

教育是一门"仁而爱人"的事业,爱是教育的灵魂,没有爱就没有教育。霍懋征老师说过:"是什么力量把一个人见人烦的孩子,变成人见人爱的孩子?是爱。爱是阳光,可以把坚冰融化;爱是春雨,能让枯萎的小草发芽;爱是神奇,可以点石成金。"

我们的学生,有成绩出色的,也有成绩暂时落后的;有漂亮的,也有并不漂亮的;有出身豪门的,也有平民子弟;有说话乖巧的,也有木讷寡言的;有习惯良好的,也有习惯不良的……但每个孩子都值得我们爱。每个学生都是独一无二的生命个体,他们生命的鲜花都应该自由地绽放。越是暂时还不够出色的学生,可能越是平时缺少爱的雨露滋润的学生,越需要得到教师的关爱。教师要懂得锦上添花,更要学会雪中送炭。教师的教育风格可以迥然不同,但爱应成为教师从事教育工作时永恒的主题。

(2) 尊重

教师与学生交流时必须充分地尊重学生。离开了对学生的尊重,根本谈不上教育。得到尊重,是每一个人在人生各阶段都有的心理需要,儿童和青少年更是如此。一些调查材料反映,尊重学生越来越成为好老师的重要标准。好老师既尊重学生,使学生充满自信、昂首挺胸,又通过尊重学生的言传身教来教育学生尊重他人。

(3) 宽容

好老师一定有一颗宽容学生的心。海纳百川,有容乃大。学生群体是一个充满个性的群体，每个学生都有属于自己的天空和思想王国，有自己独特的思想和看法。作为教师，如果心中不能容纳这些充满"个性"的学生的独特之处，就很难发现他们身上独有的价值。

教育是慢的艺术。学校应是真正育人的地方，应是允许学生犯错误的地方。教育是一个过程。学生素质和能力的培养不会立竿见影，也不可能一蹴而就，而是遵循着螺旋式上升、跳跃式发展的规律。教师要了解、理解、尊重孩子，也要欣赏、引领、包容孩子。学生犯错后，教师要宽容其过错，想办法帮助学生改正错误，而不能因学生的一点过错就心生厌恶或怨恨，甚至耿耿于怀。

3. 以正面引领为方向

有人说：一个人没有优点也没有缺点，只有特点。优点是特点的善用，缺点是特点的误用。所以，在教育学生时我们要善于发现学生的特点，引领学生正确地使用他的特点，而不是一味地压制。倒洗澡水的时候，不要把婴儿一起倒掉。如果在纠正学生的一个所谓的错误时，把这个学生的特点也一起抹杀了，那么这样的教育很可能是扼杀。

没有两个人是完全一样的，每个人的人格都是平等的，一个人不能真正操控和改变另外一个人。因此，引领学生成长必须在双方彼此尊重的基础上进行。

人的成长往往都是在不断地犯错和改错中进行的，换句话说，犯错是孩子成长的必然过程。其实犯错并不可怕，可怕的是我们（包括学生）对待错误的态度。有这样一个观点：世上90%的事情无所谓好坏，所谓的好坏是当事人认为的好和坏。事件本身并不会伤人，伤人的是人们对待错误的认知。同样，问题并不是问题，对待问题的态度才是问题。所以我们要从有利于学生成长的角度，并以包容的心态来看待学生的错误，教会学生把错误变成成长的财富。我经常告诉学生的一句话就是："勇者敢于改正错误，智者把错误化为成长的财富。"

心理学强调每个行为背后都有正面动机和正面能力，所以，教师正面引领的前提就是通过具体行为看到学生的正面动机和正面能力。下面我结合具体案例来谈谈教师如何根据正面动机和正面能力来进行有效教育。

先看一个肯定学生行为背后的正面动机，并以此来引导学生行为的案例。

有一个学生在考试时作弊被抓。根据我对这个学生的了解，他平时学习态度还是端正的，有些小聪明，但基本上还是比较遵守纪律的。这次作弊是否另有隐情呢？我没有简单地用规章制度和讲道理来处理此事，而是耐心地和这个学生谈心。通过交谈得知，原来他的妈妈最近得病住院了，医生说好心情有利于病情康复，而他认为，让妈妈开心的最好办法就是他考出一个好成绩。他考虑到自己最近学习不是很投入，复习不够充分，于是就在考试中铤而走险。原来促使学生作弊的真正动机是他希望自己考出一个好成绩，让妈妈开心，使其尽快康复。

了解到这些后，我就充分肯定了该生的动机和表现出的孝顺这一优良品格。我告诉他有两种办法可以选择：一是按照学校的规章制度进行处罚。二是老师借分给他，开一个好的成绩单，让他妈妈开心。但是有借有还，还的方式就是下一次考试要达到或超过所借的分数。例如，假设这次实际成绩是70分，而让他妈妈开心的分数是80分，这样就等于借了10分。下次要考出80分以上的成绩，否则"二罪"并罚。最后，通过协商学生选择了借分。该生的动机在我这里得到认可后，其学习态度大变，一段时间内他学习特别刻苦，结果在第二次考试中取得了85分的成绩。

这个案例的具体做法也许会引起一定的争议。我通过这个案例真正要表达的不是具体做法，而是告诉大家，要学会通过具体行为看到一个人行为背后的正面动机。心理学认为：我的动机被接纳了，我才感觉我这个人被接纳，于是就更愿意听从对方的教导。

再看一个通过行为看到学生的正面能力，并通过肯定其能力来引导学生成长的案例。

某初中一个初二的学生,因为情绪失控而暴打班主任,最初好几个老师都不能阻止,直至来了几个体育老师才控制住该学生。因为尚在义务教育阶段,学校没有办法直接开除学生,让家长把他领回家反思。后来该生的妈妈通过其他渠道联系到我,让我帮助教育他。

有一天下午,该生和他妈妈来找我。我先找了一个地方和他吃饭聊天。整个吃饭的过程中我都在和该生聊一些他感兴趣的话题,以建立亲和力,因为只有建立起亲和力我才可以和他真心地交流。吃过饭后,我们对彼此都有了一定的了解。他妈妈离开后,我开始了和他的对话。

一开始我没有语重心长地对该生说教,例如,说老师批评你都是为了你好。这样的话虽然有道理,但并不会产生好的教育效果。因为他冷静后一定会后悔自己的冲动行为,并会意识到自己犯的错误。我也没有对他进行道德捆绑和纪律约束,因为这样只能限制孩子的成长。我另辟蹊径地开玩笑说:"孩子,你知道我从你身上看到了什么吗?"这个学生感到很好奇,问我看到了什么。我说,我看到了他有成为英雄的潜质,因为一个人想要成为英雄,必须具备两个基本条件——力量和胆量,而这两点他都具备。然后,我又告诉他,另一种人也具备这两个条件,也就是英雄的对手,如流氓、坏蛋等。我进一步告诉他,英雄和流氓二者不同的是,力量和胆量使用的对象不同。接下来,我鼓励他,力量和胆量是他身上的特质,可以保留,只是不要用来打老师,可以用来多做一些对社会有利的事情。得到肯定的学生很激动,当下就表示认同。

在肯定了该生行为背后的正面能力后,我又看到了他内心的委屈。任何冲动行为背后都有负面情绪的存在,并且是一定时期内积累的结果。于是,我引导该生回顾他和班主任相处的一些事件。在他讲述时我适时提问:"面对此情此景,如果你是班主任,该如何处理?"该生在一个个事件中换位思考,突然感受到了班主任的良苦用心。他真诚地告诉我,原来班主任的一切批评都是为了他好。学生真心感受到的道理和教师的空洞说教相比要深刻得多。

在该生充分理解了班主任的教育行为后,我又指出了他的情绪所在,让他充分地发泄内心的委屈,然后引导他如何处理生活中的一些事件,以及如何正确地面对接下来的学校处罚。后来该生很好地度过了这个关口,并顺利地完成了学业。

每个人都是在所经历的事件中反思成长的。当学生出现一些不恰当的行为时,我们可以批评其具体行为,但不要对学生进行完全的否定,而要接纳学生本人,纠正其具体行为。如果能从行为中看到学生的潜能,引导学生往好的方向发展,这样的教育才是真正以学生为本的教育,才是有效的教育。

4. 以表扬鼓励为主调

人性的弱点之一就是渴望被赞美和认可,喜欢表扬而不喜欢批评,喜欢鼓励而不喜欢打击。在学生身心发展的各个阶段,其价值观还不成熟,其自我评价往往希望通过他人之口来得到确认,如果学生从别的同学那里听到老师对他的肯定和赞美,就会从内心深处更认同,会对老师的教育感恩,会更肯定老师的诚意,会不自觉地朝老师期望的方向迈出步子。

鼓励和表扬还是有所不同的。因为表扬与被表扬、鼓励与被鼓励所涉及的人物关系不同。往往是上级对下级、教师对学生、家长对孩子进行表扬,表扬与被表扬所体现的人物之间的关系往往是纵向的上下级关系。学生做得好的时候,教师可以说"你很棒",这样的语言对学生固然有一定的鼓励作用,但是在教师的潜意识里自己的地位还是高于学生的。于是,当学生做得不好的时候,教师因为潜意识的"高"位,就容易对学生发怒,批评甚至训斥学生。

鼓励则更多地体现出一种横向的平等关系。即使年龄、身份不同,人们也可以相互鼓励。民主教育、生本教育、平等教育等一些教育理念都倡导教师用平等的身份看待学生,尊重学生的独立性和独特性,强调人格的平等。因此,教师应该给予学生更多的尊重、信赖和重视,应以鼓励作为教育的主调。

鼓励与表扬的另一个不同之处就是一个注重过程,一个注重结果。表扬往往是针对是否做到做出的评价,强调的是结果;鼓励往往是针对行为和个人做出的评价,强调的是过程与态度。

当然,表扬与鼓励也有很多共性,适当的表扬和精准的鼓励往往都能满足学生内心的渴望,有利于对学生的成长注入正能量,对学生的发展都有效果。

如果不做严格的学术探究,一般的教师也没有必要过多地纠结于表扬与鼓励的差别,只需心中装着学生,为学生的成长和发展负责,多说一些赞美、肯定、欣赏、鼓励或者表扬的话,这样对学生的成长是很有好处的。

遗憾的是,当下很多教师往往把关注的焦点放在学生的问题上,希望通过纠正问题来让学生获得成长。这种过多地关注学生"问题"的视角带来的往往是否定、批评的教育方式。教师都认为是为了学生好,而造成的结果往往是学生感到自己被否定,变得不自信、抗拒老师的教育等,这种现象应引起教师的深入思考。

我教的学生都是高中生。每接手一个新的班级,和学生谈话时我都会让学生找出自己的优点。大部分学生都反映,找优点很难,找缺点却很容易。于是,我在开学的最初一两个月都在做一个游戏:随机选择一个学生,然后再点名让其他学生对该生做出评价,至少说出该生的三个优点,并提一个建议。这个游戏主要是引导学生发现他人的优点,通过他人的眼睛引导学生看到自己的优点。很多学生没想到自己在他人眼中原来还有很多自己没注意到的优点,这些优点的发现对学生的发展来说是很好的鼓励。

教师还可以借用教室的专栏、园地开设一个板块,引导学生发现同学的行为,及时写下来并张贴在专栏或园地里。我给学生设计了一个模板:

我看到(具体行为),发现该同学(优良品质),作为他的同学我感觉很自豪。

这样就等于把教师的观察视野由一双眼睛变成了几十双眼睛,能帮助教师更全面、更及时地了解学生的动态。

教师还可以借用作业本及时对学生的优点和行为进行鼓励,如在作业本上给学生画一个笑脸,写几句肯定、鼓励的话。这些细节都能给学生的成长注入巨大的能量。

5. 以批评指正为校准

没有惩戒的教育是不完整的。苏联教育家马卡连柯认为:"合理的惩罚制度不仅是合理的,也是必要的。合理的惩罚制度有助于形成学生坚强的性格,能培养学生抵抗诱惑和战胜诱惑的能力。"教育需要惩戒,这是不争的事实。

2019年7月,中共中央、国务院印发的《关于深化教育教学改革全面提高义务教育质量的意见》中提出,将"制定实施细则,明确教师教育惩戒权"。8月初,在教育部召开的关于全国基础教育工作新闻通气会上,教育部基础教育司司长吕玉刚表示,将尽快研制和出台教育惩戒权实施细则。

中国教育学会学术委员纪大海认为:"惩戒本身就是教育的一种方式,刚柔并济的教育才是有效的。'柔'是说理、示范、做表率、道德引导;'刚'就是惩戒,就是硬性要求。教育需要刚柔施教,唯有把握好这两个度,教育才是有效的。"

一方面,惩戒教育本来就是人才成长中不可或缺的促进因素。但我们决不能误认为它是"荆条下面出人才"的翻版表达。另一方面,一个孩子的成长过程中如果没有底线、没有规约,这种成长就是"失范"的,也一定是畸形的。

惩戒至少有四个基本原则需要坚守:

- ◆ 不能伤害学生的尊严和人格。任何时候、任何教师都不应该用"心罚"来惩戒学生。所谓心罚,就是人格歧视、人格侮辱。不只是教师,甚至包括家长都不可以使用。
- ◆ 对法律法规的遵守。目前,《义务教育法》《未成年人保护法》《教师法》等法律法规都有对未成年人保护的明确规定。法律的红线是教师惩戒过程中不可触碰的底线。

◆ 要坚持公平公正，让学生心服口服。"冤假错案"给孩子带来的伤害是巨大的，所以教师一定要避免。

◆ 任何惩戒都应立足于促进学生的健康发展，要拒绝通过惩戒"整人"。惩戒或许要设立一定的补偿机制，这样有利于促进学生的积极健康发展，不致让惩戒成为一种非教育行为，来打压学生的发展。

何光友认为，教师应确立当众表扬、私下批评的原则，尽最大努力保护学生的自尊心。因为惩戒最大的边界在于是否对学生造成心理伤害，而这是最重要但最不好区分的问题，也最考验教师和学校的管理水平。同时，何光友也认为，学校应该以赏识表扬教育为主，没有被表扬的孩子会清楚自己的不足，这也在一定程度上起到了惩戒教育的作用。

李茂指出，学生惩戒是一个教师专业实践问题，也是一个学校管理问题，再往上，则属于依法执教的问题。在依法执教的框架下，地方和学校的惩戒政策和教师的具体操作长期存在责权不够明晰、缺乏实施细则的情况。

在没有出台有关惩戒的实施细则之前，教师还是要敢于批评学生。批评不是训斥，不是发泄教师的情绪，而是为了矫正学生的行为，引领学生往积极、健康、正确的方向成长。

训斥往往是将愤怒、不满等情绪发泄到对方身上，是负面情绪的爆发，这种行为是以自我为中心的。批评是将对方行为的好坏利弊通过理性分析来表达的方法，是以对方为中心，有利于促进对方反思和成长。

然而，在现实中并非每个教师都懂得批评与表扬的内在奥秘。黄鸣先生有一句名言——"批评要带着表扬的票"，可谓一语道破了玄机，因为批评的最终目的是为学生的发展指明方向。

6. 以幽默为润滑剂

幽默是一个人高情商的标志。这种情商来自先天的素养，也来自后天的锻炼和培养。如果一个人心理健康，总是乐观豁达，幽默感就会自然而生。幽默不仅能让生活充满情趣，也能使人在人际交往中充满魅力。

爱尔兰作家萧伯纳是世界上出名的幽默大师。有一次他在大街上走路，一个骑自行车的人不小心撞倒了他。那个人连忙扶起萧伯纳，正要道歉时，萧伯纳说话了："你真不幸！你要是再用些劲撞死了我，你就会因为撞死了萧伯纳而成为名垂青史的人物。"一场很可能发生的尴尬纷争瞬间被友好风趣的场景代替。

幽默是一种最有趣、最有感染力、最具有普遍意义的传递艺术。幽默的语言，能使气氛轻松、融洽，利于交流。幽默是一种智慧，是一份度量，是一种爱心。真正的幽默诙谐而不失风度，滑稽而不粗俗，精练而不冗长。简短的几句话或简单的动作，常常能胜过千言万语的描述与雄辩，能使别人明白你要表达的事实和道理，并轻易地接受，达到劝解、说服的效果。教师轻松幽默的语言不仅能调节课堂气氛，还会给学生留下深刻的印象。

全国著名特级教师李烈说："课堂上学生的笑既是一种愉悦的享受，也是一种对知识理解的表露。教师在教学活动中恰如其分的、比较幽默的语言，常常会引发阵阵笑声，这种幽默往往会比清晰的讲述更有吸引力，它会使学生在这种轻松的氛围中理解概念，更会激发学生对学习的热爱。"

一个充满幽默感的教师往往是充满教育自信的教师；相反，如果教师经常对学生生气、发火，动不动就批评学生，这样的教师就缺乏教育的自信。一个人靠生气、发火来解决问题，这也是缺乏办法的表现。有些年轻的教师，担心学生会欺负自己，常常板起面孔以树立威严。这种没有内在自信支持的威严往往是"纸老虎"，很快会被学生识破的，然后就会让班级管理陷入被动。

有时候幽默的提醒比直接的批评更有威力，既化解了学生的尴尬，保留了学生的尊严,又让学生领悟到了问题所在以及该如何做。

例如:

我在课堂上检查古诗词背诵,电脑点名点到一个体育生。该生请求给他1分钟的准备时间。1分钟后该生自信满满地走到黑板前默写,但他的小动作引起了同学们的注意,那就是他不断地看手。大家都知道他在干什么,但我没有制止。等他默写完毕,我说:"我终于理解了一句话的含义。这句话就是'一切尽在"掌握"之中'。"全班学生大笑。接下来,我说道:"希望同学们真能掌握要学的东西。"

我如果很严肃地批评这个学生,也是教师的责任所在,无可厚非,但是从效果上来说不一定是最好的方式。在我的语言提示下,其他学生都明白问题所在,都会心一笑,这个学生也很知趣地承认错误,我又肯定了他知错就改的优点,把批评化为表扬。

又如:

今天让学生看1987年版的《红楼梦》宝玉挨打选段。看到宝玉挨打后众多美女出现,有男生就说"我也想挨打",引起众生附和。于是我说:"挨打容易,像宝玉那样获得关照很难。有的人挨打了,其他人不但不会同情关照,反而会喝彩,为什么?所以,你们真正应该关注的不是宝玉挨打,你们应该思考如何像宝玉那样深得人心。"

在这种情况下教师没有必要祭出"课堂纪律"的大棒,或者给学生扣一顶违反课堂纪律的帽子,而应根据学生的语言顺势引导,在幽默中启发,让学生透过现象看到需要成长的本质,这就是以生为本。

有一种幽默叫自嘲,用现代的语言来说就是"自黑"。

自嘲,是一种幽默。它能给心情抑郁的人以解脱,也能使人从尴尬的处境中摆脱,获得比较愉悦的心境。自嘲的人,往往是自信的人、对生活充满希望的人。很难想象,一个自惭形秽或者心胸狭小的人,也能自骂自嘲。敢于自嘲,就敢于正视自身的缺陷、不足和失败,就敢于正视不利的环境和条件。自嘲者表面上自嘲,实际上在其自嘲的背后有一种力量。

例如：

有人批评林肯，说他是两面人。林肯自嘲说："世上所有的人都知道我没有两面，如果有，我就不会以现在这副尊容出现在众人面前了。"林肯一方面取笑自己容貌丑陋，另一方面回击对方的中伤，使人觉得他很有人情味，很平易近人，心胸豁达。

又如：

有一次班长在讲台上口不择言，说："我们班主任很狡猾，在他面前想说不想说的话都被他引出来了。"此话一出，全场皆惊。班长也感觉失言，很紧张地看了我一下。我微笑着说："谢谢你的表扬！一般狡猾的人都是高智商的人，其实你是在夸我智商高啊！"班长赶紧趁着台阶下台，说："我就是这个意思。"紧张的空气瞬间变得春风拂面。

幽默的方式有很多，在这里不一一列举。总之，当课堂发生意外时，当我们遇到挑战时，可用幽默来化解，因为幽默是师生关系最好的润滑剂。幽默应当成为教师的职业素养之一。

第 3 章
教师语言里有学生的未来

如果你对学生说"要好好读书,只有考上一所好的大学,将来才能找一份好的工作",这样你就是在培养未来的打工者;如果你对学生说"要好好读书,将来很多人是要靠你吃饭的",这样你就是在培养未来的创业者;如果你对学生说"要好好读书,你们是祖国的未来,国家的繁荣兴旺是要靠你们的",这样就是在培养社会主义建设者和接班人。我们说教师的评价里隐含着学生的未来,这句话并不是说教师对学生的一次评价一定会有多么大的影响,但是教师发自内心的评价也许会给学生的未来播下一颗种子。

1. 教师的语言里有对学生未来身份的暗示

动漫电影《哪吒之魔童降世》里哪吒有这样一句台词:"他们把我当妖怪,那我就当妖怪给他们瞧瞧。"外界的评价往往会引导当事人做出相应的行为,虽然评价的目的是希望对方改变某种行为,可是从实际效果上来看却是在强化对方的某种行为。心理学研究表明,说话者说了什么和听话者听到了什么是两回事。沟通的过程一般如图1所示。

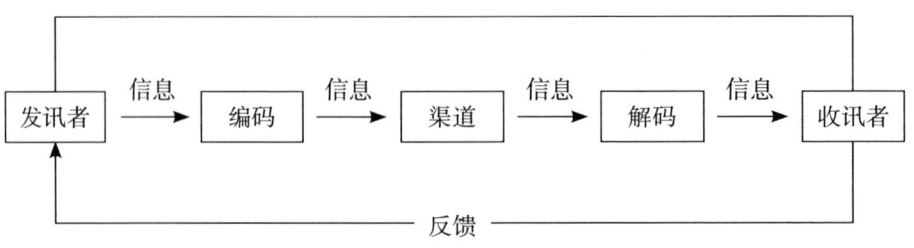

图1

说话的人根据自己的标准（信念价值观）进行信息编码，听话的人根据自己的标准（信念价值观）对语言进行解码，这样就会出现不同的理解。而沟通的意义取决于对方的回应，所以教师在跟学生讲话时一定要多考虑学生会听到怎样的信息。不同的信息会产生不同的心理暗示，会在潜意识里引领学生的成长方向。

例如："你要好好学习啊！不好好学习可不行啊！"这样的语言从一个教育者的角度来讲是有道理的，但是在教师的潜意识里却是这样的："你是一个不好好学习的学生"。从学生这个听者的角度听到的是"你是一个不好好学习的学生"，于是学生内心产生的心理暗示可能就是"我是个不好好学习的学生"。潜意识的影响远远大于道理的说教。有效果比有道理更重要，因此教师一定要关注讲话的效果，而不必固执于所讲道理的正确性。

又例如："你要勇敢、自信。"教师这样说的目的是鼓励学生，从道理上来说绝对是对的。讲这句话的时候，教师在潜意识里其实认定该生是不勇敢、不自信的。而学生听到的就是"老师认为我是一个不勇敢、不自信的学生"，于是在潜意识里会形成这样的自我评价——"我是一个不勇敢、不自信的学生"。

因此，作为一个专业的教师，不要随便给学生贴标签，要在语言里给学生的未来做积极的人物设定，多说一些让学生对自己的人物设定变得更出色的语言。例如："你天资聪慧，一定可以让自己变得更出色、更优秀。"

2. 教师的语言里有对学生兴趣的引导

兴趣是人最好的老师。人最幸福的事情之一就是把自己喜欢做的事情发展成自己的工作和事业。教师想让每个学生都出色，挖掘学生的潜能，就要善于发现学生的兴趣和爱好，并通过恰当的引导，激发学生的内驱力。教师引导学生兴趣的语言就是给学生提供心理营养的语言，就是有效的教育语言。

我们先来看一个案例。

在英国的亚皮丹博物馆里，有两幅藏画特别引人注目。其中一幅是人体骨骼图，另一幅是人体血液循环图。说起这两幅图，还有一个动人的故事。原来，这两幅画是当年一个叫麦克劳德的小学生画的。麦克劳德从小充满好奇心，凡事总爱寻根究底，不找到答案绝不罢休。有一天，他突发奇想，想看看狗的内脏到底是什么样的，于是便和几个小伙伴偷偷地套住一只狗，将其宰杀后，把内脏一个一个地割离，并仔细观察。没想到，这只狗不是别人家的狗，而是校长的爱犬。校长十分恼火，感到太不像话，如对麦克劳德不严加惩罚，以后不知他还会干出一些什么出格的事来。但是，到底该如何处罚麦克劳德呢？经过反复考虑，权衡利弊得失，校长采取了一个十分巧妙的方法：罚麦克劳德画出一幅人体骨骼图和一幅人体血液循环图。

麦克劳德很聪明，知道自己错了，应该接受处罚，并决心改正错误。于是，他认真、仔细地画好了两幅图。校长和教师看后很满意，认为图画得好，麦克劳德也很诚恳地承认了错误，杀狗之事就这样了结了。这样的处罚方法，既使麦克劳德认识到了自己的错误，又保护了他的好奇心，还给了他一次学习生理知识的机会，使他对狗的解剖派上了用场。后来，麦克劳德成了一位著名的解剖家，与医学家班廷一起研究发现了以前人们认为不可医治的糖尿病的胰岛素治疗方法，两人于1923年荣获诺贝尔医学奖。

老校长对麦克劳德杀狗事件的处理独具匠心，对我们颇有启发。如果当初这位校长对麦克劳德简单粗暴地进行严厉训斥，通知家长要他赔狗，就可能扼杀麦克劳德身上闪光的探求欲和好奇心。正是校长这个包含理解、宽容和善待学生的"惩罚"，使小麦克劳德爱上了生物学，并最终走上了诺贝尔奖的领奖台。

3. 教师的语言里有对学生价值取向的引导

教师是学生的精神引路人。培养学生积极的价值观是教育的重要任务，立德树人的一个重要指标就是帮助学生养成积极的信念和价值观，信念和价值观影响着学生未来的发展方向。

在儿童阶段，孩子的评判标准往往取决于家长和教师的态度。家长和教师的话往往在孩子那里就是标准，所以教师在教书育人时一定要注意言辞，给孩子积极正确的引导，在孩子的内心播撒正能量的种子。

到了青少年阶段，个体的独立意识开始觉醒，思维从感性思维向理性思维发展，个体渴望独立。10岁和14岁是两个独立意识觉醒比较明显的年龄段。10岁时还是独立意识的萌芽阶段，个体有渴望独立的想法，但是行为能力不足，个人意愿还难以抗衡成年人的控制，所以往往被压制。14岁时，不但个体的独立意识更强，其行为能力也得到充分的发展，很多事情学生都可以独立完成，所以这个时候学生表现出的"叛逆"比较强烈。当一个人的价值观还没有完全形成，自我认同还不定型的时候，往往希望通过他人的眼睛来观察自己，所以非常在乎外人的评价。如果教师能给予学生恰当的引导，就非常有利于学生价值观的形成。

4. 教师要多用故事与隐喻开启学生的心智

在教育学生的时候，有时教师直接说教会显得很苍白无力。"只可意会，不可言传"这句话就说明了直接说理的局限性。所以，很多时候教师要做一个会讲故事的人，通过故事或隐喻达到意会的效果，从而帮助学生开启思维、启迪心智。

俗话说"万事开头难"，但是这个道理对学生来讲还是很空泛的，因为一个人往往更关注眼前的感受，而未来的效果是很难判断的，一旦学生眼前遇到了问题，就容易产生畏难情绪甚至放弃的想法。这个时候教师可以给学生讲"飞轮效应"的故事。

为了使静止的飞轮转动起来，一开始你必须使很大的力气，一圈一圈反复地推。达到某一临界点后，飞轮的重力和冲力会成为推动力的一部分。这时，你无须再费更大的力气，飞轮依旧会快速地转动，而且不停地转动。

飞轮开始转动时需要的能量，其实是每次痛苦的突破、拓展和积累。要相信"飞轮效应"不是追求一劳永逸，而是在一开始就和自己打退堂鼓的心理打个架，别让它拖住你前进的步伐。

用飞轮这个隐喻以及飞轮转动的过程，就很容易对抽象的道理做出形象化的解释，深奥的道理就会变得浅显易懂，教师对学生的鼓励就更有力量。

学生尚在成长阶段，理性思维和辩证思维还不成熟，往往容易被眼前的困境、障碍所影响。教师直接讲道理很难达到良好的教育效果，可以通过一些故事让学生明白道理，从而达到意会的效果。例如：

一天，素有"森林之王"之称的狮子，来到了天神面前："我很感谢你赐给我如此雄壮威武的体格、如此强大无比的力气，让我有足够的能力统治这整个森林。"

天神听了，微笑着问狮子："但是，这不是你今天来找我的目的吧！看起来你似乎正为某事而感到困扰呢！"

狮子轻轻地吼了一声，说："天神真是了解我啊！我今天来的确是有事相求。因为不管我的能力有多强，到每天鸡鸣的时候，我都会被鸡鸣声吓醒。神啊！祈求您再赐给我一个力量，让我不再被鸡鸣声吓醒吧！"

天神笑道："你去找大象吧，它会给你一个满意的答复的。"

狮子兴冲冲地跑到湖边找大象，还没见到大象，就听到大象跺脚所发出的"砰砰"声。

狮子加速地跑向大象，却看到大象正气呼呼地直跺脚。

狮子问大象："你干吗发这么大的脾气呢？"

大象拼命地摇晃着大耳朵，吼道："有只讨厌的小蚊子，总想钻进我的耳朵里，害得我都快痒死了！"

狮子离开了大象，心里暗自想着："原来体形这么巨大的大象，还会怕那么瘦小的蚊子，那我还有什么好抱怨的呢？毕竟鸡鸣也不过是一天一次，而蚊子却无时无刻不在骚扰着大象。这样想来，我可比他幸运多了。"

狮子一边走，一边回头看着仍在跺脚的大象，心想："天神要我来看看大象的情况，应该就是想告诉我，谁都会遇上麻烦事，而他并没有办法帮助所有人。既然如此，我就只好靠自己了！反正以后只要鸡鸣时，我就当作鸡是在提醒我该起床了。如此一想，鸡鸣声对我还算是有益处呢！"

讲完故事教师还可以和学生一起分享、讨论，如果有需要就可以在故事的基础上直接启发：一个障碍，就是一个新的已知条件。只要愿意，任何一个障碍，都会成为一个超越自我的契机。在人生的路上，我们无论走得多么顺利，只要稍微遇上一些不顺的事情，就会习惯性地抱怨命运亏待我们，进而祈求命运赐给我们更多的力量，帮助我们渡过难关。但实际上，命运是最公平的，就像它对待狮子和大象一样，每个困境都有其存在的正面价值。

适当的挫折教育、适当的鞭策与惩戒也是教育不可缺少的环节，但是教师的良苦用心学生不一定理解，甚至会认为教师是在为自己辩护。此时教师可以和学生分享下面的故事。

墨子对弟子要求非常严格，尤其对耕柱子最严厉。有一次耕柱子很委屈地说："论才智和学习精神，哪一个比我强呢？为何老师对我要求这么严呢？"

墨子拍拍他的肩膀说："假如我要去太行山，坐一辆由黄牛和快马拉的车，我是该鞭策黄牛，还是该鞭策快马呢？"

耕柱子不假思索地回答："当然是鞭策快马啊！"

"为什么？"

"因为快马经得起鞭策。"

墨子哈哈大笑："你明白这个道理了吧？以后当我责备你时，你就不会觉得委屈了。"

有些教训或要求当时会让人觉得很难受，甚至产生怨天尤人的想法，但是日后回想，就会发现其中的深意。

总之，优秀的教师往往都是讲故事的高手。所以，平时大家可以多搜集一些蕴含哲理和智慧的故事，也可以借助于当下热播的影视作品或者身边人的故事来启迪学生。这样的语言属于心理学上的潜意识语言，其引发的是学生内心的感受和深层的思考，教育效果会远远大于直接讲道理。

第4章
有助于学生成长的语言

教育的根本任务是立德树人,是让每个学生发光出彩,帮助学生成长为最优秀的自己。因此,教师在和学生沟通时要多说那些有助于学生成长的语言。

1. 多说关注学生优点的语言

当一个人的行为被及时关注并得到理解、认可时,他就会获得满足感,于是类似的行为就会重复发生。无论是巴甫洛夫的条件反射实验,还是海豚训练员的训练方式,都证明了一点:对某个动作持续进行关注和施加影响,该动作往往就会因为重复强调而形成习惯。所以说,关注什么就会得到什么。如果教师希望学生往好的方向发展,就要多关注学生的优点。

(1) 及时关注学生的显性优点

每个学生身上都有很多优点,而且有些优点比较明显,教师要及时地加以关注。例如,一个学生待人有礼貌,当学生每次做出相关行为时,如果都能得到教师的认可和及时反馈,那么他在心理上就会获得一定的满足感,于是以后还会不断表现出类似的行为。

(2) 善于发现学生的隐性优点

学生的有些优点不会直接呈现出来,而是隐含在一定的行为背后,甚至看起来像一些不好的行为。例如,有的学生在课堂上总是讲话,这种行为往往会被老师批评,其背后可能有学生反应敏捷、善于表达等一些优点;学生动作比较慢,家长和教师往往比较着急,但其背后可能有学生性格沉稳、遇事深思熟虑的优点;学生有早恋现象,会让家长和教师为之担心,但是学生早恋至少证明其情感发育正常甚至超常，说明其情商不错，与异性交往的能力较强。这些具体行为是不好的，但是背后隐含的学生优点是值得肯定的，只是表现优点的方式方法不对。当然，我在这里不是表扬学生的行为，而是希望教师在评价学生时对其行为和品格进行有效区分，通过一些不好的行为发现学生的潜在优点，及时给予肯定，然后引导学生用恰当的行为方式来表现优点。心理学研究表明：当一个人真正被对方接纳时，他才更愿意接受对方的教导。而透过学生不好的行为，看到学生自己都忽略的优点，会让学生发自内心地感受到老师对他的接纳。

（3）深入挖掘学生的潜能

很多专家学者都在从不同的角度研究人的潜能。NLP 有这样一个猜想：每个人都具备自身需要的所有资源。精神意象、内心世界、感觉和感情是所有人精神和身体资源的奠基石，我们能够利用它们来建构我们想要的思想、情绪和技术，然后把这些思想、情绪和技术用于我们生活中最需要它们的地方。这个假想让我们对人的评价又多了一个视角，对行为、事件的评价往往源于内心的思想，而对自我的评价同样如此。一个人一旦认定自己是可以的，全世界都会给他让路。我们每天遇到的事情，都具有促使我们成长的因素，每天的事情都隐含着成功、快乐的元素，取舍完全是由个人的信念和价值观决定的。成功、快乐的人所拥有的思想和行为能力，都是经过一个过程而培养出来的。在开始的时候，他们与其他人所具备的条件一样。

所以，教师要相信学生是有办法获得成长的，是有能力不断提升的，是可以发光出彩的。

我们来看一个故事。

一个穷困潦倒的青年流浪到巴黎，期望父亲的朋友能帮自己找一份谋生的差事。"你精通数学吗？"父亲的朋友问他。青年羞涩地摇头。"历史、地理怎么样？"青年还是不好意思地摇头。"那么法律呢？"青年窘迫地垂下头。"会计怎么样？"父亲的朋友接连地发问，青年都只能摇头告诉对方——自己似乎一无所长，连丝毫的优点也找不出来。

"那你先把自己的住址写下来吧，我总得帮你找一份差事做呀。"青年羞愧地写下了自己的住址，急忙转身要走，却被父亲的朋友一把拉住了："年轻人，你的名字写得很漂亮嘛！这就是你的优点啊！你不该只满足于找一份糊口的工作。"把名字写好也算一个优点？青年在对方眼里看到了肯定的答案。数年后，青年果然写出了享誉世界的经典作品。他就是法国18世纪著名作家大仲马。

父亲朋友的鼓励之所以能有如此大的威力，就是因为他针对大仲马的具体表现给予了认可，并从中看到了大仲马的发展空间，这就好像一语点醒梦中人，让被教育者恍然大悟。教育的核心就是唤醒，唤醒学生心中的巨人。唤醒的最好方式就是通过学生自身的行为和具体表现来进行。世间的许多平凡之辈，都拥有一些诸如"能把名字写好"这类小小的优点，但由于自卑等原因常常被忽略了，更不要说一点点地放大它了。每个平淡无奇的生命中，都蕴藏着一座丰富的金矿，只要肯挖掘，沿着它就会挖出令自己都惊讶不已的宝藏……

NLP还有这样一个猜想：如果有人能做成一件事，其他人也可以学着去做这件事。这就意味着动力来源、劝说技巧、信心、自尊、创造力，还有其他很多东西都是我们能通过学习来掌握的。所以，教师一定要养成一双慧眼，从小事中挖掘学生的潜能，并给予鼓励和支持。

2. 多说鼓励和支持的语言

每个人都渴望被关注、被理解、被认可，而鼓励是给予学生关注、理解、认可的最直接的方式，也是给学生成长能量的直接方式。所以，教师要多说一些鼓励、支持的语言。很多时候，学生在教师的认可、理解、鼓励、支持中会重新思考，获得新的认知，主动调整自己的行为。

有一个高二的女生，不知道出于什么原因坚决要退学去打工，家长和班主任做了很多工作，讲了很多道理都无法改变该女生的决定。后来班主任找到我,让我帮忙做做该生的工作。

我一开始没有给她讲学习的重要性和考大学的好处。因为我知道,她完全可以找出辍学打工的很多好处,再说目前高中生做老板而很多高学历的人为其打工的现象也很普遍。我先是肯定了该生善于思考、渴望独立、有主见等优点,然后又带着好奇心问她:"你希望自己将来过怎样的生活?"我让她最好把这种生活描绘成一个生活画面。她说:"有一个爱自己的老公,有一套自己喜欢的别墅,有一个幸福的家庭。"她描绘的画面是这样的:自己和老公在花园里喝茶,看着宝宝在草坪上玩耍,自己的父母在养花弄草。我对她的想法给予肯定和鼓励,然后问她,自己需要具备什么能力或条件才能实现这种生活理想。她的第一个答案就是要找一个好老公。我对此也给予了理解和支持,然后问她,要找一个这样的老公,自己需要具备什么条件。接下来,我引导她一步步地思考该如何准备这些条件。最后,这个学生决定放弃打工的想法,继续读书,争取考上大学。

"皮格马利翁效应"给我们这样一个启示:赞美、信任和期待具有一种能量,能改变人的行为,当一个人获得另一个人的信任、赞美时,他便感觉获得了社会支持,从而增强了自我价值感,变得自信、自尊,拥有一种积极向上的动力,并尽力满足对方的期望,从而维持这种社会支持的连续性。

美国心理学家詹姆斯有句名言:"人性最深刻的原则就是希望别人对自己加以鼓励,这样不仅让自己有进取之心,更重要的是能产生不断超越与突破的动力。"

鼓励、支持学生时要注意以下几个问题。

(1)表扬具体的行为或成绩

教师表扬学生时的焦点应集中在学生的具体行为或者取得的成绩上。对于低年龄的学生来说,直接说"你真棒""你是最优秀的"等语言就可以。而随着学生年龄的增长,超过10岁之后,尤其是学生进入中学阶段后,教师这种泛泛而谈的表扬,如"做得不错""你是个好学生"等基本上起不到鼓励学生的作用,不仅不能增加学生积极的行为,甚至会引发学生的反感,认为老师虚伪造作。所以，对高年龄段的学生表扬得越具体，效果越明显。

例如：

有一个学生平时特别畏惧甚至讨厌写作。有一次，我在他交上来的文章中发现有几个词语他用得很不错，于是就表扬他这几个成语用得好，很多学生都没有听过，而他竟然都会用。这个学生觉得我对他的表扬比较真诚，感到很高兴。我趁机又鼓励他："如果你能坚持阅读，多积累，相信你的作文一定会写得越来越好！"

（2）肯定学生的品格

教师要学会欣赏学生身上的好品格，如坚忍、勇敢、谦卑、自律、怜悯、宽容、诚实、正直、耐心、仁慈、仁爱和无私等。这些优良的品格都会以某种形式在学生身上呈现，如果教师能及时捕捉到并给予学生鼓励、表扬，教育的威力就会大增。品格是超越行为的，反映着一个人内在的特质。例如，学生没交作业，教师可以表扬他的诚实，没有用抄袭或其他作弊的手段来欺骗老师，但要让他学会在保留诚实品格的同时想办法完成学业；学生顶撞教师后，教师可以肯定学生不惧权威的品格，但要引导他学会用正确的方式表现自己。肯定学生的品格需要通过具体的行为或事情来进行，不能空泛地说"你很善良"等。

评价学生行为时，对于好事，教师要学会"对人不对事"。例如：学生随手关掉开着的水龙头，你要表扬他爱护公物、节约用水、保护资源等优良品格。可以采取的语言模式是："我看到你（具体的事件或行为），我认为你是一个（具体的品格），老师为你感到高兴（或其他能表达教师感受的词语）。"

对于学生不好的行为，教师要做到"对事不对人"。例如，学生迟到了，教师可以说"你是一个守纪律的人，这次迟到了应该怎么处理？以后该怎么解决迟到的问题？"，而不能随便给学生贴上"你就是一个爱迟到的人"这样的负面标签。这样针对学生的品格贴负面标签的评价是要绝对禁止的。

（3）关注学生的性格

鼓励学生的另一种方式，就是欣赏学生性格方面的特点。性格是指一个人面对生活的态度和方式。描述性格的方式不计其数，可以帮助我们识别自己性格中积极和消极的方面。如果我们了解自己的性格特征，就知道该如何在生活中扬长避短。

很多自卑的学生其实在内心深处对自己不认可，尤其不认可自己的性格。和这样的学生沟通时，教师要关注到学生性格中的一些优点，让学生感受到力量，然后给其提出一些成长建议。

例如：

一个男生来问我，他很胆小，该怎么解决。我就用欣赏的眼光看着他说："你是不是做事很谨慎，考虑问题很周全？"我话音未落，这孩子立即眼睛放光，很高兴地对我说，他每次做事都是考虑得很周全的。我继续说道："谨慎、周全让你减少了伤害和麻烦，你认为要去掉吗？你需要考虑的不是去掉你的优点，而是增加你的行动力。我建议，在你考虑周全、保持谨慎的同时，大胆地去做你想做的事情。"于是，这个学生就很高兴、很有自信地离开了。

接下来，请看我与另一个学生的对话。

生：一个人太善良好不好？

师：很好，善良是美好的品格。

生：可是，太善良了容易上当受骗。

师：让一个人上当受骗的不是善良，而是他缺乏辨识人的能力。所以，咱们需要做的不是去掉善良这个品格，而是增加辨识人的能力。

如果教师能关注到学生性格上的这些优点，再给出恰当的建议，这样的沟通就会产生"四两拨千斤"的效果。

3. 灵活运用批评的语言

（1）合理分析代替简单的批评指责

批评的目的不是教师情绪的发泄，也不是教师祭出纪律、道德的枷锁来对学生进行简单的约束或贴标签，而是为了让学生透过现象看本质，真正意识到自己行为的不当之处以及如何调整。

当出现师生矛盾或冲突时,教师要做到合理分析,就要避免简单指责,学会系统归责。

①避免简单指责。简单指责会损害双方的关系,给人们带来痛苦和焦虑,进而陷入指责的怪圈,这样不仅难以开展讨论,而且会造成许多潜在的消极影响。

指责之所以不能真正地解决问题,还因为:一方面,它会压制我们了解导致矛盾的真正原因的能力,并且阻止我们做出补救措施;另一方面,单纯的指责往往都是不公正的,而且根本无助于解决矛盾。谈话时,我们之所以会迫不及待地指责对方,原因其实有二:与对方就某事发生了争执;担心自己受到指责。在很多情况下,我们往往会借指责他人来间接地说出自己的感情受到了伤害的事实。

化解的方法可以是直接向对方描述自己的情绪和感受,让对方意识到他的行为怎样伤害了自己,而不是把情绪和感受隐藏起来,并做出攻击对方的行为。

②学会系统归责。系统归责,是一种良性互动的理解。

归责是针对问题提出一系列与指责相关却又完全不同的问题,是站在解决问题的角度,从全局的视角寻找原因。

第一个问题是:事情发展到这个地步,双方(或多方)各应承担怎样的责任?或者说,双方究竟做了什么或者没有做什么才让事情变得如此糟糕?

第二个问题是:在了解了归责体系之后,我们究竟怎样做才能改变它?我们做点什么才能让事情有所转机呢?

归责会帮助双方了解到底发生了什么,从而协助我们改进双方的合作方式。

归责是双向求解,而非单向求因。俗话说,"一个巴掌拍不响"。当工作系统或者人际关系出现问题时,每个人都应承担一定程度的责任。很可能在具体的事情上某个人承担的责任要多一些，而运用系统论来探究，就会发现这个人出现某种错误往往和之前的某些因素有关。

（2）善用"肥皂水效应"：不要让被批评者感到疼

管理学上有一个著名的"肥皂水效应"。它是由美国第30任总统约翰·卡尔文·柯立芝首先提出的。

约翰·卡尔文·柯立芝于1923年成为美国总统。他有一位女秘书，人虽长得很漂亮，但在工作中却常因粗心而出错。一天早晨，柯立芝看见女秘书走进办公室，便对她说："今天你穿的这身衣服真漂亮，正适合你这样漂亮的小姐。"这句话出自柯立芝口中，简直让女秘书受宠若惊。柯立芝接着说："但你也不要骄傲，我相信你同样能把公文处理得像你一样漂亮的。"果然从那天起，女秘书在处理公文时就很少出错了。一位朋友知道了这件事后，便问柯立芝："这个方法很妙，你是怎么想出来的？"柯立芝得意扬扬地说："这很简单。你看见过理发师给人刮胡子吗？他要先在人的脸上涂些肥皂水，为什么呀？就是为了刮胡子时让人不觉得痛。"

这个故事后来被管理学界称为"肥皂水效应"，也就是将批评夹在赞美中。将对他人的批评夹裹在前后肯定的话语中，可减少批评的负面效应，从而使被批评者愉快地接受批评。以赞美的形式巧妙地取代批评，能以看似简捷的方式达到直接的目的。人类与生俱来就有一种正常的心理防卫机制。当受到批评时，人的第一反应是："我真的错了吗？"紧接着，他就会寻找理由为自己辩解。所以，批评者后面所说的话几乎都无法被批评者接受。"肥皂水效应"正是遵循并迎合了人类这种最本能的心理需求与反应。这就告诫教师，在批评学生时，哪怕是正确的批评，也一定要考虑学生的心理，要善于运用学生能接受的方式来表达。

（3）少一点批评，多一些建议

奖惩分明是有效管理的一项重要准则。在日常教育教学活动中表现优秀者，教师应当给予必要的奖励；而对一些做出违纪行为而造成负面影响者，教师应按规定予以批评教育，乃至惩罚制裁。但是惩罚学生时，教师的态度要冷静。

首先,对于表扬和奖励、批评和惩罚等各种激励手段,教师都要运用。

- ◆ 两者都要使用,不可偏废。
- ◆ 要尽可能多地表扬,尽可能少地批评和惩罚。
- ◆ 表扬和奖励时尽可能公开进行,批评时则尽可能在私下场合个别进行。
- ◆ 对于后果严重、较为典型、有普遍教育意义的错误,批评和惩罚也可以公开进行,以教育和警示大多数学生。

一般情况下,教师要尽量少用批评的手段,对学生的一般失误或不恰当的做法,要多一些理解和宽容,多一些鼓励,而不是拿起批评的大棒,教师可以在真诚的态度下提出自己的建议。批评往往是对人的定性评价,而建议则给人动态的指引,让对方找到弥补不足的方向和方法。但也不是说绝对不能批评,如果教师真的需要批评学生,应注意以下几点:

- ◆ 批评要出于爱护学生的心理,要尽可能个别进行。
- ◆ 批评要适度,一旦发现学生已经在考虑教师的意见了,就应适可而止,切不可无限上纲上线。
- ◆ 批评要注意事实,掌握分寸,否则学生心中会感到委屈,要避免学生产生自卫反应和抵触情绪。
- ◆ 批评时,不要拿一个学生的行为与其他学生做比较,否则学生心中更恼火,"人比人,气死人"。
- ◆ 批评时就事论事,不翻旧账,如果把学生的缺点集中在一起,情况就不同了,会使问题复杂化,难以达到预期的效果。
- ◆ 批评时不要完全指望学生能接受全部批评,不接受时,教师要宽宏大量。
- ◆ 批评时要有特别的耐心。
- ◆ 切忌打倒一片,不能因某个学生的错误而波及全班。
- ◆ 态度一定要真诚。

- ◆ 勿品头论足，做事后诸葛亮。
- ◆ 不明事实之前不要急于评论是非。
- ◆ 能站在学生的立场上想问题就成功了一半。
- ◆ 先把大道理收起来，哪个学生都不喜欢听。
- ◆ 每个人有每个人的具体情况，先要对情况做详细的了解。
- ◆ 切忌批评时骂人。

对学生的批评教育，要以尊重为基础，以成长为目标，多用委婉的语气，在提醒中唤醒学生，在反思中完成学生的"同化"和"顺化"，从而帮助学生建构良好的认知模式，达到自我反省、自我教育的效果。

4. 充分利用情绪的价值

（1）情绪是有能量的

美国情绪心理学家卡洛尔·E.伊扎德（Carroll E. Izard）的动机—分化理论认为，情绪是人格系统的核心动力。当一个人处于高昂的情绪状态时，理性思维基本上就失去了控制地位，这个时候别人讲的道理往往是很苍白的，种种的生活现象和人生体验告诉我们，情绪的能量是巨大的。美国另一位著名心理学家戴维·R.霍金斯（David R. Hawkins）分析了各种情绪的能量等级（见图2）：从最负面、伤身的情绪，到最正面、滋润的情绪。生活的体验和学术的研究都证明情绪是客观存在的，所以我们要重点思考如何理解情绪、管理情绪和利用情绪，而不能一味地逃避或压制情绪。

（2）学会理解情绪

伊扎德的动机—分化理论认为，情绪特征来源于个体的生理结构，遗传是某种情绪的阈限特征和强度水平的决定因素。认知是情绪产生的重要因素，但认知不等同于情绪，也不是其产生的唯一原因，只是参与情绪激活与调节的过程。因此，正确的认知有利于情绪的理解和调控。

心理学研究认为，任何情绪（包括负面情绪）的背后都有正面意义。即使能量层级较低的羞愧、内疚情绪，也有正面意义：对自己行为的深度反

第4章 有助于学生成长的语言 39

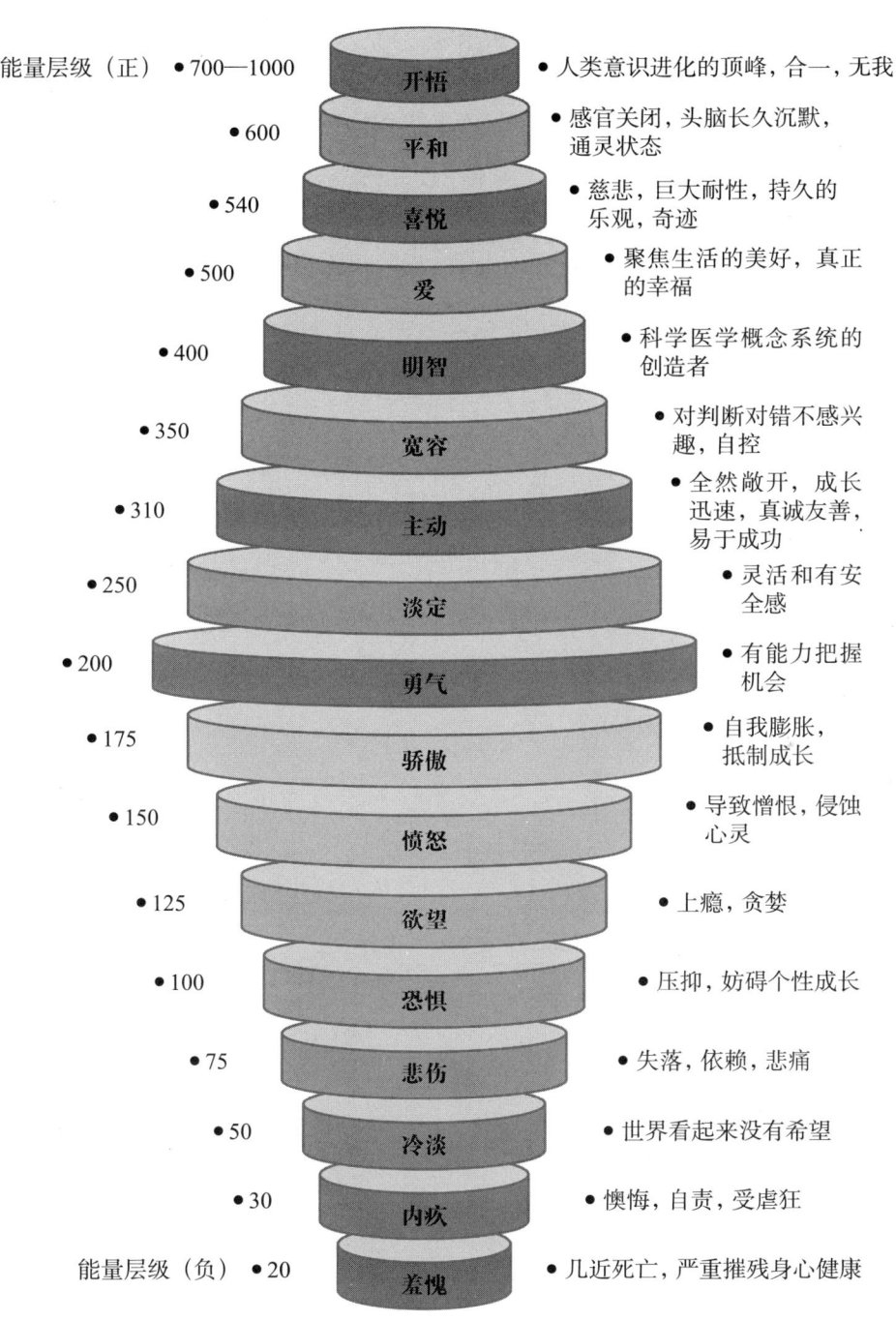

图2

思和渴望改变,知耻而后勇,这份情绪也可以转化。焦虑、恐惧背后的正面意义代表着重视和对外来事物的提前思考,"生于忧患,死于安乐""人无远虑,必有近忧",适当的焦虑、恐惧有利于未雨绸缪,防患未然。当一个人负面情绪后面的正面意义被觉察、被认可时,这个人就更容易从负面情绪中解脱出来,从而往积极的方向发展。

(3)学会表达情绪

一个人有情绪是正常的,但要学会正确地表达情绪,尽量避免情绪化表达。那么,教师该如何学会合理地表达情绪并教给学生这一技巧呢?下面的语言模式可供教师参考。

- ◆ 当你心情不好的时候直接告诉对方。
- ◆ 当对方令你感受不好(好)的时候,告诉对方你的感受!
- ◆ 告诉对方你的需求,而不是解决方案。
- ◆ 说出你喜欢的,而不是你不喜欢的。
- ◆ 使用"可以"代替命令。
- ◆ 说出"我希望",而不是"你应该"。
- ◆ 把抱怨变成鼓励。
- ◆ 学会共情与允许,这样会更容易安抚对方的情绪。例如:"我知道你很难过。"这样的语言会使对方获得被理解感。如果这样说——"这点小事,有什么值得难过的",对方就会感觉到自己不被理解,小题大做,甚至被否定。而"允许你紧张""允许你难过""允许你做得不好",这样的语言反而更容易让对方的心情平复下来。

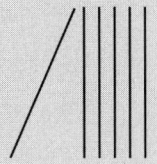

实践篇

  从理论到实践还需要具体的案例来诠释,这样才能把理论转化为实际的教育生产力。本篇主要是结合教师的日常工作范畴,从教育生活中的具体案例出发,借助于一线教师常见的教育现象及问题,呈现具体的思维模式和语言模式,让广大教师有更直观的感觉。同时在每一章的开始都有教育学和心理学理论的介绍,可指导广大教师理解案例,进一步实现根据理论来分析案例,借助于案例来提升对理论的理解,从而把教育学和心理学理论内化为教师自身的教育素养。

第 5 章

与新生沟通，怎样说才有效

【方法源头】

1. 建立"情感银行"

所谓"赢"，就是要以付出当头，即"亡"字在上；要有资本，即"贝"字做本；要用一颗平凡的心日积月累，所以"月"和"凡"两边护卫；有了这些还需要沟通做桥梁，即"口"字在中（见图3）。具备了这些要素，就能赢。所以，教师想要打赢教育之仗，就必须在开始阶段执行"赢"字方针，建立自己的情感银行。

通过图4我们可以直观地看到如何建立和经营自己的"情感银行"。

图3

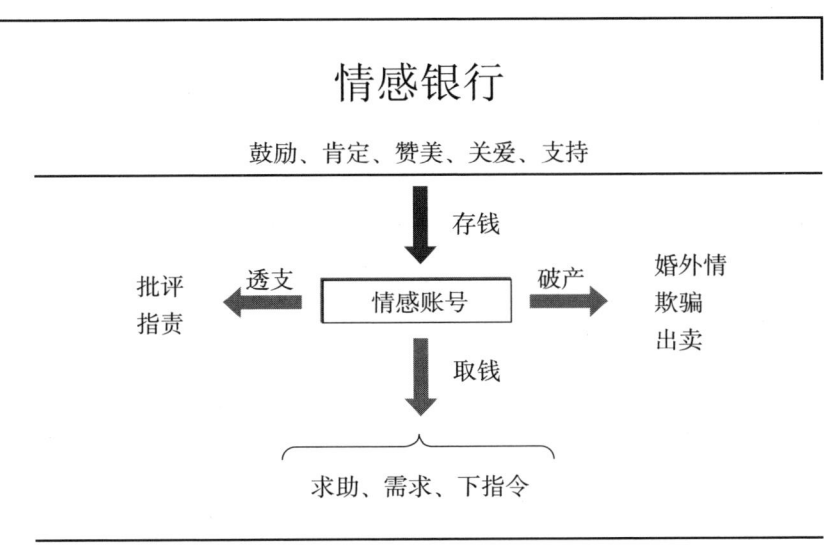

图4

（1）要经常往自己的"情感银行"里"存钱"

这里所谓的存钱就是指鼓励、肯定、赞美、关爱、支持。人性的特点之一就是渴望被赞美和认可，喜欢表扬不喜欢批评，喜欢鼓励不喜欢打击，而对一个新生来说这种心理更为明显。所以，最初和新生交流时尽量不要用"下马威"。你冷面无情的专制管理也许会在新班成立时发挥作用，甚至看起来效果不错，班级秩序井然，在年级的量化管理评比中还可能会得到很好的名次。但这样的管理模式会让班主任越来越累，因为受压制的学生会随着时间的推移和对环境、老师的了解而加强对老师的反抗，甚至敢公然冒犯权威。

有人说教育是门慢的艺术，也有人说教育要像农人那样精耕细作，不能急功近利。所以，教师在和学生的交流之初最好用自己"存钱"的方式占领师生情感的制高点，取得学生情感的认同，这样就为后面的有效管理打下了坚实的基础。

（2）谨慎取钱，避免透支，杜绝破产

当我们的"情感银行"存款丰富时，"取钱"也就比较容易，教师下达的指令往往会很容易得到执行。经营"情感银行"的过程要尽量避免透支——少批评、指责，即使学生犯错误时也要讲究教育的艺术，让学生反省，而不是抓住学生的错误猛攻到底，让学生无处躲闪；同时还要尊重学生，做出承诺要守信用，尊重学生的感受，不要轻易出卖学生的感情，否则苦苦经营的"银行"可能会瞬间破产。

曾经有一位老师在开学之初没收了学生的手机，学生为了减少麻烦请老师不要告诉家长，而老师也答应了学生的请求。但老师在和家长交流时忍不住说了出来，学生知道后有一种被出卖的感觉，对该老师的教育由尊重、听从变成了对立、反抗，后面麻烦不断，师生双方可谓两败俱伤。

（3）坚持原则，温情执"法"

教师的柔情很容易获取学生的情感认同，但也会出现教师的柔情学生不一定能读懂的局面，然后在柔情中失去师生应有的原则和距离，最终教师可能在学生眼里可亲可爱但不可敬，教师的管理权威被削弱，管理力度大减。如果班级再出现几大"金刚"，这个班级很有可能成为某些学生的乐园或者爱学习者的地狱。很多初出茅庐的年轻教师，尤其是女教师会不自觉地陷入这样的教育困境，这很值得警惕。学生这个群体毕竟属于未成年人，即使是高中生，由于自我管理能力和认知的局限，也很难做出很理性的判断，因此教师一定要坚持原则，严格执"法"，面对学生的错误要明确指出，只不过指出错误的目的是引导学生、教育学生，而不是为了批评学生；是让学生在错误中成长，而不是借学生的错误发泄老师的情绪。因此，教师的执"法"态度可以多一份温情、少一份冷酷，多一份尊重、少一份打击，多一份关怀、少一份冷漠。教师最终的目的是纠正学生的行为，让学生养成良好的学习习惯，从而让教育走向正轨。

2. 个别谈话优于集体说教

随着学生相互熟悉，班级也会出现种种问题，一般教师都会针对个别学生表现出的问题在班上进行集体说教，以便达到"批评一个，教育集体"

的目的。其实这样的说教往往很空泛，长此以往会给学生留下老师啰唆、无魄力的不良印象。因此，教师强调班规时，可以面向全体，而针对个体行为还是采用个别谈话的方式效果更好。

和学生个别谈话时一定要就事论事，不要轻易给学生贴上不良标签，更不要轻易把学生以前的行为拿来批评学生。特级教师李烈说："有些学生，在师生良好的第一印象作用下，'装样儿'也能装十天半个月，之后，一些问题就开始暴露了。这时谈话，我丝毫不表现出早已了解了他的过去，而是把他当作一个'很不错'的学生，只是现在出现了错误。我总是先诚恳地讲述他开学以来的种种优点，然后再指出他的问题，提出批评和希望。这样的谈话使学生感到'我在老师眼里并不是差生'，感到'开学以来的努力没有白费，我是个好孩子，克服了缺点会更好'。这样的个别谈话起到了'加油'作用，并且在师生间建立起了信任感，孩子会更爱自己的老师，也会更爱听老师的话。"

个别谈话使教师避免了与学生在课堂上发生正面冲突，同时也呵护了学生的自尊心，容易进入学生的内心世界，从思想上转变学生的错误认识。

【沟通实录】

1. 欢迎来到"心"家

"心"家就是大家心灵的家园，如果说父母给你的家是生活的港湾，那么班集体这个家就是心灵的寓所、精神的归宿。如果说父母的家让你身体健康成长，那么"心"家就让你的心灵健康发展。从今天起让我们一起经营好我们这个"心"家。

2. 三次掌声

只有高尚的手才会鼓掌。第一次掌声给我们自己，因为通过努力我们考取了这所示范高中，证明我们真的很优秀。第二次掌声送给我们的父母，他们是为我们付出最多的，也是最辛劳的。第三次掌声送给你曾经的和将来的老师，因为他们给了我们知识，是我们生命中的重要他人。

3. 让事件变得有意义

师：莎士比亚在《哈姆雷特》中有一句台词：事件本身没有意义，是思考赋予了它意义。例如，开学的第一天我的手就受伤了，有人可能会想"真不幸，开学第一天就受伤"。可是我说，这是开门红，好兆头。不同的理解决定了你的情绪反应和快乐指数。今后你们在学校学习也许会遇到很多这种在一般人看来很不愉快的问题，那么当我们遇到这些问题时该怎样思考呢？

接着，就有学生说要积极乐观。

师：很好，接下来的事情就是安排宿舍，整理宿舍卫生。昨天我去检查了宿舍，发现了一些问题，也打电话让人维修了。我相信今天大家到宿舍仍然会发现很多很多的"不满意"，希望大家看到这些不满意的时候不要轻易发火，而要认为在开学第一天上天就如此垂青我，给了我一个锻炼自我的机会。

结果是我们班宿舍安排非常顺利，跟来的家长也都很配合，没有一个学生和家长因为宿舍问题而找学校的麻烦，因为很多家长在教室外旁听了我的第一次演讲。

4. 笑容像哈密瓜一样甜

大部分学生开学时精神状态不错，看上去很阳光，但个别同学脸色阴郁。于是我对全班同学说：

同学们的脸色很阳光，精神状态很好，例如迪里阿热同学（新疆生），看到她灿烂的笑容就让人想到哈密瓜的甜美。（学生大笑）希望以后笑容成为我班学生的标志。

5. 为什么做班干部

根据两天的观察和了解，今天找几个学生组成"临时政府"。在委任之前我给他们讲了做班干部的利和弊，最后总结说：

当你们三年后走进大学，再由大学走向社会时，衡量你们的已经不仅仅是一份成绩单了，想想还有什么能证明自己的优秀。很多"优秀"的学生在中小学阶段只是一俊遮百丑，这是畸形的"优秀"，很多这样的优秀学生进入大学后却发现找不到自己的位置，摄影社团没有他，进舞蹈社团没资格，去演讲感到很羞怯，去搞社会调查感到很无助，等等。所以，从今天开始，我们在搞好成绩的同时，还要为自己准备更多的优秀的种子。

我话音未落，几个同学已经摩拳擦掌，准备跟着我大干一场了。

6. 英雄之旅

师：下面进行最后一个环节——挑战自我。看看谁是进入禹山高级中学以来第一个在语文课上举手发言的人，这个人会被载入"史册"。

（学生笑）很快有学生勇敢地举起了手。14班的是黄启伦同学，13班的是洪伟南同学。

师：请给他们掌声，他们勇敢地走出了挑战自我的第一步。

下面让精彩继续。先后有学生主动展示自己的写作成果。当然还是有很多学生在犹豫观望中失去了展示的机会。

师：每个人的人生都是一次英雄之旅，每一个英雄都伴有一个强大的敌人。英雄人物就是你身上那个积极的自我，强大的敌人就是你身上的消极自我以及一系列的自我怀疑。同学们，每当你想要展示自我时，是不是有一个内在的声音在告诉自己：再等一会儿吧，我说得不好会被嘲笑，先看看别人怎么表现再说吧。（学生点头认同）我们需要做的就是要在一次次的"课堂战役"中让英雄打败这个强大的敌人，取得胜利。这次语文课上失去机会的同学，希望你们在接下来的化学课上取得成功。

7. 你们也得想办法让我幸福

最近课前演讲的主题高度统一，学生们纷纷上台表达进入高一（14）班后的幸福和喜悦。今天一男生也同样表达了自己的这份感受，而该男生就是我之前批评过的在公共场合爆粗口的同学。该生讲完之后，我和全体学生进行了如下对白：

师：你们感觉在这个班很幸福、很快乐，这让我很高兴。对班级的认同感是优秀的开始。不过，你们也得想办法让我幸福，现在说说你们的哪些表现让我感觉不舒服。

生：卫生。你看看后面，又有同学丢弃了矿泉水瓶。

生：晚自习纪律。现在还有同学在晚自习时讲话。

生：宿舍情况，总有同学不小心被扣分。

师：你们讲的这些都是实际情况，该怎样做自己考虑。为师不高兴了，你们的日子也不好过。

生（集体大笑）：当然。我们会改正。

8. 我们会有矛盾的

生：老师，我很喜欢你的管理方式。

师：听你这样说我很高兴，是什么让你有这样的感觉？

生：你很尊重我们学生的感受，多讲道理，少批评。

师：我也希望我们相处的日子里充满信任和快乐，你给我的印象也不错。不过作为管理者和被管理者，这个关系就注定了我们之间会有矛盾的。当我们发生矛盾时你会怎么办？

生：没关系，你尽管批评好了。

师：其实批评不是我的目的，让你们在错误中成长才是目的。咱们就先来一个君子协定，我不用教师的身份强压你们，你们也不要因为我的管理而故意作对。到时候咱们可以辩论，看看谁说得有道理。谁有道理就听谁的，这样行吗？

生：没问题，希望我能辩过你。

师：如此更好，"青出于蓝而胜于蓝"是我的目标。

9. 唤醒学生曾经的斗志

浏览学生的成绩，发现从预科班升上来的两个新疆学生成绩"惊"人。而他们能从几万名考生中脱颖而出考取内高班（"内地新疆高中班"的简称），说明自身实力应该不差。那么这个成绩应该就是他们这一年努力的结果。为了及时让他们认识到问题的严重性，重新唤醒其内心的斗志，我决定找这两个同学谈谈。

师：看到你们两个的成绩，我的第一反应是很"震惊"，你们两个看上去都是那种很聪明的学生，怎么会考出这样的成绩呢？

两个学生也很惊讶，原来他们至今都不知道自己期末的成绩。也许当时老师为了照顾他们回家的情绪，没有及时通知他们。看来这次的谈话还是非常及时的。

师：你们能从几万名考生中脱颖而出，很不容易，这也是对你们学习能力的一种认可。想想你们刚刚考取内高班的情形，当时的感觉是怎样的？

生：很高兴，感觉人生一片光明。

师：有没有李白那种"我辈岂是蓬蒿人"的豪迈之气？

生：有点。

当学生回忆过去的时候，神情不由得发生了一些变化，斗志也在回忆中慢慢苏醒。

师：是啊，当时应该有很多人向你们表示祝贺，你们的父母为你们感到骄傲。你们承载着父母的殷切期望。难道这里的繁华让你们忘记了曾经的雄心和父母的期望吗？

学生脸上露出一丝愧色。

师：以这样的成绩你们怎么回报父母的期望？！儿行千里母担忧。本地的同学刚刚离开父母两天就不断有家长给我打电话询问孩子的情况，你们的父母一定更牵挂你们。几年之后，你们准备用怎样的成绩来向父母汇报呢？

师：不过值得庆幸的是，现在一切都还不晚。毕竟你们在预科一年里已经提前学习了高一的内容，虽然走得不是很远，但毕竟已经提前出发了。而且你们都有很强的学习能力，这个学期对你们来说是一个充分证明自己的机会，你们要调整好心态和状态，用成绩来证明自己。

学生的神情逐渐由羞愧变得坚毅，这是内心充满斗志的表现。

师：我们设想一下，经过三年的奋斗，你们拿着重点大学录取通知书回到父母身边，那时父母会怎样？

生：会很高兴。

师：闭上眼睛，具体设想一下那时的情景。

学生进入想象状态，美好的憧憬让他们脸上有了些笑容。

师：你们现在打算怎么办呢？

生：好好学习，把以前欠缺的补上。

师：很好，说到更要做到。我也相信你们一定能把成绩提上来，你们有没有信心？

此时，学生的神情越来越坚毅，在我的不断追问下，他们表达信心的声音越来越大，也越来越坚定。最后，两人带着老师的信任和美好的憧憬坚定地离开了办公室。

10. 集体迟到

我走进教室，发现空无一人，原来上节课是信息课，学生们在信息的时空里"沉醉不知归路"，8分钟之后学生才全部走进教室。

师（一脸的庄重）：你们应该集体向我道歉。

学生很配合地说"老师，对不起"。（呵呵，这些学生真乖巧）

师：我终于知道了什么叫一个人的孤独和悲凉，没有学生的老师是多么孤独和悲凉啊!

我那庄重中又带有诙谐的语调让学生不由自主地笑了起来,紧张的气氛逐渐放松,空中的阴霾也随着笑声慢慢散去。

师:是老师拖堂的原因还是你们对电脑的痴迷造成的迟到?

学生解释说,老师没有拖堂,学生也对电脑很迷恋,但的确是没有听到下课铃声。

师:我姑且接受你们的说法。我也替你们找一个客观的理由,由于人大选举的原因,这次课堂做了一点调整,课间时间被压缩了5分钟。但这绝对不能成为我们犯错的理由,因为邻班和你们的情况一样,但他们只迟到了两分钟。请记住,下不为例,要让这次的集体迟到变成我们班级成长的动力。再有下次,一定重罚。

被免除惩罚的学生心里的一块石头落地,对老师的要求当然满口应承。一场迟到风波就这样过去了。

11. 班长被投诉

开学两周后,同学之间相互熟悉了,于是自习课上说话的现象开始增多。男班长是个活跃的人,也不由自主地加入了说话的行列,他和同桌(也是班干部)说话被值班的老师投诉到我这里。于是我决定找他们好好谈谈。

师:现在我们来探讨一下班干部的职责。

生:要起模范带头作用。

师:具体说说如何起到模范带头作用。

生:认真听课,积极回答问题,不说闲话,遵守纪律等。

师:你认为你们做到了吗?

生:还有说话现象。

师:有没有想过要采取什么措施?

生:尽量少说话。

师:记住,当班干部可能会给你们的心理上带来一定的荣耀感,你们可以享受这份感觉，但同时还应该承担相应的责任。如果你们在自习课上讲话，那么后果会如何呢？

生：失去威信，班风越来越差。

师：具体今后该怎样做呢？

学生谈了一些做法，我决定强化他们的认识。

师：能否做到课下可以说的话绝不在课堂上说，自习课上绝对住口？

生：可以。

师：先做到这一步，一段时间重点解决一个问题即可。如果再有老师投诉你们，那么不但会影响你们在同学中的威信，还会失去老师对你们的信任。这个后果很严重，你们要学会为自己的行为负责。

12. 学生自习课上讲话

一学生被同学投诉爱讲闲话，影响了周围同学的学习。我决定趁此机会和他谈心。

师：开学至今感觉怎样？

生：基本上感觉还不错，只是感觉数学有点儿听不懂。

师：有没有采取什么补救措施？

生：课堂认真听课，不会的及时问老师。

师：问了吗？

生：还没有。

师：为什么不问啊？

生：看到老师从教室门口走过，来不及叫老师。

师：可以到办公室去问啊！

生：不知道老师的办公室位置。

师：如果真想问问题，这是很难解决的事情吗？

生：看来还是我自己的原因。

师：造成一个结果的原因往往是多方面的。人性的弱点之一就是习惯于找他人的责任，以达到某种自我保护的目的。那么你认为自己数学听不懂的主要原因是什么呢？

生：可能是自己听课不认真吧。

师：客观地讲，听不懂的原因可能有老师讲课的问题，也可能有自己听课的问题，比如听课是否认真、是否开小差等。你能具体说说自己的原因吗？

生：可能是对老师强调的重点认识不够，有时候也开小差。

师：你认为该怎样解决这个问题呢？

生：认真听课。

师：这样的回答太抽象，让我很难判断你是否能做到，你可以说说具体方法，例如，有的同学上课打瞌睡，可以采取洗脸、站立等方法来解决。

生：我认真做笔记，对老师讲的重点要巩固，对不会的先记下来，课后及时解决。

师：这样思考问题就是在找具体方法了，希望你尽快实施。除了听课外，你是否能对自己开学以来的表现做一下点评，看看还有哪些需要改进的地方？

生：自习课上有时会讲话。

师：有时是什么概念？

生：一节课会讲两三次吧。

师：这还叫有时吗？这是经常讲话了。我们设想一下，你这样经常讲话，同学们会怎么看你？

生：可能会认为我很烦，耽误了他们的学习。

师：还有哪些后果呢？

生：影响了班级形象。

师：还有呢？

生：老师会认为我是一个坏学生。

师：无论理性上有多么清醒地认识到老师的批评都是为自己好，但在感性上，学生对老师的批评都是很反感的，甚至会因此而讨厌老师。如果你经常讲话，老师必然会批评你，甚至会通知你的家长。这样师生关系就会恶化。没有良好的师生关系做基础，想要搞好学习是非常困难的。因此，在自习课上讲话，不但会影响自己的学习，还会影响同学之间、师生之间的关系，会让你的高中生活很灰暗。你希望自己高中三年的生活是这样的吗？

生：不希望。

师：该怎样做？

生：我保证绝不在自习课上说话了。

后面就是强调效果的谈话，这进一步巩固了学生的认识。

13. 班干部培训摘要

第一，在享受班干部身份带来的荣耀的同时，要坚定地履行班干部的职责。

第二，每个班干部都要思考如何才能做好班干部的工作。

第三，多为成功找方法，少为失败找借口。任何问题都有解决的方法，只不过有时是暂时还没有找到有效的方法。

第四，针对班干部提出的大胆管理可能会激化同学之间矛盾的问题，我说：

管理不是让班干部站在学生的对立面。解决问题，如果只有一种方法就会陷入困境，如果有两种方法只能左右为难。刚才你们的思维就是这种要么退让要么对立的二元思维，所以左右为难。这就需要我们找到第三种方法：学会和被管理者一起站在问题的对立面解决问题，而不是和被管理者对立。

然后，我用行动告诉班干部该怎样做。

第五，学会把批评者变成建议者、支持者。例如：

你们批评我不会搭配衣服。一般人的思维有两种：沮丧，我在这方面真的很差；对立，我会不会搭配衣服关你什么事，多管闲事！这两个都不是智慧的应对。第三种思维就是：看来你在搭配衣服方面很擅长，你是否能告诉我怎样搭配更好？这样对方施展了自己的才华，你也得到了提升和成长。

14. 学生状态低迷

一男生开学以来表现低迷，尤其是精神状态不好，经常趴在课桌上，甚至睡觉，他在宿舍也被扣分。于是我利用晚自习的时间找他谈话。刚叫他的时候，他本能地问我："我又犯什么错误了？"我说："没有，只是想找你聊聊天。"

师：是不是初中时经常被老师叫出来接受批评啊？

生：有时是这样。

师："有时"是什么概念，能告诉我一个星期有几次吗？

生：三四次吧。

师：所以我一叫你出来，你就本能地怀疑自己犯错误了？

生：是的。

师：我今天叫你出来主要是聊天，不用紧张。你能不能评价一下自己进入高中以来的表现？

生：总体还好，就是有时候精神不好，总想睡觉。

师：你认为是什么原因呢？

生：可能是因为晚上睡不好。（该生是第一次在学校住宿）

师：晚上睡不好，第二天上课睡觉很正常，我也是这样。你认为晚上睡不好的原因是什么呢？

生：可能床板太硬了。

师：怎么解决呢？

生：多带一床被子，这样舒服一点。就是凉席还有点刺，睡起来不舒服。

师：那又该怎么办呢？

生：让家长买好一点的凉席。

师：我相信家长会给你买的，只要家庭经济不太紧张。今天宿舍被扣分是怎么回事？

生：我把衣服放在了床上。可是我的柜子被其他同学占用了。

师：不是每人一个柜子吗？

生：那些柜子都锁着，还没让宿舍管理员打开。

师：这是很困难的事吗？

生：也不是，就是自己太懒。

师：这个问题又该怎样解决呢？

生：找宿舍管理员打开锁。

师：什么时候去找？

生：就今晚吧。

师：这样处理问题就很好。还记得我开学之初告诉你们的一句话吗？问题不是问题，应对问题的态度才是问题。而你之前应对问题的态度很明显出现了问题，希望以后不要再这样了。我以前没跟你说过，所以这次不追究责任，如果下次还出现同样的错误，就别怪为师不客气了。

生：我保证做到。

师：子不教，父之过；教不严，师之惰。之前有老师的责任，以后就是你的表现了，希望你不要让我失望。

最后，学生开心地离开办公室，第二天果然没有被扣分。

15. 被抓为典型

随着学生之间逐渐熟悉，讲话也越来越自由随意，有时候上课铃已响还不能及时刹车。今天晚自习时，上课铃一响我就奔向教室，发现还有很多学生在说话，靠窗的两个学生最明显，于是我把他们叫到办公室谈话。

师：其实说话的应该不只是你们两个，而只有你们两个被捉到，是不是觉得很冤枉啊？

生：不是，反正我们确实讲话了。

师：是不是在心里抱怨——"真倒霉，都是座位惹的祸，否则就不会被捉到了"？

生：不会，自己的错误自己承担。

师：你们的态度很好，我也认为只捉到你们两个有点不公平，但事实如此。现在说说该怎么办吧！

生：写检讨吧。

师：你们也知道我不喜欢让学生动不动就写检讨，这样的检讨没有检讨错误，却检讨出了师生矛盾，甚至学生对老师的仇恨。这样吧，给你们一次机会，你们给全班同学做一个报告，就谈晚自习如何才能不说话。

两个学生领命而去。

16. 和H同学的谈话

背景：H同学（女生）在学生中的影响力很大，表面上和老师好，但在背后搞了很多破坏活动。（来自以前老师的评价，对此我保留了个人看法，暂不用这样的眼光来看学生，怕自己戴上有色眼镜）

下面是我和H同学谈话内容的节选。

师：你认为我们3班怎么样啊？

生：其实很好的，只是以前沟通不够，大家互不了解。我们假期搞了一个聚会，大家都谈了自己的看法，交流得很好。一开始很多同学都想重新分班，现在都不想再分班了。

师：你给我的第一印象很深刻，我发现你很善于沟通。

生（惊喜）：您怎么知道的？

师：通过简短的交流我就感觉出来了。能言善辩、善于交际是个优点，你一定要保持。但还请你学会另一个优点，这样才更完美——知道在什么时间什么地点该说什么。能不能再谈一谈你以前和老师的关系啊？

生：不好，主要是我脾气太坏。这个假期我也做了很多的反思，我知道不应该对老师发火。

师：有点脾气没关系，任性也不是大错误。但一定要尊敬老师。如果在课堂上顶撞老师，甚至辱骂老师，你知道谁最丢人吗？

学生有点莫名其妙。

师：是家长。因为公然辱骂老师，说明这个学生非常没有教养，而这恰恰是对家长最大的否定。

然后，我又对该生开学两天来的行为进行了表扬，尤其是表扬她把头发染回了黑色（因为这个问题高二一年都没有解决，而进入高三我只是提醒了一下，学生就主动把头发染回黑色）。最后，我又交给她一个养花的任务，她很高兴。我提出要她的家庭住址，她有些惊讶。我开玩笑说"有时间到你家做客"，学生非常高兴。根据对以前情况的了解，我顺便对如何处理好师生关系的问题表明我的看法：有意见大家可以相互商量，但我非常讨厌表面一套、背后一套的学生，因为这触犯了我做人的准则。

17. 和W同学的谈话

背景：听闻W同学（女生）活动能力很强，在高一和高二有"班级大姐大"之称，比班主任的影响力还大，据说班级里的很多事情都由该女生处理。班级里的女生问题最多，该生对班级有举足轻重的作用。

假期我和该生电话联系，沟通感情，取得主动。开学前一天该生到校帮助整理教室，表现积极。我和到校搞清洁的学生进行了面对面交流，该生对班级问题非常关心，提出了很多自己的看法。第一次见面我就讲出了该生的家庭住址等信息，让她感到非常惊讶。开学第一天我故意给她一些任务，让她有被重视的感觉。励志教育期间，该生有一天迟到，她说自己身体不舒服，我在学生面前为她留了面子。到了晚自习时，我终于抽出时间找她谈话。下面是谈话内容的节选。

师：两天的励志教育，一天的学习，你感觉如何？

生：还可以，有点高三的感觉。

师：我对你的第一印象很好，不过很不好意思，我表扬同学的时候竟然忘记了你,后经班长提醒才想起来。

生(笑了笑,里面有得意,也有宽容):没事的。

师:你感觉在高一、高二时和老师、同学的关系怎样?

生:可能我表现太过火了吧,有时候脾气很不好,太容易发火,结果让老师很难堪。我在假期也做了反省,感觉自己很冲动,也很幼稚。

师:我感觉你的活动能力和组织能力都很强,至于有一些脾气也是很正常的。但要有一个底线:一定要尊重课堂、尊重老师,在这个基础上一切都容易商量。以后我们之间也许会有很多矛盾,我希望我们双方都能理智地解决。我告诉你我的原则:我是一个对事不对人的老师。有了错误我一定会教育,但可以考虑方法。我批评你不代表我对你有意见,我只是针对你所做的事情。

生:我看出来了,您是这样的老师。我会配合您的。

师:既然这样,老师也请你多多支持和帮助。女生那里往往会发生一些潜藏的问题,我可能无法及时发现,希望你能帮助我做好女生的引导、调解等工作。

生:我一定会的。

最后,我又和该生交流了班级的一些情况,我只是多听、多了解,不会简单地根据学生的说法来处理,但总体上我让该生感觉老师信任她、重视她,这样她就会积极地配合老师。今天下午,我交给了她一个任务,把本学年的主题班会值日表排出来,她做得很好,然后主动让我审阅。我又让她多参与班级的活动,帮助出板报,她都很愉快地答应了。

【案例评析】

> **案例呈现**
>
> 初为人师，我把自己定位成"温柔型"教师。作为一名女教师，我具有得天独厚的条件。只要有时间，我就到教室转转，尽量多与学生相处，对生病的学生嘘寒问暖，对成绩后退的学生及时鼓励。对违纪的学生只是蜻蜓点水式地提醒、警告，对屡次违纪的学生也只是反复、耐心地与之谈话，相信他们会在爱的感召下自强起来。那时的我，心中犹如有一眼爱的清泉，整天汩汩不停地流淌着对学生满心的怜爱。就这样，一年下来，我与学生极为亲密，享受着为人师的幸福。但这种幸福迅速被随后而来的期末考试瓦解了。期末考试，我班总体成绩与我接班时相比下滑明显，特别是优秀生的成绩下滑厉害。这犹如当头一棒把我打醒，整个暑假我都在反思：我是在爱学生，还是在害学生？
>
> 经过一个暑假的"头脑风暴"，我彻底推翻了先前的想法。真正的爱学生就是让他们的成绩进步！有了这根指挥棒，我的言行与先前有了180°的大转变。
>
> 开学后第一个班会，我就宣读了班纪班规，满满三张信纸的内容加上我严肃的表情、不容置疑的声音，学生都有些莫名其妙，感到无所适从。第二周，学校要进行文化橱窗评比，我安排两名语文课代表负责，两天后，她俩完成任务到办公室找我去检查，可结果令我大失所望，内容、版面设计毫无新意且凌乱，应付的成分更多一些。当时，她俩笑嘻嘻地看着我，满以为我会像以前那样只要完成任务就给予表扬，根本预料不到我会"变脸"。我的表情瞬间晴转阴，怒气冲冲地说："怎么做事标准这么低了？！都不动动脑子，这样评比恐怕三等奖也得不到，你俩就是这样给同学们带头的吗？重新返工，拿不到一等奖你俩就自动辞职吧。"我提高声音说，也是有意让正在上自习的同学们听听，造一下声势。果然，那次评比，我班荣获一等奖。
>
> 经过一个月的严格管理，班级各个方面都走在了全校前列，每周的常规检查量化，我班都稳居全校榜首，广播操比赛也获得一等奖。整个七年级一年，

我班成绩一直蝉联年级第一，但我再也没有收到过学生的祝福。直到有一天，我和一名学生谈话时，他无意间说出，现在多数学生都在背后骂我。这个消息先是让我惊愕，继而让我感到委屈、伤心、气愤，我开始失眠，很长一段时间都走不出心中的阴影……

【改编自：罗文芹．海水焰火两重天[J]．班主任之友：中学版，2011（10）．】

案例分析

该教师经历了一个充满职业激情的教师通常会经历的两个阶段，在走过这两个阶段之后她就会慢慢走向成熟。第一个阶段是温情有余，严厉不足。这时教师在享受初为人师的喜悦，用自己的爱心浇灌教育之花，这一点非常值得肯定和尊重。只是因为经验不足，让温情影响了理性判断，对学生的管理不够严格，更没有理性地引导学生，所以造成了班级成绩滑坡，这是很正常的事情。第二阶段就是严厉有余，缺乏智慧。在以分数论成败的评价体制下，无论多么好的师生关系和学生的情操培养，都无法抵御分数的压力。所以，该教师在班级成绩整体下滑的事实面前彷徨了，于是不管是出于对学生前途的考虑，还是出于对教师自我职业的考虑，又或是来自有关领导的压力，教师全面否定了自己，收起温情，放下教育理想，用不近人情的严厉来获得现实的评价。得到了成绩却失去了学生，这同样也是教育的失败。教师的第三阶段应该是严格要求，温情执法，智慧处理。方法就是明确目标，对学习的要求不放松，用教师的亲和力感染学生、团结学生，面对教育中的问题要用智慧去处理，而不是简单地批评学生。

> **现场模拟**

(模拟文化橱窗评比情境)

师：谢谢你们两个的付出，能在短时间内做出来已经很不错了。你们对现在这个成果满意吗？

生：也不太满意。

师：看看能否在版面设计和内容安排上再有所突破，不用着急，距离评比还有一段时间，我相信你们一定能想到更好的设计。

生：好吧，我们再想想。

师：我希望你们以获一等奖为标准来要求自己，并且相信凭你们的才华一定能做出更好的方案，完成这个任务。

第 6 章

课堂管理，怎样说才有效

【方法源头】

课堂是教育的主阵地，课堂管理最能体现教师对教育的掌控力。课堂活动是师生共同演绎的过程，教师往往能够提前准备好自己的教学步骤，但永远无法预测课堂上会发生怎样的意外。当意外发生时，如果置之不理，就会降低教师的威信，久而久之教师会失去对课堂的掌控力；如果教师过于严肃，动不动就进行长篇大论的教育，不但会影响教学进度，还会激起学生的反感。因此，这个时候需要教师进行简短而机智的处理，保证课堂有效进行，同时还不失去教育机会。这个时候的讲话原则是，有效比有道理更重要，教师关注的应该是眼前的效果，而不是所谓深刻的理论。

1. 无效管理模式

（1）消极管理模式

教师只是专注于讲课，不顾及课堂纪律和学生的接受情况，讲完既定任务即可。这样的课堂管理懦弱低效，最终害了学生，也害了教师。

（2）强力管理模式

这样的教师责任心很强，可谓"眼里揉不进沙子"，发现学生课堂违纪，要么大发雷霆，批评指责，要么喋喋不休，像唐僧一样说教。学生恐惧，教师疲惫，课堂演变成师生的心理战场，上课是战争开始，下课是胜利逃亡，最终落得师生双败的下场。这样的管理是为"管理"而管理，不是为了学生的成长，丝毫不考虑学生的感受，而更多的是教师的情绪发泄。看下面一组对话及其效果：

师：怎么你就不能准时交作业？同样是学生，你的同桌为什么总是能按时交作业？

生：我从来就不如同桌，我讨厌同桌，我讨厌老师。

教师批评的目的是为了让学生改正，可实际效果却是激化了矛盾。

2. 有效管理模式

有效管理模式就是营造和谐、合作的课堂氛围。在这样的课堂管理模式下，教师机智幽默、大度睿智、挥洒自如，学生如沐春风、积极配合、身心健康发展。每节课都是师生合奏的乐章，每一个插曲都是整篇乐章的一段音符，各有其妙。

（1）关注焦点，保证课堂教学效果

所谓焦点，通俗地讲就是核心目标，就是教学过程中最关心的内容。课堂管理的焦点就是保证课堂效果，因此处理突发事件时要以这个焦点为目标，不能因意外而跑出了既定轨道。例如：

课堂提问，一学生懒洋洋地站起，眼睛有些迷离，只回答三个字"不知道"。我说："知道我最不喜欢的是哪个回答吗？"他略有迟疑，还是说了句"不知道"。我笑了笑说："回答正确，并且希望这是你最后一次说出这个答案。"

学生的表现与回答很明显充满了不耐烦的情绪，作为教师，对学生的如此表现肯定感觉不爽。如果这个时候教师忽略了课堂效果这个焦点目标，任由情绪发泄，那么课堂很可能就会变成教师训斥学生、学生进行辩解的师生对抗战。而在案例中，我没有关注学生为什么"情绪不耐烦"（原因可能有很多，包括历史遗留问题和家庭问题），而是围绕焦点，积极引导，把学生的思维引导到如何表现上来，既化解了冲突，又没有伤害学生的自尊，保证了课堂教学顺利进行。

有时候"怎么办"比"为什么"更重要，尤其是课堂管理，更需要这种短平快的高效处理方法，只要化解了眼前困境、保证效果就是好方法，至

于为什么可以留到课后再处理。

（2）有效果比有道理更重要

正因为有效果比有道理更重要，所以教师可以不讲很多道理，而要积极思考处理眼前问题最有效的方法。

很多教师看到学生在课堂上有违纪行为，往往就忍不住停下来给学生上人生课，讲大道理。道理很对，效果很差。学生认为老师婆婆妈妈，浪费了宝贵的课堂时间，那些所谓的大道理更是被学生当作耳旁风一吹而过。

课堂上我发现一个女生把鞋子脱下来，把一双赤脚放在地板上的报纸上。因为天气炎热，学生感觉这样很凉爽；也因为广州人赤脚是一种习惯，她也不感觉不好意思。为了不影响正常的课堂教学，我故意视而不见。课后我写了一个纸条：

××，请不要在教室里赤脚，原因：①这样会影响你女性的形象。②地板很凉，湿气很容易乘虚而入，这样会引发生理性疼痛。注：学校制度也不允许。

课间操之后，我把她叫住，说："我给你一个秘籍，不要让其他人看。"我看到她打开纸条之后，情不自禁地微微一笑。问题迎刃而解。

如果教师针对学生在教室里赤脚的行为大讲人生道理，如细节决定成败、纪律的重要性等，其实际效果会如何呢？这个学生会认为自己受到了侮辱，进而会憎恨老师，而其他学生会认为老师小题大做并浪费了大家的学习时间。

（3）每个行为背后都有一个正面动机

精神分析学派创始人西格蒙德·弗洛伊德认为：一个人做一些事情，不是为了得到一些乐趣（正面价值），便是为了避开一些痛苦（负面价值）。任何人在任何时间的动机不外这两个。NLP认为：行为背后总存在正面动机。例如：学生考试作弊的行为背后有获取高分的正面动机；学生在课堂上讲话甚至讲一些有"轰动效应"的话，可能背后隐含着"渴望被关注"的正面动机；学生迟交作业可能隐含着"把作业做得更完美"的正面动机。如果教师发现了学生错误行为背后的正面动机，那么学生也容易认识到自己的错误并勇于改正。因为当学生行为背后的正面动机被肯定、被接受之后，他的潜意识会感到放松，会有一种被理解的感觉。例如：

一名比较优秀且担任班干部的女生在一段时间内经常在历史课上睡觉，我询问之后得知，原来该女生认为历史老师不关心她，想通过睡觉这种极端的行为来引起历史老师的关注。我肯定了学生的正面动机，又引导她怎样做才能让这个动机更有效，然后我又把学生的行为动机告诉了历史老师，一场师生危机很容易就化解了。过后学生告诉我，原来历史老师那么随和，从此更喜欢历史课了。

因此，教师要通过积极思维找出学生的正面动机，然后相机引导，而不是简单地批评否定。如果教师只是看到学生的错误行为，忽视或否定了其背后的正面动机，甚至给错误的行为贴上负面的人格标签，那么就会激发学生的抗拒心理，造成越沟通矛盾越深、越处理问题越多的局面。

（4）微笑应成为教师的工作表情

在笑容中，微笑最自然大方，最真诚友善。世界各民族普遍认同微笑是基本笑容或常规表情。卡耐基说："行为胜于言论，对人微笑就是向他表明我喜欢你，你使我快乐，我喜欢见到你。"教师在课堂上保持微笑，既让自己显得自信从容，也容易保持一种良好的心态来应对各种突发事件。微笑也是调整不良情绪的良药，微笑很容易让自己变得心境平和。当教师心情不佳时，请在走进课堂之前先强迫自己微笑3分钟，千万不要让你阴郁的脸色破坏了课堂气氛。当课堂上发生意外时，当我们遇到挑战时，请用微笑来应对，以幽默来化解。

课堂上我检查古诗文名句默写，找了几个学生到黑板上默写。默写完毕，我发现有很多出人意料的错误。我微笑着说："我需要评一个'最佳创意奖'，大家说该给谁呢？"班上的学生异口同声地说给刘同学，原因是他把不同的诗句进行了嫁接。我又问："下面颁发'最具童心奖'，该给谁呢？"大部分学生说该给陈同学，因为他还保留着不会写字用圆圈代替的习惯。

最后我说："接下来颁发'最具形象表现奖'。这个就非罗同学莫属了，因为，他把'思'写成了'丝'，本来无形的思念让他写得千丝万缕。"全班学生大笑。

这种面带微笑、充满幽默的点评与教师板起面孔、严肃认真的批评相比，哪个效果更好呢？

【沟通实录】

调动课堂气氛

1. 追梦不做梦

第一节课学生的精神状态一般不太好，所以我上课之前都会先调整学生的学习状态。一般方法就是喊一些励志口号，例如："我是来追梦的，不是来做梦的。"齐喊三遍，学生精神抖擞。

2. 呼吸大法斗瞌睡

上课伊始，有的同学仍然睡意十足。我说"请做三次深呼吸"，然后说"保证自己在课堂上不睡觉的同学坐下"。学生陆续坐下，我说："这是你们用行动做出的许诺，古人云一言既出……"学生补充道："驷马难追。"学生立马精神很多，整堂课都在努力与瞌睡做斗争，而不再是和老师做斗争。

3. 老师，走好

今天上第一节课，这个时候学生往往还停留在早餐后的脑部供氧不足状态，症状就是昏昏欲睡。班长喊"起立"之后，学生向老师问好气若游丝，个个都低着头，有气无力，看不出一点青春的朝气，在如此状态下怎么学习呢？看来我又要"牺牲"一次了。学生说完"老师好"之后我没有立即回礼，而是很庄重地说："我怎么感觉像来到了殡仪馆，听着同学们喊的

'老师，你好'，感觉像是'老师，走好'。"（学生大笑）

只要有笑就没有瞌睡，因为笑是瞌睡的天敌。学生也明白了我的意思，下意识地抖了抖肩，挺了挺胸。

4. 黑板很有层次感

课前值日生黑板擦得不太干净，和我的要求不符。为了提醒值日生，我对黑板做了点评："你们看，这黑板擦得多有层次感啊！"全班哄堂大笑。第二节课，黑板就擦得很干净了。

评价学生表现

1. 很高兴你没有全错

课堂小测验，一学生做得很不好。我说："很高兴你对的比错的多。"学生挠了挠头，说下次会好的。另一个学生更夸张，只对了两个。我说："很高兴你没有全错。"一个大男生，脸一下子红了。

2. 对不起，忽略你了

课堂提问，一学生睡觉，被我叫起。我对他说："对不起，是我忽略了你。我知道你在用这种方式提醒我，并且宣布'我都会了，为什么还不提问我'。现在我就给你这个机会。"之后，这名学生整节课上都在努力地与瞌睡做斗争，更难能可贵的是，该生竟然记住了全部的内容。

3. 你的提升空间很大

一个学生读课文，效果不佳。我说："一是你的提升空间很大，可喜；二是责任不在你，应该怪你的父母和以前的老师，为什么他们不给你一个阅读的环境。不过，过去的已经过去了，我们要思考以后该怎么办。"该生点头认同。

4. 武大郎开店

作文课上，我让学生给范文模拟评分，大部分学生都给了高分，只有一个男生给出了与实际得分比较接近的低分。我让学生说出自己评分的理由。

生：我也不知道，我看他比我写得好我就给他低分了。（估计该生被前面给高分的同学的理由吓倒，故意这么幽默地说）

师：哦，原来你是武大郎开店——见高的就砍掉啊！（学生大笑）

师：如果我说你给的分数与实际得分最接近，你能否给出更多的理由？

该生于是给出了自己真实的看法：跑题。同学们报以掌声。

5. 吃面包与学习

一学生在早读课上吃面包，我说："好不好吃啊？"学生赶紧说："我没有吃早餐。"我说："我不是问你有没有吃早餐，而是问好不好吃。"学生讪笑道："好吃。"我说："学习就像吃面包，只有当你需要时才感觉它好吃，我希望你用吃面包的态度来学习。"

6. 写在哪里

师：请看教辅资料上面（《鸿门宴》）的重点内容。

生：老师，这些内容写在哪里？

师：写在哪里随便，最后得写在你的脑子里。

生：哦。（于是全神贯注地看书）

7. 不要说我不会

课堂提问。学生或许是不够自信，或许是出于习惯，总之脱口而出的是"我不会"。

师：以后不要对我说"我不会"。你应该这样说——"我试着说一下，可能说得不太好"，这叫谦虚。直接说"我不会"，那叫自我否定，这种长期的负面心理暗示会让你真的不会了。

学生在老师的鼓励下，最后还是很不错地完成了任务。

8. 字如其人

课前到黑板上默写名句。电脑随机点名，一男生和一女生都全对，只是女生的字写得工整，男生的字写得潦草。我说："有人说字如其人，今天我对这句话将信将疑。"学生愕然。"看到女生的字写得工整端正，如她本人（学生羞赧一笑），所以我相信这句话。看看男生写的，我就开始怀疑这句话了。他长得如此帅气，字却写得如此潦草；人看上去很标致，字看上去很随意。"然后我让男生重写，结果他写得端正工整。于是我提出了表扬并要求他以后都按照这个标准来书写。

9. 发现学生伪装之后

课前检查学生的现代文阅读作业，一学生迅速用笔在文章当中画了几道线。（我要求有阅读标注）我看到之后笑了笑，学生也不好意思地笑了笑。我说："有两点值得肯定：第一，这说明你反应敏捷；第二，说明你在乎学习和老师的检查，这就说明你有学习的动力。没做的原因可能有很多，我希望你以后多思考完成的方法以及完成的效果。"

10. 学生在课堂上吃棒棒糖

一学生吃着棒棒糖到黑板上默写。等该生默写完毕，我让他稍微留步。

师：现在请你转身面向同学。

学生不自觉地把拿着棒棒糖的手放在电脑桌下面，然后感觉不妥，又把手放到了身体后面。

师：知道我为什么留下你吗？因为你是这堂课上感觉最甜蜜的一个人，我想让你谈谈感受。

学生很不好意思地表示以后不吃棒棒糖了。

师：该吃的时候还要吃。下面再请教一个问题，吃棒棒糖有哪些好处？

学生又是尴尬地笑，无言以对。倒是下面有同学说可以避免在课堂上睡觉。

师：那么在课堂上吃棒棒糖有哪些坏处呢？

可能是经验使然，学生说坏处时往往比说好处时更有话说。很快他们就总结出了不尊重老师、不礼貌、违反课堂纪律等答案。

师：看来你都懂，我希望你真正能在课堂上有甜蜜的感觉，而且不是棒棒糖带来的。

学生会意地笑。后来该生的课堂表现有明显改变。

11. 品尝成功

课堂提问，电脑随机点到一学生，该生是本班为数不多的语文潜能生。结果该生顺利地完成任务。我把该生叫到讲台上接受老师的采访。

师：恭喜你能顺利地完成任务！你对自己的表现如何评价？

生（脸上流露出不易察觉的笑容）：还可以，不太满意。

师：很谦虚，你知道你这样的表现意味着什么吗？

学生感到困惑。

师：如果你每节语文课都能如此表现，那么在接下来的学业水平测试中你会达到110分，请想象一下你得到110分的感觉。

生：很美，很高兴。

师：要不要实现这种感觉？

生：要。

师：其实很容易，只要你做到……

生：我一定每节课都认真落实。

师：OK，掌声鼓励。

12. 被表扬的感觉

课前小测验，一学生成绩不理想，于是我让他站在讲台上。

师：请你用点名器随便点一个同学的名字。

（该学生有些困惑，但还是照做）

师（对被点名的学生说）：请你点评一下该生，只说优点不说缺点。

生1：五官端正，身材高大。

生2：有些羞涩。

生3（女生）：衣着整齐。

（该生的衣服本来敞开着，他赶紧拉上了拉链，这就是评价的力量）

生4：会唱歌，会跳藏舞，多才多艺。

师：听到同学们的评价感觉如何？

生：很开心。

师：你在黑板上默写时感觉如何？

生：很不爽。

师：想不想也有刚才同学们表扬你时的感觉？

生：想。

师：怎样做才能有这种感觉？

生：认真听课，及时复习。

师：能做到吗？

生：一定能。

课堂意外事故

1. 腿伸到过道里

一学生把长腿伸到教室的过道里，很容易绊倒走路的人，我上课时就差一点踩到他。我笑曰："对不起，差点踩到你，你还是把脚收回去吧。"学生也笑曰："不怕。"我说："可是我怕啊！"学生后来坐得很端正。

2. 公然入室

课堂上，一迟到的学生在没有任何示意的情况下"坦然""从容"、旁若无人地走进教室。我说："我今天又发现了××同学身上的一个优秀品质，大家知道是什么吗？"学生知道我的意思，暗指他不喊"报告"公然入室。我说："这个行为说明他有挑战权威的勇气，这份勇气是创新能力的核心品质，但要看把这份勇气用在什么事情上。"

3. 学生讲怪话

一学生在课堂上总是讲怪话以引起同学们的注意，这个时候如果教师直接批评，会让他恨你，搞不好还会引发课堂冲突，最终会影响教学。于是我给学生讲了苏轼与佛印斗法的故事，讲到苏轼看佛印像一堆牛粪的时候，我问学生他们两个谁占便宜了。很多学生支持苏轼。然后，我又讲到苏轼兴高采烈地回家告诉苏小妹今天他赢了佛印，却被苏小妹批评了一顿，说他输得很惨。我问学生为什么苏小妹说苏轼输了。学生茫然。大家百思不得其解之际，我抛出了答案："心中有佛，看别人是佛；心中有牛粪，看别人就是牛粪。"学生大笑，进而深思。

我说："说什么话说明你是什么样的人，千万不要让你的语言出卖你的人格。"之后，课堂安静。该生的怪话从此销声匿迹。

4. 投粉笔竞赛

我在教室中间讲课，前排两个同学往讲台上的一个玻璃容器里投粉笔，并且有竞赛之意。我说："有两个同学很善于表现，现在就给他们一个表现的机会，有请两位同学到讲台上'秀'1分钟，大家看看他们的表现。"二人到讲台上后表现很"精彩"，眼神游离不定，双手不知该放在何处，身体左右摇晃，笑得很尴尬。我又现场对学生进行了什么叫细节描写、什么叫动作描写的讲解，这些细节体现人物这样的心理和性格。最后掌声鼓励他们的表现。我说："不知者不怪，他们不知道课堂不允许做投篮动作，以前的老师也没有纠正他们。但我认为他们以后再也不会这样了，对不对？"二人点头。

5. 他爸是李刚

"他爸是李刚"已经成为学生互相调侃的口头禅。上课时，一学生睡觉，我把他叫醒。学生们调侃说"他爸是李刚"。我也顺着说："如果你爸不是李刚，就不要睡了。"又有一学生上课总是安静不下来，经过我提醒，该生还是一脸不在意的笑，学生又调侃说"他爸是李刚"。我说："这个肯定不是。他爸和我交流过，他爸正规大学毕业，水平很高，有的见解都高于我。"学生对该生的看法立时有所改观，该生也立即严肃起来，专心看书。

6. 老师帮你一个忙

小L坐在最后一排，在心理上有一种"天高皇帝远"的想法，因此对自己的约束不足，再加上他设置了高高的"书山"屏障，给他课堂讲话、睡觉提供了"地利"之便。我提醒几次，效果不明显。如果我明确说他桌上的书是为了方便讲话、睡觉，他肯定不服气，因为没有哪条纪律规定书桌上的书最多可以有多少。看来强攻不行，还需智取。下课后我走到他身边，一脸真诚地说："我可以帮你一个忙吗？"中国有伸手不打笑脸人的优良传统，更何况一脸真诚的老师要主动帮助自己呢？无论多么倔强的学生也不会在这个时候和老师顶撞。他一时不明白我葫芦里卖的是什么药，就问我帮什么忙。我说："我想帮你整理一下你的书，以方便你学习。你指挥，我整理。"他明白了我的用意，我还没有动手，他就以最快的速度把自己的书山削平了。我回到讲台时，一眼望去，他的举动一览无余。

7. 珍惜拍拖

周五班主任例会,年级主任谈到有学生到周边小区拍拖、抽烟甚至出入一些不良场所,要求班主任给予学生提醒、警告。当我在课堂上说出"拍拖"两个字时,学生本能地兴奋起来。我说,"拍拖是非常美好的,"学生的兴奋点进一步被刺激,"所以我们要珍惜,不能给美好的东西留下污点。甘甜的苹果未熟之前吃起来总是苦涩的,原因是时机未到。"学生心领神会。

8. 我不是蒙娜丽莎

我看到教室里的纪律有点乱。

师:知道蒙娜丽莎吗?

生:知道。

师:她以什么出名?

生:微笑。

师:我不是蒙娜丽莎,不会一直对你们微笑。知道我什么时候不笑吗?

生:你生气的时候。

师:什么才能让我生气?

生:有同学不遵守课堂纪律的时候。

师:很好,请检查自己有没有这样的行为。老师一生气,后果很严重。

全班安静。

9. 阅读有用吗

生:老师,阅读有用吗?

师:哦,看来你很喜欢读书,并且读了很多书。

生(暗喜并惊奇,老师是怎么知道我喜欢读书的):是的,我看过很多名著。

师:你认为读书是有用的,只是你读了很多书,但自己的作文水平并没有明显提高，于是产生了怀疑。

生（更惊奇，这个想法都被老师猜到了）：是的，都说开卷有益，可是我的作文得分并不是很高。

师：你认为是什么原因呢？

生：可能我还不能把阅读的内容迁移到写作上来吧。

师：有道理，阅读是提升自己，写作是表达自己。只要你用心读书，最后肯定会有收获的。

生：我也相信我一定能成功。

最后，学生很高兴地离开。

10. 学的不是"习"，而是你未来的幸福爱情

作文课上我指导学生写分论点。我以"肩膀"为题，给了一个分论点："肩膀装载着幸福，肩膀是亲情的牵挂。"然后让学生模仿。

一学生脱口而出："肩膀承载着爱情。"学生哄堂大笑。我笑着说："很好啊！一个男人的肩膀要有承载爱情的力量，请问你们有吗？"学生默然。"那么靠什么来增强你肩膀的力量呢？知识就是力量，所以，你们要好好读书。请记住，你现在学的不是'习'，而是你未来的幸福爱情。"

11. 该不该扫地

晚自习已经开始，两个学生在扫地，同时也扫动了全班的气氛，教室里一片喧闹。我说："现在我遇到了一个两难问题，如果我让同学继续扫地，那么就影响了课堂教学；如果我不让同学扫地，那么就影响了班级形象，该怎么办呢？"学生答曰："提前扫地。""很好，我希望这样的两难问题不要出现第二次，否则我会毫不犹豫地选择维护我语文课的权利。"

12. 学生课堂一声吼

语文课前默写，一学生连续修改三次都没有全对，全班同学对他进行

提醒。突然，他大吼一声"不改了"。全班肃然，然后都看着我。我微笑着没有作声，一分钟之后，我把这个学生叫到讲台上接受我的现场采访。

师：你是我开学以来见到过的最有个性的学生，你的这声吼很响亮，也很有气势。男孩子嘛，就得有点儿个性。不过，我问你，一个人有很强烈的情绪好不好？

学生摇头，全班同学也小声地回应说："不好。"有的学生重复我以前的话："冲动是魔鬼。"

师：好吧，我就现场进行一下表演，看看有情绪好不好。

第一次表演：（声音高八度）老师，你好烦！我根本就不想学习，你为什么总是逼我？我不读书了可以吗？有什么了不起的！

师：这样的情绪好不好？

学生集体回应说"不好"。

第二次表演：（声音同样高八度，一拍桌子大吼）老师，我就不相信这点知识会难倒我，给我一段时间我一定把成绩提上去，你等着瞧吧！

师：这样的情绪好不好？

学生说"好"。

师：前后有什么不同？

学生沉思。

师：前者属于负面情绪，是逃避，是退缩，发火其实是掩饰内心的虚弱。后者是正面情绪，是一种动力，是挑战，是进取。同学们，一个人有情绪好不好呢？

生：负面情绪不好，正面情绪好。

师（转向那个学生）：现在感觉如何？

生：感觉好多了。

师：你知道同学们反复提醒你是为了什么吗？

生：他们在帮助我。

师：你现在该怎么办呢？

生：更正自己的错误。

师：很好，请立即行动。

学生快速做了更正，整堂课他都在全神贯注地听课。

【案例评析】

案例呈现

教师节那天，在二年级品德与社会课上，老师看到一学生手中拿着一朵花在玩，没有认真听课，就说："你怎么在玩花？难道你不知道上课该做什么，不可以做什么吗？"学生眼泪汪汪的，很憋屈的样子，快要哭出来了，随手把花扔在地上。其他同学想帮她捡，老师板着脸说："不要捡，让她自己捡……"

案例分析

每个行为背后都有一个正面动机。该教师没能准确地解读学生行为的动机。学生在课堂上拿着花玩，这只是学生的行为表现，不代表学生故意捣乱。我们设想一下，在教师节的背景下学生故意把花朵亮在明处，支持他这样做的内心动机应该不会是故意捣乱吧？在我看来很有可能是该学生想要给老师献花却又不敢，于是就想通过这种形式引起老师的注意。学生被教师批评之后"眼泪汪汪的，很憋屈的样子，快要哭出来了"就能说明问题。这个情节本可以成为强化师生感情的机会，却因为教师误读为学生"违纪"而造成了师生之间的鸿沟。

> **现场模拟**

师：××同学，你平时上课一直都认真听讲，今天却一直拿着一朵花，这样会影响听课效果。不过我想你一定有自己的原因，能告诉老师为什么吗？（通过追问，了解学生的正面动机）

生：因为今天是教师节，而我没有钱给老师买礼物。这朵花特别美，我看到它就想到了老师的笑容，所以我很想把它送给老师。可是我又担心老师会不喜欢，我很犹豫，所以一直拿着它。（学生表达正面动机）

师：谢谢你，我很喜欢这朵花，这也是我今天收到的最美的礼物之一。这说明你是一个非常有爱心并且懂得感恩的学生，老师为你感到骄傲。（肯定正面动机）不过，现在是上课时间，你认为上课一直拿着花合适吗？（引导学生学会正确表达正面动机）

生：对不起老师，我影响了你上课。以后我会在课余时间找老师，绝不再影响课堂教学了。

……

也许这样的情节很煽情，也许学生的回答没有那么"理想"，但有一点可以肯定，这节课绝对不会成为学生回忆的"噩梦"，对学生心理和情感的发育绝对是积极的。所以我要再次强调，学生错的只是具体的行为，而不是行为的动机。真正的沟通赢家，在指出对方无效行为时绝对不会否定对方的正面动机，也就是我们常常提到的对事（行为）不对人（正面动机）。他们在指出对方的失误时，仅仅针对对方的行为。

第7章

常规管理，怎样说才有效

一、制度常规，怎样说才有效

【方法源头】

常规管理离不开制度，因此要保证制度的尊严，像哈佛大学的校训所说：让制度看守班级。但在以儒家思想为核心的国度里，如果完全依靠制度则很容易使师生关系陷入对抗，教师也会因此而疲惫不堪。子曰："道之以政，齐之以刑，民免而无耻；道之以德，齐之以礼，有耻且格。"（孔子说："用政令来治理百姓，用刑法来整顿他们，老百姓只求能免于犯罪受惩罚，却没有廉耻之心；用道德引导百姓，用礼制去同化他们，百姓不仅会有羞耻之心，而且会有归服之心。"）因此，我认为，在教育的过程中不能忽略一些基本价值观的内容。教育要指向学生的价值观，培养学生健全的人格，使学生在不断地纠错中成长，只有这样，教育才能最终达到"教是为了不需要教"的目的。请记住，教育的终极目标是学生的成长，为此就需要我们的常规管理更加灵活多样。

1. 以学生成长为教育的核心

教师要树立以生为本的教育理念，为学生的健康成长保驾护航。教师的工作对象是学生，不能为管理而管理，为制度而制度。如果制度伤害了学生的身心健康，那么这个制度就要修改。因此，民主管理应成为第一要素，让制度来自学生，让学生成为班级的主人。同时教师还应该让教育充满精神关怀，关注学生的心理、生活、道德情操、审美情趣等方面的成长和发展，理解、尊重、信任学生。当教师关注的焦点是学生成长的时候，就会发现我们的教育充满了无限的挑战和创意，同时也会充分体验教育的职业幸福感和成就感。因此，教师不能被死的管理制度羁绊，更不能执法无情、铁面无私，为了制度而毁掉孩子的一生。我并不是说制度不重要，而是强调执行制度时要多一点温情和技巧。

例如：

一个学生在晚自习课上用手机打电话，我没有严厉地批评他，而是先肯定该生之前的表现，并说明老师也很为难：作为住校生，手机的确便于和家长联系，如果没收手机，家长打电话找不到学生会很着急。但如果不没收手机，就会有损制度的尊严，让班级制度流于形式。我引导学生学会处理善后问题。得到理解和尊重的学生会理解老师并积极配合老师，这样既维护了学生的自尊心，又维护了制度的尊严。

教师既要执行班规，又不能被班规束缚。管理是为了教育，班规是为了帮助学生成长。为了说明这个问题，下面引用一下王晓春老师关于管理与教育的论述：

一个名副其实的教育者，最关注的应该是学生本身的发展；而管理者则不然，管理者最关心的是完成上级布置的任务。教育者以人为本；管理者以任务为本，管理者只把人看成是完成任务的工具。教育本是科技含量很高、很需要创造性的一个职业。可是有些教育者创造性实在不强，具体问题具体分析的能力实在不强，又想干教育，怎么办？他们只好求助于简单化管理。无论在哪里见到规章制度，觉得不错，就拿来用，然后检查评比，这多省事！有点麻烦也不过是检查评比的麻烦而已，省脑筋。所以，简单化管理其实是头脑简单的教育者的救星。这叫作教育者向管理者投降。

2. 正确认识学生的犯错行为

犯错是学生成长的必然经历，教师要引导学生把错误变成成长的财富。对每一届学生我都会告诉他们我对待错误的态度：勇者敢于改正错误，智者把错误化为成长的财富。所以，学生犯错恰恰是他成长的契机，千万不能因此而扼杀学生成长的权利，更不能因为一次错误而把学生打入地狱。但又不能纵容错误，我同时让学生明白：犯错是学生成长的正常行为，但改正错误更是他们的责任。NLP认为：问题不是问题，对待问题的态度才是问题。经过我指导后的学生，基本上都能正确地认识自己的错误，并敢于承认错误，将错误变成成长的财富。

从教师的角度而言：学生出现问题不是问题，教师用怎样的态度和方式来应对问题才是问题。如果教师动不动就发火、批评、责备、惩罚，那么只能换来学生本能的自我防御和辩护，不利于学生真正地改正错误。

3. 公平是维护制度的第一要诀

学生并不排斥班规，他们排斥的是对班规执行的不公平。很多班主任都讲班规面前人人平等，甚至还把自己纳入班规的管理之内，犯了错误同样要接受班规的惩罚。

【沟通实录】

1. 注意"演出"时间

晚自习进行英语测验，收卷时学生比较兴奋，有的交流试题，有的交流感受，甚至有的学生兴奋之下禁不住舞而蹈之。我静观5分钟后说："有的同学非常有表演天赋，有机会我会让你们展示一下这个天赋，如果讲台这个舞台小，可以考虑更大的舞台。但是，任何演出都是有时间限制的，请注意自己的言行。"教室里马上安静下来。

2. 三个学生逃脱大扫除

师：知道今天是你们值日吗？

（两个学生说知道，一个学生说不知道）

师：你说不知道的目的是推卸责任，还是自我辩解呢？你不知道的责任该由谁承担呢？难道你没有值日，要让劳动委员来替你承担责任？

师：我很愿意相信你的"不知道"是真的，不过是不是真的，只有你最清楚。他们两个承认知道该自己值日至少表现出了真诚的一面。如果两个坦诚的人因为承认而受到重罚，另一个因为说"不知道"而逃脱处罚，你说他们以后还会承认错误吗？

生：可能不会了。

师：你连自己值日都不知道，说明你犯的错误比他们还重。我把你和他们两个一样处理，对你来说就是宽容了。

最后三个学生都自觉地接受了劳动委员的惩罚。

3. 假装肚子疼

周日晚一学生迟到，看到该生气喘吁吁地来到教室门口，考虑到该生在刚刚结束的中段考中取得了巨大进步和平时的种种表现，我决定对他进行一次"追问"。

师：说说你迟到的原因吧。

生（双手捂住肚子，气喘吁吁）：我差点儿来不了，我肚子痛，还是那位同学背我上来的。

撒谎的嫌疑很大，但我不能盲目判断，要通过追问让他现形。

师：如果是这样，气喘吁吁的不应该是你，而应该是那位同学啊。再说如果你疼得如此厉害，你不应该来教室，而应该打电话给家长直接去医院，或者我现在就送你去医院。

该生立即尴尬地笑了，左顾右盼，闪烁其词，凡是如此回应的必有谎言。

师（微笑着，这种微笑有时候比严厉的追问更有杀伤力）：我可不希望你继续犯更严重的错误，你也知道我处理问题的态度。并且我不想让你侮辱我的智商。

生：其实我是和刚才那个同学一起吃饭，结果忘了时间。

师：所以你的第一反应就是找一个合情合理的借口，这样可能让你逃脱处罚，并且经验告诉你这样做很有效。千万不要对我说这是第一次，你能把谎言说得如此理直气壮，我很"佩服"你，但也感到一点悲哀。

该生越发尴尬地笑了。

师：本来我以为你是考好了有点得意，这样很正常，小小年纪很难做到宠辱不惊。一次的迟到也没有多么严重。但你的谎言让我很受伤。你说让老师最后再信任你一次，我就信你一次。可是你对老师连起码的信任都没有，这公平吗？老师和你一样都是渴望尊重的，你尊重我了吗？今天我感觉很受伤（故意夸大老师的痛苦），你要想办法来安抚我这颗受伤的心。

（这是引导学生要从对方的角度考虑问题，不能只是强调自己的得失）

学生立即陷入了思考，但迟迟不知道该怎样做。正好本周轮到我们班清洁公共卫生，于是我把这个"光荣"的任务交给了他。

师：用心清洁卫生，清洁的程度就代表着你反省的程度。

于是学生认真地做清洁。

4. 谎说去校医室

晚自习时，两个学生迟到，课后我让他们做出解释。一学生说去了校医室，然后去了厕所。他语言模糊、眼神游离，我觉得他在撒谎。但我没有直接证据，于是接着追问："真的去校医室了吗？"一般情况下，谎言说出之后就需要更多的谎言来掩饰，漏洞也会越多。我的语气已经透露出了我的怀疑，但学生的胆怯和侥幸心理还是支持着他"坚持到底"。

师：去校医室应该有记录的，你做记录了吗？

生：没有。

师：那么拿药了吗？

生：拿了。

师：给我看看。

生：吃完了。

师：那我们就一起去校医室核实一下。

于是，我带领两个学生来到了校医室，校医的回答证实了我的判断。

师：为什么对我说谎？你这是又犯了一个更严重的错误。

生：迟到了，我不想被认为是旷课。

师：说谎是因为不想让对方知道真相。但你们这个年龄能做什么见不得人的事呢？我相信不会有什么特别严重的事情。

生：其实是我心里很不高兴，就找他（另一个同学）出去谈心。

师：心里不愉快找朋友倾诉是一个很好的方式。如果找我也许更容易解决问题，你们说真话不但会得到我的谅解，还可能从我这里得到更有效的办法。遗憾的是你们竟然把我当作弱智，用谎言掩盖谎言，我内心很受伤。请思考怎样安抚我这颗受伤的心。

因为学生的时间比较紧张，两个学生的态度尚可，我也适可而止，让他们回去想办法。

第二天学生来向我道歉，并甘愿受罚。

5. 多人没做课间操

课间操竟然有很多学生未到，问之，有学生说上节课是生物实验课，可能很多同学直接回教室了。我到教室里查看，没有人。不得已，只能在课间操之后让全班留下，清点没到的学生。

一节课后，没做操的学生主动到办公室来向我解释：因为实验课需要画图，他们要么没有完成，要么在帮助未完成的同学，还有留下帮实验老师做善后工作的。

课堂上我对此事做出了说明和探讨。首先向那些按时到操场做操的同学表示歉意,因为他们没有犯错却受到惩罚——被多留一些时间,而造成这个状况的就是那些未到的同学。那么,这种现象是否可以避免呢?接下来我请没有做操的同学中的纪律委员李同学作为代表给出解释。

师:你们给我的解释听起来很有道理。但有道理的事情也要用合理的方法把它做好。你认为有没有更好的处理方法?

生:可以给老师打个电话,说明情况,不过当时我没有带手机。

师:这个方法看来不可行,还有其他的方法吗?

生:可以向生物老师借手机,但我没记住老师的号码。

师:听起来更像是自我辩解。除了这些还有更好的方法吗?

生:可以派个同学做代表或者让按时完成实验的同学向老师做解释。

师:嗯,这个方法经济、实惠、有效。为什么当时没有这么做呢?

生:没想到要这样做。

师:没想到的原因是什么?

学生沉默。

师:下面我来说说我的推想,如果我说得对你们就要改正,如果我说得不对你们就把我的说当作提醒。我认为你们根本就没有想到要解释,深层的心理就是对班级管理和班级荣誉的忽视,还有一种逃避做操的心理,甚至会故意拖延时间。希望以后再有类似的情况大家要及时处理。最后再次强调:要用正确的方法把合理的事情做好。

6. 罚学生表演

班规:课前演讲要认真准备,否则要罚唱歌或跳舞。结果一学生忘记。全体学生群情激昂地要求执行班规,可该生羞于表演。于是,我把该生请到讲台上说,我讲一个故事,你跟着我讲。于是我就给同学们讲了一个孙武练兵的故事(略,因为大家都熟悉)。

师:你有何感悟?

生：服从命令。

师：那么你现在就开始表演吧。

生（满脸羞怯）：那您还不如杀了我。

师（微笑）：我可不敢杀你，再说我还想多活几年。

师：你会不会起跳？

学生在讲台上跳了一下。

师：你能不能把手举起来连续跳三下。

学生照做。

师（面向全体同学，一脸认真状）：这就是现在最流行的"街舞"。感谢他的表演。（全体同学大笑）

7. 学生带外卖进教室

"老师，我们教室都快成饭堂了。"下午6点半，我刚要离开办公室回家，听到学生如是说。（学校规定不能带外卖进入教室）

我来到教室一看，的确有几个学生在吃外卖。于是，我让吃外卖的学生一起到选修室去，有几个学生迟疑，最后在我的强烈要求下还是来到了选修室。

师：知道我现在最生气的是什么吗？就是你们对我的要求一再拖延。我之所以让你们来选修室肯定有我的道理。但你们迟迟不来就让老师的管理打了折扣，这让我很生气。以后要做到令行禁止，即使你们有道理，也要到这里来说，我错了我道歉。

学生点头应允。

师：是不是饭堂的饭菜不好吃啊？

生：也不全是，关键是太贵了。

师：哦，外卖肯定比饭堂的饭贵吧。

生：我们要的外卖是3.50元的，而饭堂的要5.50元。

师：啊？如此便宜的外卖你们也敢吃啊！你们的父母如果知道，肯定不会让你们吃外卖的。要注意食品安全问题啊！你们不是因为家庭条件差吧？

生：也不是，饭堂的饭菜也不卫生，里面经常有头发等。

师：我不了解情况，我也没有义务为饭堂辩护。我本人也很少在饭堂吃饭，如果你们说饭堂的饭菜不好吃，我还可以理解。虽然学校禁止叫外卖，但我认为更应该解决饭堂的问题。如果饭堂的饭菜物美价廉，你们肯定不会买外卖的。饭堂的饭菜里面发现头发等也很正常，我们自己做饭有时候也难以避免。但有一点我敢保证，他们用的食材绝对安全。你们买的外卖口感可能很好，也便宜，但我很担心。你们知道他们用的是什么油吗？他们不会亏本卖给你们吧？

有学生小声嘀咕了一句"地沟油"。

师：我不主张你们叫外卖，但如果你们坚持买，我就提两点要求。第一，太便宜的不要买。根据我的了解，你们的经济条件都不错，你们的父母不会因为2元钱而在饮食上和你们计较的。食品安全最重要。有些影响是慢慢出现的，现在你们可能感觉不到。

师：你们叫的外卖里有没有猪肉？

生：没有。

师：知道我为什么关心这个问题吗？

生：我们班有新疆的同学。

师：对，吃什么是你们的权利，但尊重民族信仰也是国家的政策。他们不远千里来到我们这里学习，我们最起码要尊重他们的信仰。不管你们吃的菜里有没有猪肉，至少做饭的厨具沾过猪肉，所以，即使以后你们买了外卖，也一定不能带到教室里来吃，而应该去饭堂吃。这是我的第二个要求。能做到吗？

学生一致表示能做到。

我连续观察了几天，的确没有学生再带外卖进入教室了。

【案例评析】

案例呈现

　　课堂上张老师点一男一女两个学生回答问题,学生王伟觉得这二人"有关系"而故意高声大笑,引他人起哄。下课后张老师把王伟叫到办公室批评教育。张老师当时正在气头上,就训斥王伟说:"你不会搞学习,尽会破坏课堂纪律,而且思想上有问题。"王伟不服气,不停地顶嘴,还准备摔门而去。张老师勃然大怒,一边用身体拦住王伟,一边用手去拉他。王伟奋力挣脱,却重重地摔倒在地上,他爬起来,骂骂咧咧地出了校园。

　　后来该生右肘淤血,去医院检查后又发现关节骨折。张老师承担了1万多元的医疗费,家长还要进一步索要营养费、误工费、生活费,并且对张老师进行了人身威胁。张老师身心俱疲。

(摘自:QQ聊天群)

案例分析

　　首先张老师的管理理念存在严重问题,师道尊严意识比较严重。"张老师勃然大怒,一边用身体拦住王伟,一边用手去拉他。王伟奋力挣脱,却重重地摔倒在地上。"张老师看到王伟不服气,他的反应是"勃然大怒",表面上看起来让张老师大怒的原因是王伟的行为,其实深层的原因是这触动了老师的师道尊严。另一个隐含的原因就是张老师对教育的恐惧:这个学生搞不定,我以后还有什么颜面去教育学生?如果张老师有过类似的失败经历,那么这种情绪会在内心产生强烈的反应,这些反应就形成了一种情绪——勃然大怒。当然从这个情绪里面也可以看到张老师对教育的一份责任,对改变学生还存有一份希望,甚至对该生还有一份爱心。只是这些深层次的东西都是通过不理智的行为呈现出来的,于是张老师也只能为后面的一系列麻烦买单了。

张老师的教育胸怀和教育语言都需要提升。张老师在气头上和学生谈话本身就不恰当,对学生的课堂行为发火也值得商榷。张老师点了两个同学的名字,该生认为他们两个"有关系"因而发笑,按说这本可以成为张老师了解学生的资源,如课后和王伟同学好好聊聊,顺便从他嘴里了解一下班里男女同学之间的关系。遗憾的是张老师内心固有的看法左右了他的判断,于是认为王伟是故意捣乱。对事情的定义直接决定了他的心态和情绪反应。所以张老师很生气。这是错误的开始。一个有经验的老师是绝对不会在气头上和学生谈话的,更不能在这个时候做什么决定。这个时候做出的决定往往是以冲动开始,以后悔结束。这是张老师犯的又一个错误。

"你不会搞学习,尽会破坏课堂纪律,而且思想上有问题。"这样的话作为老师是绝对不能说的。这暴露出了张老师的偏见,至少对王伟这个学生有偏见,我猜测张老师基本上看不到王伟同学的优点。根据后面的情节发展,我推断师生之间的矛盾由来已久,学生的逆反心理也已经达到了很严重的程度。另外,这样的语言也包含了很坏的假设信息。"你不会搞学习"包含了老师对学生学习的全面否定的假设;"尽会破坏课堂纪律"包含了对这个学生只会搞破坏、毫无优点的假设;"而且思想上有问题"包含了对学生品质否定的假设。这些句子包含的假设内容很容易在学生心里引起反应,我相信面对这样的评价,学生要么战战兢兢,无以回答,要么怒火冲天,冒犯师尊(这和学生的个性有关)。所以说王伟同学的反应"不服气,不停地顶嘴,还准备摔门而去"也就是自然而然的事了。

> **现场模拟**
>
> 师：课堂上你笑得意味深长，请问你笑什么呢？
>
> （一般情况下学生不会直接回答，他内心有担忧。这需要教师不断地化解学生的防御意识，增强谈话的安全感，以取得学生的信任）
>
> 生：您点名的时候正好点到他们两个。同学们私下都认为他们关系亲密。看到他们两个同时回答问题，我感觉很好笑，没控制住自己就笑出声来了。
>
> 师：你根据什么说他们关系亲密呢？
>
> （略）
>
> 师：你怎样评价你的课堂表现？
>
> 生：影响了老师的教学。
>
> 师：知道以后该怎样做吗？
>
> （略）

二、行为常规，怎样说才有效

和学生朝夕相处，教师经常会发现学生一些优秀的或者不恰当的行为。面对学生的种种行为，教师该如何反应和评价呢？

1. 有智慧地评价学生的行为

当学生做出一些不恰当的行为时，教师的评价要就事论事，千万不要轻易批评学生的品格；当学生做出一些好的行为时，教师要及时表扬，并要针对学生的品格进行表扬。例如：

学生会例行检查教室卫生，克迪里亚（新疆生）看到自己的座位下面有一片垃圾，就顺手捡起。我走到她旁边轻轻地说了一句"真细心"。事后我在班上隆重表扬了她，说她有集体荣誉感。教师要尽量把细小的行为进行放大，引导学生关注生活细节。

对这些行为要及时回馈，一拖延就失去了时效性。

2. 主动拉近师生之间的距离

因为中国人的性格特征和师生这种特殊的关系，学生和老师交流时往往心存戒备，或者敬而远之，这些都会无形中影响师生关系的融洽。所以，教师可以利用一些偶然的机会，主动和学生拉近距离，开一些善意的玩笑，传递老师的赞赏和真诚，这样学生就会在心理上走近老师、亲近老师。例如：

课间操之前，在走廊上，两个学生与我擦肩而过，我用开玩笑的语气问他们为什么不和我打招呼。他们急忙说正急着下楼，不过他们转身后一脸兴奋，可能是没想到老师如此在乎他们吧。果然，课间操后，同样在走廊上，他俩在我背后高喊"老师好"，我满脸笑容地说："你们这样做，我很开心。"

之后这两个学生和我亲近了很多，常常在距离很远时就大声地和我打招呼问好，他们学习语文的积极性也无形中提高了。

又如：

我在楼梯上与一学生相遇。学生问："老师怎么那么早？"（这是学生顺口向老师打个招呼，没必要进行过多的解释，但又不能不接话）我答："来晚了就碰不到你了。"学生闻言高兴地说："我们很有缘分啊！"

一问一答之间就增强了师生感情。

3. 幽默提醒优于郑重批评

很多时候学生因为种种客观原因，会做出一些不符合学校要求的行为。对于这些无伤大雅的行为，教师没有必要义正词严地批评，可以用幽默的方式提醒学生，学生也会理解老师的良苦用心，自觉地纠正自己的行为。例如：

某日一女生没有穿校服，做课间操时我走到她身边，欣赏地看着她并用表扬的语气说："你的上衣很好看，并且很引人注目，让我一眼就发现了你。"她当然明白我的意思，莞尔一笑说："我以后不穿了，一定穿校服。"

4. 把处理问题的主动权交给学生

当学生有问题，问怎么办时，教师可以用"你说呢""还有呢"等强有力的问题回应，这样就把学生放在了解决问题的位置上，学生会想出很多方法，这样学生慢慢地就培养出了独立思考、解决问题的能力。当学生的问题指向负面结果时，教师可以引导学生关注正面结果，这样会给学生更强的动力。例如，消除学生对于广播稿的担心，我就是用此法应对的。

再过两天就要开运动会，我找班干部布置任务。

师：思婷同学负责宣传，组织同学多写广播稿。

生：我怕他们不读我们的稿子。

师：你应该思考怎样才能让播音员读你们的稿子。

师：知道这两种思考方式有什么不同吗？

学生略有所知，毕竟他们已经跟我学习一段时间了。

师：如果担心他们不读，可能就会想到他们不会读。想到他们不会读，可能就不写了。于是最终就没有写。如果思考怎样才能让播音员读你们的稿子，就会思考如何才能写好，如何抓住比赛的进程来写。这样，我们最终就有可能成为写的稿件最多、被采用的稿件最多的班级。

5. 让学生换位思考自己的行为

很多学生都是根据自己的感觉和情绪说话、做事的，在说和做之前很少考虑其后果，这样很可能在客观上造成很大的负面影响。这个时候教师如果一味地批评学生，这个批评也许是对的，但学生在感情上会很抗拒，尤其是当批评涉及学生人格的时候。如果教师引导学生还原问题场景，让学生分别站在对方或者相关人的第三方（例如同学、父母等）角度来评价自己的言行时，他们就会意识到问题的严重性，从而彻底改正自己的言行。引导学生认识问题时，教师一定要心态平和，千万不能先入为主地根据自己的理解对学生做出定性判断。心理学研究表明，人一旦迷信了自己的主观判断，就会努力找出相关的事实来论证自己的判断，这个时候最容易做出错误的决定并且固执己见；更不能以一种高高在上的姿态去挑剔批评学生。只有这样，学生才能在一种平等轻松的氛围里反省自己。

美国心理学家阿尔伯特·埃利斯（Albert Ellis，1913—2007）提出了情绪 ABC 理论。A（activating event）表示诱发性事件，B（belief）表示个体针对此诱发性事件产生的一些信念，C（consequence）表示由此产生的情绪和行为的结果。教师的信念（B）即对学生行为的认知直接影响情绪反应（C）的性质。

例如：

学生在课堂上对老师的观点提出质疑（A，行为），如果教师的信念（B）是该生故意对抗老师，那么产生的情绪（C）就是生气。如果教师的信念是该生敢于直言，"吾爱吾师，吾更爱真理"，那么教师做出的情绪反应就是肯定、赞赏。

意义是价值观和信念的产物。一个人的价值观会影响他如何对所感知的情境做"标志"或赋予其意义。所以，教师要正确定义学生的行为，不要让自己的主观理解误会学生的行为。

【沟通实录】

1. 你的脚有伤吗

学生来到办公室时，我发现她竟然穿的是拖鞋，这是学校不允许的。但因为这不是我谈论的重点，我也不想因为这件事情破坏了谈话的气氛，于是就做关心状询问："脚受伤了？"她笑了笑，明白我的意思，点点头说是受伤了。我说:"严重吗?能不能让我看看?"她连连摇头。我则继续逼问:"能不能穿袜子和鞋子啊?"她说可以。"如果可以,就尽量按照要求来穿吧。"从此该生再也没有在教学区穿过拖鞋。

2. 可以推迟收作业

课代表对我说:"昨晚作业太多了,课文翻译还收不收?"我说:"要收,但可以推迟收。知道推迟收和不收有什么区别吗?"课代表笑了,然后执行。为了让学生更重视每次的作业,我在课堂上又对全班同学说:"你们作业很多,我理解。当课代表为大家着想向我请求的时候,我说了一句'要收,但可以推迟收'。为什么不说不收呢?"学生答曰:"推迟收我们会做完,不收我们就不做了。""很好,我的目的是让你们学会而不是让你们为难,所以可以推迟收,但不能不收,我不想让我的'理解'成为你们退步的开始。"

补充说明:有时候教师需要一定的"妥协",因为学生的作业有时会很集中,教师一味地讲"原则"会显得不近人情,只会增加学生的反感。但妥协要让学生明白,否则学生会误读老师的理解,认为可以迟交,那么会留下隐患;同时,教师应该给学生另外一个明确的时间限制。这样既达到了目的,又给学生留下了退路,让学生感觉老师是为他们着想,教育的效果会好一些。

3. 学生戴耳钉

一天晚自习,我发现W同学戴了很多耳钉,闪闪发亮,非常醒目。我对她说:"爱美之心人皆有之,爱美就是爱生活,并且你长得比较漂亮。我说一句话,请你不要介意。(学生同意)爱美是有方法的,采用不适合自己的方式,效果往往会适得其反。你的肤色比较黑,而耳钉又太亮,这样对比鲜明,反而会衬得你的肤色更黑。"学生下意识地用头发遮挡了一下自己的耳钉,说:"我晚上回去就摘掉。"等我再到教室时,W同学已经把耳钉取了下来,并且之后不再戴了。

4. 你的头发好有型

师：你的头发好有型哦，很有飘逸感。

生：我下个礼拜就去理发。

师：你的发型模仿的是哪个偶像啊？

学生笑，无语。

师：艺术家是因为有艺术才有发型，我们不能只有发型而没有艺术。等你将来才华横溢需要长发来展示时，再留这些发型吧。

5. 爱凤姐不爱班主任

我看到某班的电脑桌面上被学生设计了这样几个字："我宁愿爱凤姐，也不爱××（班主任的名字）。"这句话被投影到大屏幕上，每个学生都看到了。我说："每个人都有他的优点，就好像我是无论如何也写不出如此有才的语言。不过如果我是班主任，我会感谢这位同学，把他当作我生命中的贵人，是他让我明白了我的教育还有很多的不足。"话音刚落，同学们就一致喊出了这个学生的名字。于是，我又对他大加"表扬"，该生讪笑不已。不久这些文字就从电脑桌面上消失了。

6. 笑的错误

晚自习，两个学生不自觉地说笑，我把他们叫到外面。

师：知道为什么叫你们出来吗？

生：我们笑了，以后不笑了。

师：要微笑着对待生活，笑让人很阳光。我可不想你们路上见到我时一脸阴沉。我是批评你们笑吗？

生（恍然大悟）：批评我们在不恰当的时间、不合适的地点笑了。

师：说得很对，以后该怎样做？

生：知道了，保证上课时不再笑了。

7. 谁准备清洁工具

师：走读生已经回家了，我们谈一点宿舍的事情，大家知道我要讲什么吗？

生：宿舍卫生。但我们没有清洁工具啊！

师：那么清洁工具从哪里来呢？学校不给配，班费不能用，因为对走读的同学不公平。

生：我们自己解决。

师：好的，给你们两天时间。我们宿舍的卫生标准是什么？

生：争取成为星级宿舍。

师：知道你们存在的问题吗？

师：女生表现一直很好，男生有两天出了问题。是谁谁清楚，就不点名了。如果再有类似的情况发生，别怪为师不客气。

学生承诺。

8. 教官报复我们

生：老师，因为我们宿舍和教官沟通不好，遭到教官的报复，教官找借口扣我们宿舍的分数。

师（微微一笑）：你说这些的目的是为了让我理解你们，你们已经做得很好了，是教官的报复才让你们宿舍被扣分的，你们很无辜。我理解你们的心情，但这不应该是做事的最终目的。你认为最终目的应该是什么？

生：消除误会，解除烦恼。

师：很好，现在就是考验你们的时候，也是你们提高的机会，看看你们能否和教官进行有效的沟通，达到目的。最后提醒一下，沟通的目的是消除误会，而不是争论具体行为的对与错。

学生领命而去。

9. 清洁工具谁修理

班级的垃圾铲的柄掉了，使用起来很不方便。今天早晨我看到值日生很吃力地蹲在地上用垃圾铲清理垃圾。

师：垃圾铲坏了该怎么办？

学生答再买一个或修理等。

师：怎么修理？

学生给出了很多答案。

师：这些做法都很好，我最赞同用两颗螺丝重新固定的做法（就是这两颗螺丝脱落造成的），那么谁来做呢？

生：我们自己。不过从哪里找螺丝呢？

师：是啊，从哪里找螺丝呢？我们班59个同学找不到两颗螺丝？那么多走读的同学都找不到螺丝吗？

生：明白了，不用老师管了，我们自己搞定。

10. 突然忘记学生的名字

忙碌中，突然四个学生来申请去宿舍拿东西。大脑一时短路，我忘记了其中一女生的姓名，这对班主任来讲是严重失误，会对学生造成极大的心理伤害。我灵机一动，微笑着对她们说："可以允许你们去宿舍，不过我有一个条件。下面我考考你们，请你们写一份申请，如果写得对，我就在下面签名同意。"结果我既顺便指导了学生如何写应用文，又化解了尴尬，学生也满意而归。

11. 大部分同学没完成假期作业

中秋节放假三天，学生承诺中秋节后交作文。结果今天上课收作业，普通班只有不到10人完成，重点班也有十几个同学没有完成。我有些生气，尤其是看到很多同学还满不在乎，甚至表现出一副我不交作业我光荣的样子。如此现象不能允许第二次发生，怎么办？改变认识是关键。

师：大家知道华老栓吗？

生：知道，就是那个把人血馒头当作良药的人。

师：知道他为什么会忍受羞辱把自己的血汗钱都用来买这个人血馒头吗？

生：迷信、愚昧、爱孩子，等等。

师：最大的原因是他认为这样做是对的。而有些同学不完成作业，甚至把违纪当作荣耀，把对抗学校的管理当作有个性的英雄行为。这样的认识是不是与华老栓有共同之处呢？你们一次不交作业危害不大，我担心的是，你们竟然还认为这样做是对的。

学生肃然。

12. 顺便表扬

根据班情需要大调位（以前都是根据一定的规律定期轮换），每次调位都会触动一部分学生的利益，各种请求源源不断。于是上课之前我做了简单发言：

位置无好坏，关键看自己。有的学生人气很旺，例如黎楚衡，很多同学争着和他同桌。有实力，才有竞争力。还有的同学无论坐在哪个位置都能保持成绩优秀，我教的上一届的一位同学，成绩一直名列前茅，但很喜欢坐在最后一排。问他原因，他说"我的成绩我做主，顺便锻炼一下自己的自制力"，就像我们班的张宁。（这时我注意了一下，张宁的脸上禁不住露出了笑容）所以，心中不满，坐哪里都有不满；心中有理想，坐哪里都是奋斗的起点。

13. 课堂讲话的理由

师：你上课经常讲话，听说你的理由是"讲话可以防止睡觉，所以要偶尔讲讲话"。

生：讲话很能防止睡觉，否则总是听老师讲很容易犯困的。

师：防止睡觉，值得肯定。除了用讲话的方式，还有其他办法吗？

生（思考）：可以多动笔，多记笔记。

师：不错，看来你都知道，只要跟着老师的思路走，沉浸在学习当中，还是有很多别的办法来打败瞌睡的。我们的目的是如何提高听课效果，而不是不睡觉。而课堂讲话同样有很大的课堂杀伤力，但你给它找到了一个听起来很美的理由，所以，在某种程度上你很享受自己的课堂讲话行为。

生（点头认可）：是这样。

师：知道以后该怎样做了吗？你也不用担心你的地理学科，虽然成绩看上去很惨。还记得开学初我们在课间操之后的交流吗？我的第一印象是你很聪明，很灵活，接受能力应该很强，后来事实也证明了这一点。不过你这类的同学往往有一个致命的弱点——不扎实，成绩波动会很大。（学生点头认可）所以，你接下来的任务就是发挥接受能力强的优势，弥补"不扎实"的缺点，这样你的地理成绩会很快提高的。

对学生的缺点分析透彻即可，切不可将之作为攻击的靶子，否则学生会出于自我保护的本能对抗老师。点出问题，还要让学生看到希望，这样指出学生的问题才有效。

14. 座位不理想

生：老师，我的座位不理想，我想调换座位。

师：哦，怎么不理想，说来听听。

生：虽然同桌学习比较厉害，但是他不善于教别人，后面的两个同学成绩也不太好（都比该生的成绩好）。

师：那你就教同桌啊，这样才显出你的价值。

师：我的理解是你想和成绩好并能给你带来帮助的同学同桌。那么我问你一个问题，假设你是那个成绩好的同学，是否愿意和你同桌呢？

生：可能不会。

师：如果这样，何必非要像乞丐一样求别人呢？那样你心里能舒服吗？

生：不舒服，很有压力。

师：所以，我希望你能做一个大家都希望和你同桌的学生，这样的感觉不是更好吗？

生：感觉是好，但也不是一下子能做到的。

师：那么你认为要做一个大家都希望和他同桌的学生需要哪些条件呢？

生：成绩好，更能帮助别人，不吵闹，不影响同学学习。

师：这些你以前都做到了吗？

生：好像没有。

师：我希望你很快能成为一个大家争着和你同桌的学生。

生：好吧，我努力，先不用调换位置了。

15. 红歌比赛失利

学校组织合唱红歌比赛，昨晚进行年级预赛。我班学生众志成城，志在必得。遗憾的是我抽到一号签，第一个出场，虽然演唱赢得了全场比赛最热烈的掌声，获得了全体老师的认可，但还是以总分2分之差而落选。（三个音乐老师做评委，我班得分为278分，当选班级得分为280分）学生失望之情溢于言表。于是，我决定在上课时做一点善后工作。

师：还记得昨天上课时我告诉大家的一句话吧？

生：昨日之非不可留，今日之是不可执。

师：昨天的遗憾就让它过去吧，我知道你们很失望，我同样内疚了一个晚上。都怪我手气不好，没抽到一个好签。

于是就有学生附和，如果不是第一个出场，我们肯定能出线。

师：不要再说抽签的问题了，否则我会内疚得哭起来。

学生大笑，情绪随之好转。

师：虽然我们没有出线，但你们的表现赢得了所有科任老师的认可，在我心中你们就是冠军，是无冕之王。但既然落选了，说明我们还有做得不到位的地方，请问，如果重新比赛，大家认为还有哪些地方需要提高？

生：队伍应该站得更整齐。

生：声音应该更洪亮。

生：有的同学总是笑，影响了效果。

师：是的，这些都需要改正。我想强调的就是有的同学在唱歌时一直笑，这说明该同学一直游离于合唱之外。一张白纸上面有一个黑点，大家说最引人注意的是什么？

全体学生：黑点。

师：是的，当大家都凝神看指挥，而有一个同学在眼神游离地发笑时，这个人特别容易引起评委的注意，其负面效果往往会被扩大。因此，希望以后再有类似活动的时候，同学们要全力投入。因为这不是你个人的事，而是集体的事。

师：这次比赛我还是很有收获的，对我触动最大的就是帕尔哈提同学，他的指挥大胆大方，是全场比赛的亮点。我们都应该像他那样投入地做事情，这一点我也应该向他学习。最后我强调一点，事情不会伤人，伤人的是对待事情的态度和回应方式。事情已经过去，我们需要的是把这份遗憾化作我们学习的动力，在另一个赛场取得胜利。

16. 如何握手

学生进行合作交流，一对同桌相对陌生，不能有效沟通。

师：请你们握握手。

两个同学蜻蜓点水地握了一下手，很快松开。

师：来和我握一下手。

我用力用心地和学生握了握手。

师：有何感觉？

生：很真诚。

师：来，我们再重新握一下手。

学生又伸手过来，我的手轻轻点了一下，很快松开。

师：感觉是不是很不舒服？

生（点了点头说）：是，有一种被轻视的感觉。

师：好，你们重新握手，然后真诚地告诉对方，以后会共同努力。

学生照做，效果立显。

17. 课代表忘记布置作业

新的一周开始了，语文课代表来问我作业情况。

生：老师，是不是你要求写作文啊？

师：是啊。

生：可是很多同学都说不知道，他们都没做。

师：是我没有强调，我只是在课堂上说讲完之后要重写。因为上周我要出高一的考试试题，又要思考如何进行最后的复习冲刺，召集老师分工合作，忘记强调了。不过，你认为学生自觉地选择不去做说明了什么？

生：不愿意做。

师：作为课代表你受到什么启发？今后该如何做？因为我以后还可能会忘记强调作业。

生：到办公室来问你作业的要求。

师：如果我不在办公室呢？

生：给你打电话。

师：如果电话也打不通呢？

生：上课时注意听讲，提前把作业记下来。

师：那么这次该怎么办呢？

生：我们找时间补吧，周一有语文自习，周二早晨交。

师：很好，如果你学会这样思考问题，以后工作时老板想不重用你都不行。

学生满意地离开了。

18. 老师，我脾气不好

一女生告诉我，她脾气不好，经常发火。

师：你什么时候知道自己脾气不好的？

生：这几年都是这样。

师：是不是你父母的脾气很暴躁？

生：妈妈脾气不好，经常发火。

师：父母是孩子的第一任老师，你妈妈遇到事情常发火，所以你也潜移默化地受到影响，然后就自己给自己定位为"好发火"。今天你就告诉自己：我是一个能宽容别人、善于沟通的人。

我让学生连说三遍。

师：你上次因为×同学说话而和他吵架，如果用"善于沟通的心理"来思考问题，你该如何处理？

生：对他态度好一点。

师：你的笑容很灿烂，这是沟通的第一名片，还有呢？

学生想了好久都没有答案，说可以不理他。

师：不理他不代表问题不理你，你沉默不代表你不在乎，这样问题没有处理，会影响你学习的心态。

然后我告诉她我是如何和学生谈话的。她表示会学着做，并且经常暗示自己，我是一个能宽容别人并善于沟通的人。这样她的脾气慢慢变好了。

19. 不能随便

课前演讲，一学生因为缺乏准备，拿一张报纸匆忙应付，读完之后大家不知所云，该生也尴尬地发笑。为了让以后的课前演讲变成真正的精神早餐，我和该生进行了以下的对话：

师：你感觉自己准备得怎样？

生：随便了。

师：你的随便是什么意思？有没有准备？

生（略有迟疑）：有准备。

师：你是从多少材料里面选择这个材料的？

生（有些尴尬）：很多。

师：能说说具体有哪些吗？

学生无语。

师：送你一句话，有时候可以对自己随便一点，但不能对周围的人随便。当你演讲时，不仅仅是为你自己，还是为包括我在内的59名听众。你不能对这59名听众随便。

学生点了点头。这句话既是讲给该生听的，也是为了警示其他同学。

20. 如何看待国人的"幸灾乐祸"

课前演讲，一学生谈到了日本地震之后国民表现出的高素质，然后对比中国的不良现象，尤其批评了国人的幸灾乐祸，并号召大家学习日本人。我肯定了学生善于思考、关心时事，但认为还是要正面弘扬国民精神。

师：如果发生地震的不是日本，而是朝鲜、韩国或者任一国家，国人会不会有"幸灾乐祸"的想法呢？

学生一致否认。

师：那么，这就不能说明国人素质差，而应该说是一种情绪的发泄，大家说是什么情绪呢？

学生的回答也比较一致：日本对中华民族造成的历史性伤害。

师：所以说，国人的"幸灾乐祸"固然不好，但我们也不能因此而妄自菲薄。日本人表现出的文明素质我们还是要认可的，但也要知道我们是十几亿人口的大国，想要让国人的素质一下子提高到日本的水平是不现实的。你们都是从小受到良好教育的一代，所以你们身上应该率先表现出优秀的素质。我们不能只停留在感叹上。今天我们就简单地反思一下自身的素质：升国旗的时候有的同学站姿不雅，随便谈话；集会的时候有的同学缺乏公共意识，大声交谈等。这些都是和素质有关的行为，同学们，你们所需要做的，不仅仅是感叹，还应该努力做高素质的人。

学生肃然。

21. 我很想考大学

生：老师，我很想考大学，因为这不仅仅是我个人的事情，还是整个家族的事情。

师：嗯，你很有责任心。不过也不要给自己制造太多的压力，那样容易疲惫。

生：是的，我也感受到了。我很想学好，但是感觉自己总是找不到好的方法。我也知道目标很重要，但是我的目标越来越模糊。

师：你夸大了困难，把困难抽象化、严重化了，也把考大学看得太神圣了。其实，一切都很简单，只要你去做。

生：我就是不清楚该怎样去做。

师：一个喜欢弹钢琴的青年听一位钢琴大师弹钢琴，美妙的音乐迷住了他。他问大师，"我多长时间才能像你一样有高超的水平？"大师说，"很简单，就10分钟。不过我说的是每天10分钟。"苏格拉底让学生把手举起来很容易，但能坚持每天举300次的人只有柏拉图，所以他成功了。所以，看似深奥的道理其实就是坚持把简单的东西做好。明白我的意思了吗？

学生略有所悟，说回去试试。

22. 该表扬还是该批评

在普通班上课，课前检查诗歌默写，电脑随机点名，一学生被抽到，站起来说还不会背。我说："不会也要到讲台上来。"该生拿书到讲台站了两分钟之后顺利完成了默写任务。

师：大家说对××同学是该表扬呢，还是该批评？

大部分学生说要表扬，原因是他背得很快。

师：他用两分钟都能够完成，而今天早读的时间是20分钟，他却说不会背，对此你们认为该怎样呢？

学生又说要批评。于是我又对该生说："请你来说说是该批评还是该表扬。"

生：应批评。

师：为什么？

生：没有在规定的时间、规定的地点完成规定的任务。

师：呵呵，看来你什么道理都懂，不需要我来讲了。其实情况也很清楚，要表扬的就是你的高智商，你就是属于那种一学冲天的学生，但要批评你的态度。知道以后该怎么做吗？

学生点头表示知道。

23. 面对"牛人"

普通班的学生表现既大胆又胆怯。大胆表现在他们怪话连篇、随意地交头接耳、我行我素。胆怯表现在让他们积极发言时却保持沉默，让他们上台演讲时却不知所措，让他们展示优点时却惶恐不安。为了改变现状，我发表了以下演说：

同学们，我很佩服我们班的一些"牛人"，例如上课起立，同学们都向老师问好，而这些"牛人"可以安坐不动，其超强的心理素质和定力让我佩服；刚才老师提问，有同学故意曲解老师的问题做出搞笑的回答，其创意和引起关注的勇气让我自叹不如。说实话，让我如此表现，我真的没有勇气，所以我很佩服这些"牛人"。如果你们能把自己的"牛气"使用的方向稍微调转，你们会更牛。例如，勇敢地展示自己良好的纪律表现，勇敢地展示自己的思维能力，勇敢地展示自己的语言才华，每堂课争取第一个举手发言，对教学内容有质疑就提出来。我想这样的"牛"会让老师、同学更佩服。遗憾的是，很多同学在前一种情况下表现得"英勇无畏"，面对老师的"责骂""大义凛然"，可以在教室、办公室里与老师对抗；但是在后一种情况下却表现得"胆小如鼠"，为何你们可以"一往直前"地向"不良"表现奋斗，而不敢勇敢地展示一个优秀的自己呢？

演说之后，部分"牛人"的眼神不再桀骜，对抗的勇气慢慢消减，课堂上勇于回答问题的现象开始多起来。叶艾迪是第一个举手发言的同学，我让大家先掌声鼓励，接下来就不断地有同学举手发言了。

24. 相信你能解决问题

生：老师，我不是要制造民族摩擦啊。新疆班的学生在我们班补课我也没有意见，可是他们把垃圾留下甚至丢在我的桌屉里面我就不高兴了。好久之前我就想向您反映这个情况了，不过我当时认为这可能是偶然现象，所以没说。可是这几周都有人把垃圾丢在我的桌屉里，我就只好说了。

师：嗯，可以理解，如果是我也会不高兴的，你的做法很对。这和民族矛盾没有关系，是个人的素质问题，我会处理的。

学生高兴地离开。然后我找来一名新疆学生。

师：有学生投诉其他班的新疆学生在我们班补课时乱丢垃圾，这个现象很不好。你们新疆学生是我们学校的一张名片，素质高，口碑好。也许是个别同学不小心留下了垃圾。这个问题老师出面处理影响不好，就麻烦你和其他新疆同学交流一下，我相信你能解决好这个问题。

学生脸上是被信任的笑容，充满信心地告诉我"没问题"。

25. 颁奖趣事

上周班级已经对第一次段考进行了总结和表彰，但在年级大会上因为时间关系，只是找代表上台领奖，其余的奖品由班主任代发。为了鼓励学生，我没有提前发奖，而是特意留在了今天的班会课上发，给他们一个上台领奖、感受荣誉、激励同学的机会。因为获奖人数比较多，就不一一列举了，仅举几个例子谈谈。

①黄敏聪领奖。

师：说一点获奖感言吧。

黄敏聪：说什么呢？谢谢大家。

师：我还以为你说"感谢全体同学，因为没有你们的帮助和激励就没有我今天的成绩"呢？因为每一个奥运冠军都是这样说的。

学生大笑。

②谢思进领奖。

师：你说点什么获奖感言？

谢思进害羞地一低头，咂了咂嘴，搓了搓手，终于挤出了两个字："谢谢。"

师：我还以为你会很真诚地说"谢谢老师的栽培，没有老师的培养就没有我今天的成绩"。

学生又大笑。

③文敬骏领奖。

这个学生一向能说，我就问他有什么获奖感言。他"狡黠"地一笑说："感谢教官。"这是他上台领取进步奖时说的。等过了一会儿又来领取总分奖时他说："谢谢校长。"这家伙就会绕圈子，于是我说："我期待很久了的感谢就是没有，好失望哦。"学生再次大笑。

④陈景洪领奖。

陈景洪学习优秀，性格略有些内向，这次获得了三个奖项，是获奖大户。第一次领奖，他略低着头上台，由于紧张或者说因为获奖太多已经不太在乎，总之，从我手里一下就"夺"去了奖品。我说："不着急，不用抢，我会给你的。"第二次，吸取了上次的教训，他轻轻走上台，我给他奖品时，他好久没有拿过去。第三次他就显得从容了，用了一个标准的接受方式将奖品接了过去。呵呵，看来经验就是财富，体验才能成长。

女生与男生的不同是：女生都是伸出两只手并很恭敬地接奖品，略有鞠躬的动作，同时不忘说"谢谢"。男生习惯用一只手接奖品，不知道是不在乎，还是太激动，总之方式很不恰当。还有一个男生可能太激动了，一把把奖品"夺"了过去。于是我说:"我给你颁奖你可以一只手接,等将来国家主席给你颁奖的时候可不能这样啊!"学生在笑声中明白了我的意思。

还有很多同学的精彩表现就不一一列举了,总之颁奖过程轻松愉快,适时的点评起到了对获奖同学的鼓励作用和对未获奖同学的激励作用。

26. 学生在公众场合爆粗口

在越秀公园五羊雕塑前合影留念和参观中山纪念堂时,一男生因为外因两次爆粗口。当时我及时用眼神制止了他(不适合当场批评)。今晚我决定找他谈话。

师:这次外出参加活动你给我留下了深刻的印象,知道是为什么吗?

生:我说粗口了。

师:这是其一,还有你把自己的食物让给老师吃(我没有吃,因为是甜食),让我很高兴,这说明你的人品还是不错的。遗憾的是你说了粗口。我们来回忆一下当时的情景。大家排队合影,天气炎热,你很急躁,但这是谁的错呢?有错也是上天的错。你说"摄影的赶快滚出来",当时我们都没带相机,也没规定谁负责照相,请问这个时候还会不会有人愿意主动给我们照相?我们再设想一下,当时那些同学,尤其是很多女同学,他们会怎么评价你?

生:会认为我很没素质。

师:你愿意接受这个评价吗?

生:不愿意。

师:如果你的父母当时也在场,他们会有怎样的感受?

生:会很难堪,感觉很丢脸。

师:在中山纪念堂你突然爆粗口,为什么?

生:后面一女生搞我的头发。

师:你认为她为什么搞你的头发?

生:可能是和我开玩笑吧。

师：但你的粗口又会让周围的同学怎么看？

生：认为我这个人很差劲，会疏远我。

师：也许你特别讨厌别人动你的头发，这是你的权利。那么你认为怎么处理才更好呢？

学生沉默。

师：你可以这样说——"对不起，我不喜欢别人随便动我的头发，以后开玩笑的时候请换个方式。"这样既肯定了别人表达亲近的好意，又避免了自己的难堪。

学生表示赞同。

师：知道我当时为什么没有批评你吗？

生：给我留面子。

师：从教育的权利上来说，我完全可以批评你，甚至给你戴一个"没有素质"的帽子，也可以找你的家长来配合教育。但这样让你当众难堪，你的感觉会如何？

生：会很不舒服，甚至憎恨老师。

师：那么，你有没有考虑过被你爆粗口的同学的感受？

生：没有考虑过，只是脱口而出。

师：也许你是无意的，但这样的确伤害了其他同学。俗话说"子不教，父之过；教不严，师之惰"。以前可能没有老师告诉你这些，以后知道该怎样做了吗？

生：知道了，我会注意我的言行的。

27. 跟在我后面扫地

今天教室没有做值日，或者说值日效果不好。因为从后面看还算可以，不影响学生会的检查，但教室内部却有很多垃圾。检查只是手段而不是目的，我要的是真正为学生营造一个干净的学习环境，而不是应付检查。我一看值日表，是吴骅（化名）和关娴（化名）值日，于是我找到两人问："你们有没有值日啊？"一个脸上有些尴尬地笑着说没有，一个脸上略有忐忑的神色说有。有没有不是我要追究的问题，于是我说："但教室里面还是有很多垃圾啊！"两人明白我的意思，起身重新打扫。她们的动作轻飘飘的似蜻蜓点水，一看就是那种在家很少做家务的孩子。很快两人就完成了任务，之后还不忘到卫生间里洗手。注意个人卫生是好习惯啊！

  我又在教室走了一圈，发现她们只是扫了过道，学生座位下的垃圾却没有清理。于是我又问："是否扫干净了？"两人同声说扫干净了。这时她们的回答有了一些底气，毕竟已经做过。我没有纠正她们的说法，只是说："那你们跟在我的后面看我再扫一遍。"两人还算聪明，立即明白了我的意思，从我手里接过工具说："还是我们来吧。"于是两人又扫了一遍，这次重点清理了学生座位下面的垃圾，比上次认真了很多。没多久两人又做完了，这次她们很自信地放回了清洁工具。我又检查了一遍，发现个别角落还有垃圾，我又问她们："是否扫干净了？"她们说扫干净了，这时的回答有些理直气壮了。于是我又拿起清洁工具说："你们跟在我的后面看我扫。"这次两人没有和我争夺工具，可能是她们实在不知道哪里还需要扫。当看到我清理角落的时候，两人又从我手里接过了工具开始清扫。扫完之后，她们没有立即去洗手，而是看了看我，言外之意是问："干净了吗？还有要扫的吗？"神色由"有底气""理直气壮"变成了现在的"自我怀疑"，不过这正是她们进步的表现。于是我说："可以了。"两人这才去洗手间洗手。就这样，经过三遍清扫，教室终于干净了。

  第一节是我的课，上课前我让学生给值日生一点掌声。两人惊讶，全班惊奇，无缘无故何来掌声啊？于是我解释说："她们虽然第一次做得不好，但这不是她们独有的现象，不怪她们。她们经我提示能自觉履行责任值得表扬，这是其一。两人看我要值日很快明白我的意思，反应敏捷，没让老师来扫，看得出她们的修养很高，因为我以前也做过这样的事情，全班看我扫地，没有一个帮手，那时我甚感凄凉。这次她们不要我扫，这里面有尊重、有自觉，能不给她们掌声吗？这是其二。还有我不断提高标准，她们都认真履行，听从老师的指导，发现问题立即自我纠正。古人云'知错能改，善莫大焉'。她们如此大善，当然要有掌声了！这是其三。所以要给她们掌声。"于是全班掌声雷动。

【案例评析】

案例呈现

某老师新理一发型，刚一进教室，就有同学忍不住笑了起来。该老师感觉很不舒服，继续上课。结果因为心情不好而出现口误，有学生当场指出了老师的错误。该老师更加不爽，于是停止讲课，开始给学生进行思想教育，批评学生缺乏基本的礼貌。结果引发了很多学生的不满：有的埋怨老师啰唆，耽误了正常教学；有的认为该老师古板，缺乏亲和力。该老师的师生关系处于紧张状态，其教学成绩也不理想。

案例分析

该老师的确在和学生沟通上缺乏应有的亲和力和基本技巧，师道尊严让其潜意识里站在了学生的对立面，把学生的笑当作了对老师的不敬。学生指出老师的错误本来也很正常，可该老师却认为自己很丢面子。这样的思维模式很容易让老师产生负面情绪，甚至会因为小事而对学生发火。其实案例中的两个机会都可以看作教育当中可遇而不可求的机会，老师完全可以用幽默的方式和坦荡的胸怀让自己的课堂增加更多的趣味，加深师生关系，这样更有利于课堂教学。

> **现场模拟**

　　师：老师今天是不是特帅？（甚至可以摆一个姿势，或者说"老师今天是不是很潮？"）

　　此话一出必然会引爆现场气氛，在一种欢快的气氛中开始课堂教学。一句话就能走近学生，拉近与学生的距离。

　　……

　　生：老师，你某某地方说得不对。

　　师：很好，全班最值得表扬的就是××同学。一是他听课认真，老师的一点错误他都能听出来；二是他敢于直言，"吾爱我师，吾更爱真理"，品质可嘉。

　　此话一出，不但不会影响老师的形象，反而会让学生对老师更加佩服。

第8章

违纪管理，怎样说才有效

一、批评惩罚，怎样说才有效

【方法源头】

制度一旦制定就存在着违纪的可能。我们的教育离不开制度，因此违纪也是教育过程中不可缺少的一个环节。如何有效地处理违纪行为，使教师的批评惩罚成为教育的助手就非常重要。

1. 用"空杯心态"了解事实真相

人的大脑的"一般化"思维模式往往会使生活现象上升为一般规律，然后用这个一般规律来解决问题。这种思维模式会丰富经验、提高效率，但也会产生先入为主的偏见。例如，电视剧《快乐星球》中有这样一个镜头：胖哥在考试时拿出一张纸条偷看。按照我们的一般化思维会认为学生在作弊，但事实真相却是学生在用这种方式提示自己一定不能作弊。有一句话说：事实不一定等于真相。所以，在没有确定事情真相之前请先放下自己的主观评价，以免因偏见而造成冤假错案。

2. 违纪行为的定性

学生违纪只能说明这个行为不对，请不要轻易和人的品格相联系。例如学生忘记值日，就不要胡乱通过联系给学生贴上懒惰、自私等人格标签。因为造成学生没有值日的原因有很多，一般规律之下总有一些例外，这个例外往往就是事实的真相。

3. 该用怎样的心态来看待学生的错误

人的成长都是在不断地犯错和改错中进行的，换句话说，犯错是孩子成长的必然过程。犯错并不可怕，可怕的是我们以及学生对待错误的态度。NLP 有这样一个观点：世上 90% 的事情无所谓好坏，所谓的好坏是当事人认为的好和坏。事件本身并不会伤人，伤人的是人们对待错误的认知。同样，问题并不是问题，对待问题的态度才是问题。所以我们要从有利于学生成长的角度、用包容的心态来看待学生的错误，教会学生把错误变成成长的财富。我经常告诉学生的一句话就是："勇者敢于改正错误，智者把错误化为成长的财富。"

4. 批评要指向学生的信念，要有利于学生的反思和成长

教育离不开惩罚，没有惩罚的教育是不完整的教育，但惩罚的目的是为了学生的健康成长。学生违纪的时候往往是信念系统出现故障的时候，例如，学生迟到，也许是他的信念系统认为迟到几分钟影响不大，和同学在外面多交流一会儿、多打一会儿球更有意义。因此，我们在批评学生时不能只停留在行为表面，而应该引导学生认识表象之下的深层意识，只有这样学生才能彻底认识到自己的错误并改正。

5. 感知位置，让学生多角度地观察自己的行为

这个方法是在换位思考基础上的进一步提升。换位思考只是双向的，而感知位置是让当事人站在自己、对方和多个旁观者的角度来对同一个行为进行认识评价，从而达到教师想要的教育效果。

例如，一个学生在课堂上顶撞老师，我分别让这个学生站在自己、老师、同学和父母的角度来看这个行为，结果学生真心地认识到了错误。当他只站在自己的角度思考问题时，他强调自己的道理和受到了什么委屈。

当他站在老师的角度时，他感受到了自己的不礼貌行为给老师带来的负面影响，同时也认识到老师对学生的关爱。当他站在同学的旁观者位置看待这个行为时，他感觉到了同学们对他"无礼"的评价。当他站在父母这个旁观者的角度时，他感受到了因子女缺乏教养而产生的羞愧。后来这个学生通过向老师道歉、向同学道歉来挽回自己的负面影响。整个谈话过程我都没有对学生做任何要求，学生就完成了自我教育。

6. 优化语言模式

教师要少问 why（为什么），多问 what（是什么）和 how（怎么做）。

NLP 强调谈话的焦点应在"解决"上，而不是在"问题"上。"对症下药"的思维模式让老师们习惯于追根究底，不断追问学生"为什么"。其实，每个人都有一种自我保护的潜意识，这种潜意识会让学生把事情进行主观扭曲，把焦点放在不重要的地方，而把那些根本性的原因隐藏或淡化。

（1）"为什么"语言模式

"为什么"是把学生的思维引导到犯错误的状态，直接引发的学生思维反应就是对自己行为的解释或辩护，这是一个人思维的本能反应。但解释或辩护的结果会激发教师更大的怒火，于是我们常见的现象就是由了解情况的交谈变成相互指责或者人身攻击。又因为"为什么"带有责备的意味，所以引起对方的情绪反应也往往是负面的，这些情绪反应往往成为双方交流的阻碍。

（2）"是什么"的语言模式

"你想要什么？"这可以把学生的思维引向他关注的目标，而关注目标确定了谈话的正确方向；"什么对你是重要的？"这个问题可以让我们了解学生的价值观，同时引发学生更理性的思考；"什么让你停止实现目标？"这个问题有利于我们找到影响学生努力的原因；"什么样的资源可以帮助你实现目标？"这个问题可以引导学生积极寻找有利的信息，提升学生的自信心；"这个目标能给你带来什么？"既能探索学生目标背后的价值观，又能调动学生的想象在内心体验实现目标之后的成就感，有利于增强学生的内在动机；"你从中能学到什么？"这个问题让学生认识到与其分析错误，不如冷静下来，挖掘行为的积极因素，从而把错误变成成长的财富。这些就是有力量的提问。

（3）"怎么做"的语言模式

"怎么做"的语言模式是指向未来的思维，会让学生从过去的"问题状态"抽离出来，摆脱"问题"带来的负面情绪，也容易让学生有安全感。学生会积极地思考改变的方法，力图证明自己是有能力的，这是指向教育目标的语言。教师和学生谈话的目的就是促进学生成长和提高，所以不能把谈话的注意力放在过去，而应该放在现在和未来。优秀的教师会引导学生向精彩的未来前进，而不是沉溺于过去的问题。因此，有力的语言就是让学生畅想未来，而不是寻找对过去的解释。这就好像自来水漏水，只需要考虑如何修补，而不一定非要弄清楚漏水的原因。

7. 尽量不当面批评

尊严比事实更重要。当面批评学生伤害的是学生的自尊心，这个时候学生不但不能反思错误，反而会认为老师小题大做，故意找碴儿，这样不但达不到批评的目的，反而会加深师生矛盾。私下批评学生，学生的自尊得到了维护，学生感激老师，也会积极改正错误。

8. 做好善后工作

批评惩罚完学生之后，教师一定要做善后工作，给被惩罚的学生以安慰。无论多么正确的惩罚都会给学生带来不良的情绪反应，善后工作就是要消除学生的这种不良情绪。教师不能因为批评是为学生好的理性认识而看淡了批评带来的不良情绪，成长中的学生还没有那么理性。所以过后教师要主动找学生谈心，接纳学生的情绪，部分认可他行为的合理之处，甚至找出他的正面动机，表扬他勇于认错的态度，顺便多肯定一下他的优点。

经过这种善后处理之后，学生内心的不愉快才会消除，才会更亲近老师，配合老师的教育。理性从来不能取代感性，善后工作必须做好。

【沟通实录】

1. 学生迟到之后

早晨一走到教学楼的楼梯口，学生会检查记录就给我一个打击：我们班三个学生的名字赫然在列。好久没有在上面看到我们班学生的名字了。出现这种状况要及时处理，处理越早，效果越好。于是我把他们叫到了远离教室的走廊上。我先让他们看了看学生会的记录，然后开始了下面的对话：

师（故意做出一脸惭愧状，用手抹了抹脸）：我都不知道该怎样对你们说了，我怕受不了。

J：老师，你想说就说，我们能承受住的。

师：我不是担心你们是否能承受住，我知道你们很"坚强"，一般不会为外界所伤。我是担心自己承受不住。

学生一脸的诧异。

师：你们三个我都已经单独谈过话，你们当时的表现让我体验到了为人师的快乐，我还为自己的教育艺术而沾沾自喜，甚至想将来你们成功之后我会如何以你们为案例做教育经验总结。前天C同学还到办公室专门来看我，让我好感动。但是你们今天一下子就是三个人迟到，让我从那种品尝教育成功的喜悦中跌入了感觉失败的谷底，我怕我承受不了这种强烈的落差。

C：老师，我们知道错了。迟到就是迟到，已经成了事实。你说怎么处理吧。

师：好，你的这个态度好，没有为自己迟到找借口。不过，现在我也不知道该对你们宽容一点好呢,还是严格一点好。看到你们认错的态度,我真想宽容一点,算了吧,你们也很久没有迟到了。我知道你们也很想我这样对你们。但我又担心这样轻易就放过了你们,会对你们今后的管理不利。严师出高徒,按说严格一点也不错。但我又怕你们不理解,不就是迟到一点点吗?何必那么兴师动众的。于是乎,我严厉惩罚,体现我为师者的威严,但你们从此在心里和我划上一道界限,甚至暗中和我斗法,这样我们就是两败俱伤。

C:那就宽容中带点严格吧。

J:不是,应该严格中带点宽容。

学生开始对自己严格要求了,这样老师就好做了。

最后经过协商,我们采取了用锻炼身体的方法作为惩戒:男生做50个俯卧撑,女生做50个下蹲。学生考虑到面子问题提出到一个偏僻的地方,并且保证一个也不少做。我对他们给予了充分的信任,同意了。(这就算作严格中的宽容吧)

2. 多次迟到

今天L同学又迟到了,本周累计迟到3次,这对于高三的学生来说简直是天文数字。从高三开学至今本班还没有过这样的"壮举"。又考虑到该生最近的学习状态,我决定和他进行一次"面对面"的交流。

师(一脸真诚):我很佩服你超强的心理素质。

生:(愕然。老师不是来训话的吗?怎么表扬起我来了?老师葫芦里卖的什么药?我可是准备好了一切来对付老师的训话的)

这是我从学生脸上读出来的。

师:能够在一周之内连续三次迟到而如此从容镇定,很不容易,这样的心理素质在将来可以应付很多困难,成就一番伟业。想一想,还有多少人的责难会高过老师?

师:我不但佩服你超强的心理素质,还佩服你高超的斗争手段。我感觉自己经过十几年的修炼，心理素质已经很不错了，多少也有些泰然自若。但你的行为轻而易举就引得我"情绪激动""怒火上冲"，你真是厉害啊！（此处用夸张的语气和表情）

师：此外，我还感慨你能量大。你爸爸作为商界成功人士，可以说叱咤风云。但他面对你却一筹莫展，可见你能量超强。

在三大"优点"面前，学生的倔强心理开始瓦解。老师的"夸奖"让他找不出反驳的理由，只好缴械投降，主动认错，保证下周绝对不迟到。看到学生有如此认识，"表扬"可以结束了，如何处理才最重要。

师：一、给你布置一篇作文——论迟到的危害。要写得具体，做到有理有据。二、整理一下自己的课桌，用整洁的课桌来陪伴自己学习。三、为了你的身体发育考虑，请不要趴在课桌上。以上的一切都要落实到最后的成绩上，请自己给出下次月考的目标。这些内容附加在作文的后面。

学生欣然接受，我也不再啰唆。谈话就此结束。

3. 学生在晚自习时打扑克

考试复习如火如荼。三名学生因紧张而产生了放松的想法，抱着侥幸心理，竟然晚自习时在教室里打扑克，最终被我捉到了。

师：说说吧，你们为什么打牌？

生：不想复习了，很累，就想轻松一下。

师：我怎么还有这样的感觉——我不想学了，也不能让周围的同学学习，想办法干扰一下。（老师故意挖掘其危害，为后面的谈话做铺垫，学生当时并不一定有这样的想法）

师：我姑且不说临阵磨枪的意义，也不说成绩的重要，只请你们说说这样做会给班级带来什么危害吧。

生：破坏了班级的学习气氛，不但影响自己，也影响其他同学，损害了班级荣誉。

师：看来你们都认识得很清楚，我也理解你们一直学习、学习、再学习的压力和心情，但你们学会的应该是调整而不是放纵。接下来把事情分解一下，是谁带来的扑克？

两个学生承认是他们带来的。

师：是谁先提议打的？

三个学生都承认有责任。

师：打一次扑克却打出了你们的友谊，不错啊，应该恭喜你们。知道这样做的后果吗？

生：受批评、写检讨、约见家长等。

师：看来你们知道其中的危害，这就是明知故犯了。这样吧，现在给你们一分钟的时间，一起商量该怎样处理。

他们商量之后，决定三人承包一个月的教室值日工作。如果再犯就约见家长。（其实学生最害怕也最讨厌的就是约见家长）

师：好的，我接受你们的建议，但我还有一个条件，以后不能再犯这种"主观错误"，明白什么是"主观错误"吗？

生：知道，就是明知道是错误并且自己也能控制错误发生却任其发生的行为。

师：男子汉说话算话，俗话说"一口唾沫一颗钉"，我也相信你们会改正错误，承担责任，变得越来越好。知道我听到这个事情之后心里是什么感受吗？

生：火冒三丈。

师：如果你们的家长知道这件事会是什么感受？

生：更是火冒三丈。

师：既然你们都明白，我也不讲道理了。我期待你们以后的表现。现在回去抓紧时间复习吧。

4. 学生一夜未归

昨晚一个学生彻夜未归，家长凌晨两点给我打电话，但我没有听到，早晨学生的父母先后打电话过来，其焦急之情可以想象。早晨8点该学生仍然没有到校，有学生说看到他和××在一起，但经过核实得知该生并没有到××家去住。一种担心油然而生，然后是内心斗争：要不要告诉家长？要不要上报学校？综合考虑，我还是决定冒险：耐心等待。（我知道这样做很危险，一旦发生意外我要承担很多责任，至少没有及时上报是不对的。但根据我的了解，应该不会有太大的意外，如果上报可能会给后续教育带来不好的影响，这是我做出决定的原因）大约10点钟时学生赶回学校，主动到我的办公室说明情况：最近学习压力大，昨晚回家时碰到一个同学搞生日派对。于是就想趁机放松一下，又因为感冒头晕而忘记了通知家里，今天早晨起来还不舒服，才造成迟到。

学生来到办公室之后急着向我解释原因，我故意不听，说："你知道你一夜未归，家里发生什么事了吗？"学生说："家长很着急。"但我看他的表情还是很平静的，并没有真正感受到家长的心情，于是我决定让他体验一下。

师：你老爸深夜在你上下学的路上和学校周围找你，两点打我的电话，都没有找到你。你知道这一晚发生了什么事情吗？

学生的表情有些沉重。

师：现在社会很乱，尤其是深更半夜的时候，家长又心神不定，更容易出事。你知道你父母现在在哪里吗？

学生明显紧张起来，问我发生了什么事情。

师：我先不告诉你，怕你受不了，你最好先做一个心理准备。

我继续进行心理暗示。

师：有时候悲剧就发生在一瞬间，很多很小的失误，或者一个意外就改变了人生的轨迹。你继续想想这一晚最坏可能发生什么事情。

学生更紧张了，不断地问我到底发生了什么事。我于是又问："你猜，你爸爸现在在哪里？你是否很担心你的父母？"学生的担心之情溢于言表，用颤抖的声音胆怯地自言自语："医院？"

师：你现在的心情就是昨晚你父母的心情，不过还好，一切都没有发生。知道吗？你的不理智行为很可能引发你心里想到的悲剧。

我这一系列的暗示，目的就是让学生体验一下为亲人担忧的心情。一开始他知道父母担心自己，但并不能感受到父母的心情。于是我又让他对昨晚的事情进行了解释。

师：我理解你的心情，在这样的马拉松式的高考备考中，每个人都承担了很大的心理压力，想找一种方式放松自己是很正常的，但应找一种合理的方式。

接着我让他对自己"释放学习压力"和"夜不归家"的事情进行了分析。下面是学生的分析：

不合理的地方：

①让父母担心，违反学校的规定。

②影响学习，影响自己的前途。

合理的处理方式：

①我应该用合理的、平和的手法调整自己的情绪。

②我应该事先向家长说明情况。

③学习上遇到困难本是一件平常的事情，若因此而灰心丧气，那么情绪及其调整都会变得情绪化和冲动。

我又让他进一步分析这种合理方式的依据：

保持平和良好的心态是处理好每一件事的前提条件。没有一个良好的心态，做事就不可能获得成功。想问题要全面、多角度，不要只从某一个侧面或自己的角度想问题。

然后我又让他在内心对比这两种处理方式：

①问自己，从什么角度去看这件事？若单从自己或狭隘的一面去看问题，那么显然我这个观点是不合理的。

②对于学校的规章制度，要思考制定它是出于什么目的，是为了学校的利益还是学生的长远利益。

看学生分析得差不多，我也不多说了，最后我问他通过这件事得到了什么启示。

生：要正确看待学习，正确看待与老师、家长的关系。要学会平和、合理地调整自己的情绪。

5. 自我惩罚议定书

说实话，班级最近的学习氛围还是不错的，但还是有个别学生无法集中精力，或者说有学习的欲望但没有学习的定力，因此总是不断地给自己找放松的理由。人都是有惰性的，完全靠自觉最后只能是后悔。但任何纪律都是有执行漏洞的，只要学生想对抗，他们会有让你防不胜防的点子，这样教师管理起来就很疲惫。因此，我们在加强纪律管理的同时，也要引导学生自我监督，于是我想到了让他们进行自我惩罚的方法。在周一的班会课上，我让学生完成了"自我惩罚议定书"。

首先进行思想引导，只有学生的思想认识到了，后面的操作才会顺利。我根据《班主任之友》上的"让故事说话"里的两则故事，给学生做了思想动员。

班会课一开始，我说大家最近复习很紧张，先给大家做一道有趣的题。学生立时来了兴致。

"有5只青蛙同在一块木头上，其中4只决定起跳，请问木头上还有多少只青蛙？"有的学生脱口而出说1只都没有了，这可能是受打鸟故事思维的影响。有的同学说还有1只，这是简单的加减法。有的同学很聪明，说出还有5只，因为题目是决定起跳而不是跳起。这也的确是正确答案。于是我结合学生的学习进行了阐述：

我从同学们的班级镜头里看到了每个同学学习的决心，但在生活中又看到了很多同学充满惰性，任由时间流逝。这和青蛙的决定如出一辙。同学们，决定要努力学习和努力学习也是两个概念。我们不要只有决心而没有行动。但是，人都是有惰性的，如何才能让决心变成行动呢？下面我再给大家讲一个故事：

为了提高自己的演说能力，古希腊著名演说家戴摩托西尼躲在地下室里练习口才。然而由于耐不住寂寞，戴摩托西尼总是想到外面去玩，练习的效果不尽如人意。戴摩托西尼很是气恼，无奈之下挥动剪刀把自己的头发剪去一半，变成了一个怪模怪样的"阴阳头"。因为他的头发羞于见人，他只得打消了出去玩的念头，专心练习口才，最终成为世界闻名的大演说家。

戴摩托西尼这种为演讲而做出的牺牲，就是为了不给自己退路，一心要达到自己的目标。在生活中，有许多诱惑和享乐，它们会阻碍你成功的脚步。那么，当你惰性膨胀、追求的脚步难以为继时，就应该学学戴摩托西尼，彻底斩断向惰性和欲望妥协的退路，然后继续向前。不给自己退路，逼着你朝着成功的方向迈进，最终就会达到成功的彼岸。

还有我以前给大家讲的一个故事：一个推销员总是难以取得理想的成绩，在每次行动之前他都做了充分的准备，但更多的是考虑困难。有时候还没有行动，他就被这些困难吓倒了，结果主动放弃了精心构思的推销计划。后来他的一个同事用实际行动打破了他的心理障碍。他的同事告诉他说："马路的对面有一个女孩，我要在20分钟之内把这套化妆品推销给她，否则我就会被汽车撞死。"结果他的同事在15分钟之内成功完成推销。不给自己留退路，一心为成功想办法，不为失败准备借口，这也是很多人的成功之路。现在同学们为何总是不能把自己的决心化为行动呢？因为大家给了自己太多的放松自己的理由。例如，回到家学习累了，就多看会儿电视吧；好久没有玩游戏了，星期天就好好犒劳一下自己，等等。这样，我们的信心大厦往往就会被这些蚁穴式的懒惰击垮，随着时间的流逝，我们会逐渐丧失信心，直到最后彻底绝望。现在我们还有足够的时间来改变我们高考的命运，而这一切都取决于我们的行动。因此，如果你真有决心学好，那么就请你给自己定下一个惩罚自己的标准，然后把它写下来，我们就叫它"自我惩罚议定书"吧。

结果全部学生在规定的时间内写出了自我惩罚议定书，有的学生惩罚得比较温和，但大部分比较严厉，甚至有些残酷。我让他们把自己的惩罚标准记住，然后由我保存。希望学生最后都没有受到惩罚，让最后的高考成绩来见证这份议定书的价值。

6. 学生没在宿舍睡觉

师（语气很平静）：你感觉我对你怎么样？

生：挺好的。

师：你知道你向我请假，要求留在家，我为什么没有追问吗？

学生脸上略有愧色，无语。

师：那是老师对你充分信任，你的行为伤害了一个老师对学生的信任，我感觉很难过，为自己，也为你。

生（小声而惭愧地说）：对不起。

师：你为了自己的一时方便，却给身边的人带来了很大的麻烦。教官为了你检查到深夜，我为了你一夜难眠，我的家人也因为电话而被吵醒。你可能没有考虑过行为的后果，也没有考虑过别人的利益，这样的行为很自我。你的权利需要保护，你的感受需要尊重，但别人也有同样的权利，希望你以后做出决定的时候多为别人考虑一下。

师：昨天本来是你值日，昨晚学校突然接到"创文明城市"检查组要到我们学校进行问卷调查和检查的通知，我告诉其他同学你身体不舒服，让他们帮你。如果同学们知道你因怕热而逃避劳动，却让他们帮你干活，你说同学们会怎么想？这样是不是会影响你和同学们的关系啊？高二时你一直和同学关系不好，总是认为大家排挤你，我也尽量帮助你。这样的事情虽小可很伤感情啊！问题是你还意识不到，总是从外界找原因而不知道内省。小便宜带来大伤害，你认为值得吗？

学生满脸愧疚。

我也不能让学生感觉颜面尽失，一无是处，毕竟批评只是手段而不是目的。我还要给她改正错误的勇气、信心，让她生活得更开心。

师：不知者不怪，我以前也忽视了这方面的教育。只要你明白道理就是进步，我希望你从现在开始有勇气承认错误，有勇气改正错误，让每一次的错误都成为自己进步的阶梯，成为人生的财富，好吗？现在你该怎么做呢？

生：老师，对不起，我知道错了。以后我会注意的。

【案例评析】

案例呈现

今天上课，我写完黑板，一转过身就看见一团纸从教室这边飞到那边，于是大吼："是哪个丢的？站起来！"没人反应。我又说："自己做的事情都不敢承认吗？"没人反应。我最后说："我最看不起的就是没有担当的人。"仍没人反应。我继续上课。

（摘自：班主任之友论坛《心理导航》栏目）

案例分析

首先，案例中教师对学生的评价有点问题，认为学生心理有点偏，这是对学生行为的主观解读。我们知道顽皮甚至爱做恶作剧是学生的天性之一，我们不可能寄希望于孩子都是乖宝宝，那会是我们民族的悲哀。所以，学生在课堂上扔纸团是一种违反了课堂纪律的正常行为，和心理偏狭无关。至于是什么原因导致学生扔纸团，这里无法一一列举。太多的因素会导致这种行为，当然也可能包括个别学生的"心理问题"。

其次，看看案例中教师的应对行为——"于是大吼：'是哪个丢的？站起来！'"我想在老师的大吼面前，学生最理智的应对就是沉默。我们设想一下,如果真有学生从容不迫地站起来承认,这位老师会如何处理?恐怕他不会认为这个学生诚实、勇敢,更多的可能是认为这是对老师尊严的挑战,甚至会激发出更大的怒火。

"自己做的事情都不敢承认吗?""我最看不起的就是没有担当的人。"这样的话听起来是很合乎主流评价,说话的人也很理直气壮。不过设问一下,教师自己在生活、工作中是否能做到"敢承担"?如果自己都不敢,那凭什么看不起别人呢?教师如此的应对方式只能告诉学生他们是不敢承担责任的人,如此评价会给学生造成更深层次的负面影响。我感觉更不恰当的是,教师知道是谁还明知故问,这样的做法不是顾及学生的面子,而是夸大负面影响,学生的反应很可能是老师太假,或者是故意让学生出丑,这样只会加重学生的对抗心理。面对这样的课堂意外情况,教师的宽容和幽默往往会化腐朽为神奇,成为教育学生的良好契机。

现场模拟

师:《让子弹飞》正在火热上映,我们班"山寨版"也已经出炉,说不准将来我们班同学中还真会出一位出色的导演。

此话一出,课堂气氛肯定不同,该生也许会一辈子记住老师的这句评价,这也许真的会改变学生的一生。

二、手机管理,怎样说才有效

【方法源头】

随着科技的发展,手机已经成为人们生活中的一部分,很多人没有了手机就好像失去了安全感,心神不宁。我们学校是高中校,学生具备了应有的生活能力，手机也是家长和学生沟通的主要工具，在这样的社会背景下，如果简单地禁止学生带手机进入校园显然是行不通的，如果非要执行也只能是吃力不讨好，加深师生矛盾，甚至造成制度权威的丧失。自古就有"堵不如疏"的说法，在手机管理上也可以采用这个策略，因为我们杜绝的不是手机，而是不恰当使用手机的危害。刀从来不是凶手，使用刀的人才是凶手。不能因为刀可以杀人而拒绝在社会上使用刀。所以，真正要做的是如何引导学生正确使用手机。因此，我们工作的重点不如放在引导学生合理地使用手机上，这样教师会得到大部分家长、学生的认同和支持。如此一来我们的管理只要抓住个别同学的个别环节就可以了，管理还会事半功倍。

- 成本估算法。通过估算课堂使用手机所要付出的成本，让学生意识到危害，从而达到引导学生正确使用手机的目的。
- 添加痛苦法。人们做事的基本原则就是"追求快乐，逃避痛苦"。当学生意识到一种行为会造成痛苦并且这种痛苦是其非常不愿意品尝的，那么他就会有意识地改变行为。
- 民主管理，制度规范。这一点比较适合高年级的学生。首先教师要尊重学生，引导学生全面认识带手机进入学校的利与弊，然后与全班学生共同制定使用手机的规定，以便学生科学合理地使用手机。

【沟通实录】

1. 请你计算课堂使用手机的成本

今天政治老师向我投诉："李芳（化名）上课偷偷使用手机，因为担心影响课堂进度，耽误其他同学学习，我就没有按照规定收缴她的手机。"我说："这事就交给我处理吧。"

怎么办呢？简单的说教可能效果不明显，因为这样的道理学生听过很多次，用"校规"来降服她，可能反而会激发她的"斗志"，和老师作对，老师虽然能取得一时的胜利并收缴手机，却可能换来更大的失败——学生的对立。但置之不理显然也是不可以的。怎样才能既解决问题，又"收服"学生呢？

晚自习的课间我来到教室，递给李芳一张纸条，我用开玩笑的语气说："给你一道数学题做一做。"她很惊讶，面带笑容地接了过去，打开一看，上面写着一行字："李芳，请你计算一下上课使用手机的成本。"她的笑容逐渐消散，开始思考。

又是在课间时间，我把李芳叫到办公室，和她一起寻找答案。

师：上课使用手机有两个结果，一是没有被发现，二是被发现。如果老师没有发现，成本会是什么？

生（她显然明白我的用意）：跟不上老师的思路，知识点记不住，还会让自己进一步产生使用手机的欲望，甚至成为习惯。

师：如果考点没有记住，后果会是什么？

学生默然。

师：将来高考时很可能会因为一个考点而影响得分，一分之差可能会是两类学校的差别，或者是否被录取的差别。"二本"和"三本"的差别就是几万元，这是最直接的成本，还没有计算对人生的影响。

师：如果被老师发现又会怎么样？

生：老师可能会没收手机，然后自己就很生气，影响师生关系。

之前我告诉过她一个案例，就是因为学生在课堂上使用手机而被老师没收，一时冲动骂了老师，产生了一系列矛盾，最后学生被家长带回反省。所以她很明白这个道理。

师：一旦师生关系受到影响，学生必然不会喜欢这门课，这样会严重影响学习，成本会成倍增加。如果老师不没收你的手机呢？付出的成本又会是什么？

生：可能自己会更加大胆，也会影响老师的威信，其他学生也可能效仿，严重影响班风。

学生的回答很规范，说明她对这个问题认识得很清楚，看来她使用手机不是不懂道理，而是有她的隐情。

师：我觉得你使用手机可能有你的原因，例如有朋友发来短信，自己忍不住要看，如果是自己特别期待的短信，就更加不顾学校的纪律了，侥幸心理会占据上风，让自己"铤而走险"。既然你如此明白这个道理，以后怎么办呢？

生（看我表示了对她的理解，脸色也变得轻松了）：我以后会注意的，不在课堂上使用手机了。

既然这个问题得到解决，处罚她也不是最终的目的，毕竟这件事没有在班里造成影响，其他同学也不知道发生了什么事情，我也就不做追究。晚自习之后，她用热情的声音向我问好，说明她已经接受了我的教育。

2. 使用手机的利与弊

道理说教从来就是对大部分人有效，制度也是约束少数人的，因此总有少数"不法分子"会怀着侥幸心理来挑战制度。对这样的学生我们还是要以教育为主，攻心为上，一般情况下经过教师的耐心教育，问题是可以解决的。

昨天上午陈桂（化名）因为在课堂上使用手机被值班老师捉住，手机被当场没收，然后交给了我。晚自习时陈桂来找我要手机。我因为有很多事情要处理，也没有多谈，拿出几张便条，告诉他写出向我要回手机的利与弊。

过了一会儿，他很认真地交来了自己的答案：

利：

①方便了我的日常生活。

②加深了老师在我心目中的光辉形象。

③可能会让我感动不已,提升学习的热情。

④不会让我有对抗心理。

弊:

①显得老师很没有威风,班规没有作用。

②让我得不到足够的惩罚。

③让同学们形成一种意识——手机没收了也很快能拿回来,所以大家有样学样,导致班级成绩下降。

④现在给了我特例,老师往后就很难做。

师:前者是针对你个人的利益,后者是对班级的负面影响(老师的威风应该去掉,更应该强调班规的尊严)。当个人利益与集体利益矛盾时,应该如何选择?

学生很认真地说应该维护集体利益。

于是,我又给他几张便条,请他思考该如何处理这个矛盾。

下面是他写的有关个人利益与集体利益的思考:

> 就这件事而言,两个选择对我来说就像是鱼与熊掌般难以取舍。要想很好地解决这类事情,我的看法是必须在两个选择之间找到平衡点,才能做到双赢。而这个平衡点正是最难找到的。在个人与集体之间,我们必须选择集体,不能损害集体的利益。但从另一方面来思考,如果个人利益受到损害,想必多少会产生一点不服与对抗心理,那么势必会影响到班级的正常运作,损害集体利益。两害相权取其轻,想要维护集体的利益,那么就先得兼顾个人的利益,没有个人,就没有集体。意思不是说集体要向个人低头,只是个人与集体要适当地协调。法律不外乎人情。以这件事为例,如果给予我适当的惩罚,然后把手机还给我,我和老师均向外说"收了,毕业才能拿"(这是学校的规定),我再保证不带回学校,这样个人利益兼顾了,集体利益也没有受到损害,老师的权威又上升了好几个层次。这样不是各取所需、相得益彰吗?

我看后，首先否定了他的"黑"的说法，更不可能和他一起"骗"学生，他也认为这样做不太恰当。然后我说："适当的惩罚是什么意思？请你写明。"

他又写了如下的文字：

> 本人觉得惩罚要想有成效，让别人记忆得久，统一的标准是行不通的。必须要抓住人的弱项来进行处罚，才可以真正地做到"无退路"。以我为例来说，这次的确是我错了，我必须接受惩罚。什么惩罚呢？我觉得能让我完全没有退路的就是罚我跑步，因为熟悉我的人都知道我特别厌恶体育运动，为了表达我的决心与诚意，以下是我提出的惩罚措施：
>
> ①在有人监督的情况下每天至少在操场上跑5圈。
> ②做出检讨并面向全班同学宣读。
> ③按照规定扣分和接受其他相应的处罚。

根据他的意见，我说："找人监督很显然不太现实，这是变相惩罚别人，再说谁又愿意承担这项任务呢？既然你已经表了决心，我可以相信你，请你进行自我监督。然后你回去写检讨，通过之后就可以领回手机。"

从此之后，我再也没有见到该生在课堂上使用手机了。当然，对于那些屡教不改的学生，我们一定要拿起纪律的武器，亮出惩戒的手段。

3. 我想放松一下

昨晚我巡查时发现一男生把手机放在书本下面阅读电子小说。我不动声色地把他叫到办公室，没有惊动其他同学。这种课间叫学生到办公室谈心的情况平时很多。

师：知道我为什么叫你来吗？

生：知道。

师：你还算诚实。那么继续考验你一下，能否告诉我你看的是什么？

生：小说。

师：喜欢看书没错，看小说也没有关系。如果我没有猜错，你看的是玄幻小说吧？

学生点头认可。

师：其实我也喜欢看小说，玄幻小说也看了一点儿。知道你上课看小说的不好之处在哪里吗？

生：违反了纪律。

师：还有呢？

生：耽误了学习。

师：能告诉我你看了多长时间吗？千万不要说刚拿出来。

生：大概5分钟。

师：总共看了几次？

生（有些犹豫，看我静静地看着他，他终于鼓起了勇气）：今晚看了4次。

师：累计大约多久了呢？

生：20多分钟吧。

师：我如果猜得没错，你看这篇小说应该不是才开始吧？

生：看了两天了。

师：那么白天都是看多长时间呢？

生：一般都是在饭后和睡觉前看。

师：还有呢？

生：学习感觉累的时候，今晚就是我学习遇到了困难，而又不能问同学，所以就想用看小说的方式放松一下。

师：你的解释听起来好像很合情合理。我问你，学习遇到困难的时候，你应该怎样做？

生：可以问同学，也可以找老师。可是今晚老师都不在，问同学他也不会。

师：那么是不是可以暂时把问题记在笔记本上，等老师来的时候问老师呢？

生：可以。

师：那你为什么没有这样做呢？我再猜一下，如果说对了你就点头；如果说错了，你可以为自己解释。学习困难只是给你看小说提供了一个合理的借口，其实你的内心有一个声音在说：看一会儿小说吧，影响也不会太大。于是，你就借着学习困难顺理成章地看起了小说。你仔细想想，当时有没有这种想法？

学生思考了一下，表示认可。

师：其实，这个时候你还可以用另一个声音告诉自己：我是来考大学的，我的目标是××大学。我要充分利用时间提升自己。我要合理利用时间，现在这门学科遇到一点困难，我可以先学习其他的学科。你现在在内心里重复这些话，看看效果如何？

生：这样一说，好像内心升起一股勇气、一股学习的动力。

师：看来这些道理你都明白。一个人犯了错误不可怕，只要能及时改正。每一次的错误都是一次进步的机会。那么，你准备怎样为你的行为买单呢？

生：我写检讨吧。

师：你以后准备怎样做呢？

生：我把手机放在家里，不带来学校了。

师：如果你保证以后不犯类似的错误，真的有决心改正，可以不写检讨。检讨只是一个形式，我要的结果就是你往好的方向发展。你想想，写检讨多没有面子啊！不过你还是要为错误承担一些后果的。这样吧，给你一个为班级做贡献的机会，你想想怎样做吧。

生（思考）：每次的大扫除我都参加，并且保证质量。

师：很好，明天我就宣布你主动做贡献的事。最后我再问你，你知道学校的规定吗？

生：知道。

师：除了我的上述建议，你认为我可以用哪些方式来处理你？

生：没收手机，通知家长，让学校处理。

师：如果通知家长后果会如何？

生：爸爸对我要求很严，我平时压力很大，如果他知道了一定会骂我的，我的压力会更大。

师：如果我不通知你的家长，知道我会承担什么后果吗？

学生沉默。

师：如果你没有改正，成绩持续下降，而你的家长又知道你在学校上课的时间玩手机，而我竟然包庇你、不通知家长，这样我会因为你的错误承担失职的责任，你的家长完全可以指责我，甚至投诉我。如果出现这种情况，就是你犯错误我买单了。

生：我保证再也不犯这样的错误了，一定好好学习。

师：很好，你有这种态度我就放心了。一次使用手机看起来影响不大，但是会影响你学习的心态。如果这次没有被我发现，你还会继续看下去，随着时间的推移，成绩下降，等待你的只有后悔。所以，这次被发现是好事，现在你能及时认识错误，重新回到学习的轨道上来，也希望这是你前进路上的一个加油站。我不会因为你这次的错误而对你有什么看法，而希望看到你以后的优秀表现。你现在可以回去了。

【案例评析】

> **案例呈现**
>
> 我校明确规定在校生不准带手机，班主任也这样要求了，但收效甚微。我让班长悄悄"排查"，发现全班56人，共有53部手机。询问其他班级，情况大同小异。很多学生都在和学校"打游击"，手机照带不误——你总不能侵犯人权搜身吧！见状，我决定放手一试——允许学生带手机。这自然是没有经过学校领导同意的，就是自己偷偷搞"试点"。过了一段时间，我开始采取步步为营的策略。

1. 不带手机——风景这边独好

我对班内不带手机的学生进行了走访，之后召开了"我看中学生带手机"主题班会，先请三位不带手机的学生发言。

张凯直言不讳："我家家境不好，父母供我上学已经很艰难。我平时没多少事，有事就打校内的公用电话，很便宜。我觉得不带手机挺好，也没什么丢人的，反倒觉得以我这条件带手机是一种耻辱，甚至是对家庭的'犯罪'。"

王龙的父母都是公务员，家境不错，也不带手机。他说："我自控能力差，以前带手机时老贪玩，玩游戏、发短信等都对我有诱惑力，结果成绩下降很快。后来召开家庭会议，爸爸说等我考上心目中理想的大学后，给我买一部智能手机。我现在没手机感觉也挺好的，成绩也上来了。"

我又问崔波："你父亲是企业家，家里也不缺钱，为什么不带手机呢？"崔波说："我爸是白手起家奋斗到今天才成就一番事业的。他经常教导我，做学生不要比吃穿、比享受，要比学习、比做人、比进步。他说高考后我可以自己打工赚钱买手机，我也非常愿意这样做。再说兜里放手机也不方便。"

大家对他们的发言纷纷表示赞成。我趁机说："我认为这三位同学在勤俭节约、体谅父母、自强自立方面都是我们学习的榜样。我们现在面临高考，在校园内手机的作用真的很小，我们不能让它成为一种追求奢侈、虚荣攀比的工具。我为刚才三位同学的所思所想感到欣慰，还有没有准备今后向他们学习的同学？"结果，当即就有20个学生举手表示将不再携带手机，直到毕业。

2. 携带手机——没有规矩不成方圆

我又说："我们不提倡大家带手机，但也不反对。现在我们就如何使用手机进行讨论，请大家畅所欲言。"同学们就"如何用好手机""如何有节制地玩手机游戏""如何注意手机使用礼仪"等话题进行了热烈的讨论，明确了如何消除手机之弊、享受手机之利。

最后，师生共同制定了《使用手机班级公约》，主要内容包括：

①上课或集会时间不能使用手机，手机只能设置成关机或静音状态；不得已需要接听或拨打电话，必须在课间、不影响他人时；一旦发现学生在教室里

使用手机，一律没收，视情节轻重于周末、月末甚至学期末领回，并承担一定量的班级义务劳动。

②住校生在午休、晚休等公共休息时间不准使用手机，以免影响他人。

3．人机和谐——相得益彰亦有时

开始阶段，自然有个别学生"旧病复发"，我联合班委按《使用手机班级公约》规定没收手机。但手机卡不拿，只保留空机，目的是告诉学生：老师尊重学生的隐私，希望学生也能理解老师的良苦用心；老师相信学生能承担责任；老师尊重学生的个人情感，学生也应该尊重老师的个人情感。

一段时间后，老师们反映上课时班里没有学生使用手机的现象了。很多学生公开表示不想再做手机的奴隶，有的干脆把手机存在我这里，等周末时带回家。手机的好处也显现出来：家长和学生联系更方便，对学生的管控也更及时了；学生的安全有了保障。手机成了新型交流平台，是紧张、枯燥的学习生活的"调味剂"。目前看来，这种做法的效果很好。

学生使用手机是社会文明进步的结果。中学生可塑性强，不能一味地用"堵"和"禁止"的办法。尊重学生使用手机的权利，不是迁就，更不是纵容。被尊重是学生的一种心理需求，学生只有生活在尊重之中，才能学会尊重他人，这也正是我们的教育目的所在。

【摘自：李波．手机——学生自律的试金石[J]．班主任，2010（4）．】

案例分析

该案例的成功之处主要在于这位老师的民主作风。首先，老师没有简单地执行学校的规定，而是深入实际了解学生，以尊重学生为前提，让学生敞开心扉聊感受。这样学生就会不自觉地由被管理者的角色转入自我管理的角色，角色的转变会带来意识和行为的变化。老师的点评引导也非常到位，当三位学生谈完自己为什么不带手机时，老师不经意地给这个行为贴上了"勤俭节约""体谅父母""自强自立"

的积极标签,进一步对学生的意识施加了影响,于是"当即就有20个学生举手表示将不再携带手机,直到毕业"就是水到渠成的结果了。其次,使用手机的管理办法是学生自己制定的,这淡化了老师的管理色彩,加重了学生的自我管理意识,减少了师生矛盾,执行起来更容易。最后制定的惩罚措施也非常人性化,使学生在心理上不再排斥管理。当老师如此全面地为学生考虑时,就会发现学生其实是那么可爱,绝不是一般老师眼里的"屡教不改""冥顽不灵"。

三、学生早恋,怎样说才有效

【方法源头】

由于社会的发展、人性的解放以及青春期生理发育的特点,"早恋"成了教育者普遍关注而又头疼的问题。面对逐渐普遍化、低龄化的"早恋"现象,教育工作者感到非常棘手,甚至束手无策。有的教师动之以情、晓之以理,效果却不太明显;有的教师联合家长,武力围攻,却使学生的爱情之火越烧越旺。那么,我们该如何面对学生这种青春期的反应呢?

1. 尊重学生的感情,用同理心取得学生的信任

学生的感情可能来得太早,但绝对不能丑化这份感情。我对学生讲,每一份感情都是纯真的,都是美好的,都需要尊重。否认这份感情是对人类最基本情感的不尊重,妖魔化这份感情更是对情感的亵渎。从这个角度来和学生谈感情,容易取得学生的信任,学生也愿意就青春的困惑和你交流。

2. 讲责任让他们体验爱的分量

爱情绝对不是简单地占有和享受,更多的是一份责任,教师应引导学生正确认识爱情,看看自己是否有能力承担起这份爱。爱一个人要有能力

给对方幸福，如果你的爱情只是给对方带来伤害，那么你是爱她呢，还是在伤害她呢？这个时候学生就会理性地分析自己的处境，不会一味地强调自己情感的纯洁，甚至和老师对抗。

3. 教给他们爱情保鲜法

爱情是一种剪不断理还乱的东西，教师既不能靠简单的道理说教，又不能简单地棒打鸳鸯。前者太空洞；后者只能把学生推向教师的对立面，不但不能解决问题，反而会给学生造成严重的心理伤害。这些都不是我们教育的目的。而爱情保鲜法可能是一个比较合适的处理方式。

【沟通实录】

1. 情感发育正常

……

师：你的这种心理和感情可以理解，毕竟老师也是从这个年龄走过来的。

学生看我没有指责，反而很理解，表情轻松了不少。

师：判断一个人是不是已陷入爱情的旋涡，看几个指标：你是不是对她有所牵挂，当对方不在教室时你是否心里不安？

学生点了点头。

师：当年我对班上的一名女生也有过这样的感觉，总想多看她一眼，她不在教室里我就学不下去。

生：真的啊？同感同感。

他开始语气轻松地和我调侃起来。

师：这说明你情感发育正常，是一个身心健康的学生。

这个时候学生基本上可以敞开心扉地和我谈他的感受了。

……

2. 爱情是一把双刃剑

师：爱情是一把双刃剑，处理不当会伤害到双方。有的人会保护自己只伤对方，这种人很自私；有的人很悲壮，只伤自己不伤对方。但无论怎样，最后的结果都是悲剧。

学生默认。

师：我们设想一下，如果你们的父母知道之后会怎样？

生：会很生气，也很伤心。

师：更严重的后果可能是什么？

生：双方家长参与，矛盾不断升级，搞得我们精神疲惫，甚至无颜见人。

学生边想边说，这是根据他的间接经验进行的理性思考。

师：如果发生了这样的事情，你认为这种爱情是在爱一个人还是在害一个人？尤其是在冲刺高考的关键时刻，会有什么后果？

生：会严重影响我们的情绪，让我们无心备考。（一般的学生都能够理解到这个层次）

师：我尊重你们现在相互的好感，这是一份美好的、纯洁的感情，值得一生回忆。我只想告诉你如何处理。爱情不应该变成对双方的伤害，因此我们要尊重感情，慎重对待。有人说，爱情是一颗幸福的种子，需要土壤、阳光、雨露来滋养。你认为爱情的阳光雨露应该是什么呢？

生（沉思）：应该是一种能力和责任吧。

师：我非常赞同你的理解，请你听一首歌。

然后，我给该生播放了《窗外》这首歌，给他看了苏霍姆林斯基的《给女儿的一封信》。

师：你认为自己现在有没有能力承担爱情？

学生默然。

师：我知道，其实你们还远远没有到谈婚论嫁的地步，只是父母的步步紧逼让你们产生了逆反心理。据我了解，你们不但重感情，更懂得自己的责任和人生目标。现在就让你们做一个明确的选择的确也比较痛苦。

生（有一下子找到了知音的感觉）：家长说的那些负面影响和人生道理我们也都知道，也认同。只是一时无法割舍这份感情。而父母又逼着我们表态，所以我们很痛苦，有时候就表现出对抗。

师：我给你们一个建议——冷藏爱情。我既不让你们表态不再来往，也不鼓励你们为爱情献身。如果你们认为自己的爱情很纯洁，能够对付外来的一切压力，为什么就不能经受时间的考验呢？等你们高考之后，家长也不会再因为高考、人生前途这些事来逼迫你们，你们也更成熟，到时候再决定取舍不可以吗？

结果两人放下了感情的包袱，认真备考，最后都考上了自己理想的大学。

【案例评析】

案例呈现

一男生与一女生热恋，老师采取各个击破的方法。老师首先告诉女生早恋的后果，可谓动之以情，晓之以理，希望女生以自己的前途为重；然后教导她说她还不了解爱情是什么，不应为眼前的欢娱所迷惑，并且说女生很优秀，将来一定能找一个很优秀的对象，现在这个男生根本配不上她。没想到该女生被爱情迷得失去了理性判断，把老师的评价转述给了那位男生，于是那位男生对老师痛恨不已。

案例分析

该老师对学生的关切之情可以肯定，但教育的结果却是如此失败。首先该老师忽略了学生的情感感受，甚至是对学生正常的情感发育进行了完全的否定。当一个人被否定时，往往会做出本能的自我维护和辩解，在这种情况下不易接受正确的意见。

其次，该老师的沟通方式存在严重问题，不是循循善诱引导对方认识问题，而是把自己的生活见解强加给对方。这样的沟通方式，即使观点很正确，也不利于对方接受。再说爱情是什么，没有一个正确的答案，所以很难说服学生。

最后，企图采取攻击男生的方式来让女生放弃这份感情的做法更是错误的，人为情所困时看对方往往有很多优点，老师的优秀标准和学生眼里的优秀标准往往是不同的。再说，如此赤裸裸的破坏行为只会让两人更团结，对老师更反感。

现场模拟

师：你的目标是什么？

生：中山大学。

师：实现你的目标需要什么条件？

生：各科都要优秀，更要全力以赴。

师：目前有没有困扰你实现目标的因素？（开始引入，一般情况下学生会感受到老师的意图的）

生：其实我和××同学也没有什么，只是感觉和他交往比较开心，能够相互帮助。

师：我不介意异性交往，处理得好对学习还有帮助。（认同接纳，然后引导）你认为怎样才能处理好感情与学习的关系呢？

如此谈话就把学生的思维引入正确的轨道，老师所要讲的道理都会通过学生之口说出来，效果当然不一样。

第 9 章
养成教育，怎样说才有效

一、励志教育，怎样说才有效

励志教育是教师尤其是班主任进行教育的常规内容。但是，往往教师讲了很多深刻的人生道理，却很难触动学生的心灵、激发其高昂的斗志，相反有时还会引起学生反感和逆反的心理。有的教育虽然当时见效，学生应允，但"当时很激动，过后没行动，结果就是一动不动"；还有的学生在教师的谆谆教导下，反复做"立志—遗忘—再立志"的游戏。于是，面对教育的低效，教师感慨世风日下、朽木难雕。那么，教师在对学生进行励志教育时怎样说才更有效果呢？

1. 帮助学生绘制自己的"取经"路线图

每个人都是自己生命旅途的英雄，学生的求学生涯也像唐僧取经一样会经历九九八十一难，当学生大脑里有一个清晰的路线图时，他们就容易确定人生方向。

①确定目标。这个召唤与我们的身份、生活目标或人生使命有关。考虑自己的能力，挑战自己的能力上限，确定是否去实现这个目标。

②实施目标。这会改变我们目前的生活状况，甚至要放弃一些舒适的生活方式，例如自己喜欢的游戏、电视节目、上网等，因此要做好充分的心理准备。

③面对恶魔。学生在求学之路上会遭遇各种"妖魔鬼怪"，例如：早恋就像"女儿国"一样消磨你的斗志，酷暑就像火焰山一样考验你的意志。这

些恶魔有时是外部环境和负面信息的干扰,有时是我们内心的恐惧和阴影的映像。

④找到守护神。就像唐僧取经一样,在最困难时找如来佛或观音菩萨寻求帮助。学生的守护神就是家长和老师,要学会从他们那里获得帮助,完成自己的"取经"任务。

2. 给学生大力水手的"菠菜"

动漫人物大力水手只要适时地吃到菠菜,就会有无穷的能量,可以战胜一切困难。学生的成长不会一帆风顺,那么当学生的能量减弱时,我们该如何给他们能量的"菠菜"呢?

(1)用榜样做成"菠菜"

中国有句俗话,榜样的力量是无穷的,尤其是身边的榜样。NLP的信条之一就是:当有人成功,你按照他的模式去做,也同样能取得成功。这就意味着动力来源、信心、自尊、创造力等都可以通过模仿学习来获得,就和学骑车、学计算机、学打球等是一个道理。成功也有一个模式,当你具有了世界上所有卓越的成功者身上的优秀品质时,你也同样能创造成功。因此,当学生遇到困难时,老师可以找到与该生目前处境相似的个案,讲述他们是怎样克服困难并取得成功的。学生往往会从这些成功人士身上获得强大的能量。

有一年高三一模之后,一个成绩一贯优秀的学生竟然考砸了,没有经历过失败打击的她沮丧不已,情绪跌入了低谷。于是我恭喜她考了一个可以让自己清醒又能焕发斗志的成绩。然后我给她讲了几个一模失败高考却取得巨大成功的案例。讲完这些案例,学生内心已经燃起了希望之火,充满了信心。

(2)用曾经的"成功"做成"菠菜"

在人的记忆图库里,总有些成功的事情让他骄傲、自豪,这份自豪感能够在其内心产生强大的动力。所以当学生缺乏斗志时,不要急着给他讲一些空洞的道理，可以通过问话把学生的思维引向曾经的成功，让昔日的辉煌在大脑中重现，这个画面越清晰越细致越好。这个时候可以问学生听到了什么、看到了什么。当思维进入往日的幸福时光和辉煌时刻时，学生的面部表情是幸福的、骄傲的、自信的，一股斗志就会油然而生。这个时候教师可以询问学生的感觉，并不断强化这种感觉，然后问学生当时是怎样取得成功的。把这个成功的方法进行复制，现在一样可以成功。这个时候，成功对学生而言已经不是空洞的、遥不可及的了，只不过是一次重复而已。NLP认为，每个人都具备自身所需要的所有资源，只不过是这些资源暂时没有得到挖掘，我们所需要的就是把这些资源充分地挖掘和整合起来，然后形成强大的能量。

（3）用重塑自我做成"菠菜"

学生遇到的最大问题就是认为自己不行，所以教师要改变学生的自我定义，让学生重塑自我，从而达到激励的目的。大脑接受负面评价信息的能力远大于接受正面鼓励的评价信息，有时候一句不经意的否定的话会影响学生的一生，给学生的心灵上留下阴影。所以，教师要想办法让学生重新认识自我，重塑自我，从中获取能量。所谓重新定义对自我的评价，就是用正见解、正思维来看待问题，找出自己行为的积极因素。例如：

一个学生的自我评价是：我是一个成绩差的学生。我说能不能改为正面的描述呢？请改为：我是一个智商很高只是还没有掌握有效学习方法、成绩暂时落后的学生。学生接下来思考的就是怎样的学习方法才能让自己快速提高成绩，而不再暗示自己是一个失败者。

下面的几个观念对重塑自我很重要。

- ◆ 过去不等于未来，过去失败了并不代表你下一次不能成功。所以，请你把过去的失败抛得一干二净，今天就是新的开始。
- ◆ 你没有失败，只是现在还没有成功。
- ◆ 所有的成功都是采取大量行动的结果，一般人害怕万一失败了被朋友笑话，而你要成功，就必须克服这些障碍。

3. 运用激励取向激发学生的斗志

NLP 已经发现了两种截然不同的"激励策略",它们通过不同的方式,朝着不同的方向引导出不同的结果。NLP 把"激励策略"中这两种关键元素称为激励取向,这种取向要么朝着我们想要达到的目标——接近快乐、舒适和轻松,要么背向我们不想要的结果——远离痛苦、不适和压力。这两种策略发挥作用的情况也不尽相同。当有危险、有伤害、有压力时,背向取向占主导;而当可能取得成功、荣耀、给人鼓舞时,趋向取向占主导。从某种程度上来说,每个人都用到了这两种取向,并且都倾向于用其中的一种取向多过另一种取向。无论是接近成功、快乐、收获,还是远离失败、痛苦、损失,都能让我们备受鼓舞。

趋向取向应用举例:

有一次我和一个缺乏学习动力的学生谈话,先是让他想想当自己成功时会是怎样的,我让他大胆地想,细致地想,甚至想到父母的表情。学生越想越开心,然后我问他想不想让这种辉煌时刻发生。学生说,当然想了。然后我就引导他怎样做才能达到这个目标。

背向取向应用举例:

可以让学生想想高考失败后的情景,看到那些高考成功的同学一个个笑逐颜开,自己的内心会有什么感受,想想父母的失望以及父母在亲朋好友面前的表情。这样的想象足以让一个人警醒,然后学生就会想办法避免这种痛苦。

4. 用隐喻和类比来唤醒潜能

心理学研究表明,人类的意识和潜意识的力量对比悬殊,意识仅占沟通影响力的10%;而潜意识的影响力却占90%。所以很多时候,我们感觉很有道理,的确应该如此,却很难付出行动或难以做到。比如,我们知道遇事应该保持冷静,但是看到别人的一些错误却总是忍不住大发雷霆。这就是"行难知易"的原因。

英国人类学家和沟通学家格雷戈里·贝特森（Gregory Bateson，1904—1980）认为，人类发现类似点的能力是"诱发性思维"的一个功能，这些类似点可以引领人们关注自己体验的更深层次，而不仅仅是表面上的不同。与"归纳性思维"和"推理性思维"不同，诱发性思维可以产生更强大的创造力，而隐喻、类比和故事就是激发这种"诱发性思维"的主要方式。

潜意识更多的是通过图像来工作，而隐喻、类比和故事能够在潜意识里形成一幅清晰具体的图像，将潜意识中的能力更充分地调动起来。

例如：

学生：我努力了很多次，也坚持了很久，但我的成绩还是没有明显的进步。我感觉我快要放弃了。

老师1：相信最后的胜利一定会属于自己，坚持就是胜利，很多人都有过这样的经历，请继续努力。（讲道理的方法）

老师2：有很多人想爬到山顶领略美丽的风光，但很难一帆风顺。有时会遇到陡坡，有时会雷电交加。有的人受不了恶劣的环境，于是放弃；有的人坚持了一会儿也决定放弃；只有很少的人能坚持到底，他们不断地给自己打气，咬紧牙关往前走，终于天晴了，他们满怀喜悦地站在山顶，内心充满快乐。（隐喻法）

老师3：黎明前是最黑暗的时刻，终点线前是最累的一段路途。很多成功人士都经历过拼搏以及拼搏后的疲惫，甚至产生过放弃的念头。但他们都多走了一步，走过了黎明前的黑暗，迎来了光明。马云说，今天很残酷，明天更残酷，后天很美好，但很多人都倒在了明天晚上。（类比故事法）

以上的沟通方式里，哪一种带给你的感受更深刻呢？很明显，是第二种和第三种。因为第一种只是理性沟通，很难在大脑中形成画面，而用隐喻、故事时，会在你的脑海里形成图像、声音以及感受，直接作用于你的潜意识。教师平时可以多积累一些这样的隐喻和故事，整理后放在大脑的工具箱里，以便使用。

5. 用积极暗示激发能量

　　心理暗示现象在日常生活中非常普遍，在不同程度地影响着我们的生活。积极的心理暗示能调动人的巨大潜能，使人变得乐观、自信。有一位成功人士回忆自己的学生时代，刚进入高中时他并不优秀，就是班主任的一句话"一看就是个大学生的苗子"让他对自己充满了信心。所以教师和学生沟通时要习惯用"你能行""你会成功的""你很优秀"等积极暗示的语言，告诉学生"你想成为什么样的人，你就能成为什么样的人"。学生遇到困难的时候，也是他们自我怀疑的时候，教师要引导学生转换语言表达方式，把"我很失败"换成"我还没有成功"，把"我不行"换成"我还没有找到成功的方法"，把"我不会"换成"我还有一些知识没有掌握"，把"怎么可能"换成"怎么才能"。前者是消极的心理暗示，后者是积极的心理暗示。

【沟通实录】

1. 我的作文很差

　　学生找我点评作文。

　　生：老师，我的作文写得很差。

　　师：不要说自己作文写得差，而应该说自己哪个地方还有待提高。

　　生：哦。

　　师："作文写得差"是对写作的全盘否定，不利于增强信心。你的字写得很漂亮，作文结构很清晰、内容很充实，这都是优点，只是在写作思路和审题上还有待提高。

　　学生欣然接受。

2. 我不会写作文

一男生怯生生地来找我说："老师，我不会写作文。"该生长得高大威猛，以前对语文以及语文老师深恶痛绝，这次能用这样的态度和语气说话，说明他很在乎我。

师（笑了笑）：不要说不会写，而应该说在写作上还有一些困难。请问你有什么困难？

生：写不够字数。

师：你能写多少呢？

生：写到400字就已经是绞尽脑汁了。

师：那这次就写400字，下次争取写到600字，第三次就能达到800字。

学生欣然而去。

3. 你们是高智商"电脑"

你们的智商很高，就好像一台高配置的电脑。不过如果电脑里面没有储存必要的软件，或者软件染上了病毒，那么它就无法正常工作。你们的学习态度就好像软件，现在染上了病毒，请你们杀毒——转变学习态度。

4. 体验成功

我在课堂上要求学生对已学知识熟练掌握。提问到一学生，他坦然地说不会。

师：你很牛，能够如此坦然地承认不会很了不起。下面给你两个选择，一是5分钟之内掌握所学内容，一是接受游戏规则（不会的做俯卧撑）。

生：能否给我半个小时。

师：你太谦虚了，以你的智商5分钟就足够了。

2分钟后该生已经全部掌握需要记的内容。

师：从全不会到全会总共用时不到5分钟，请同学们用掌声对他表示祝贺。

学生羞赧中带着喜悦。

师：你以前为何不会？

生：没有认真学习。

师：你以后该怎么办？

生：要好好学习。

师：OK，再给他点掌声，因为他在5分钟内有两大收获：一是掌握了具体的学习内容，二是知道了该如何对待学习。

5. 我是一个（追求全面发展）的学生

我让学生填空：我是一个（　　　）的学生。

生：我是一个（追求全面发展）的学生。

师：很好，你能不能再给全面发展做一个具体的解释。

生：我是一个（追求专业课和文化课全面发展的）学生。（该生是美术生）

师：你现在的答案比前一个更具体了，这就是老师在给你们写作文评语时所说的语言生动具体。你能不能对专业课和文化课全面发展再进一步具体化？

生：我是一个（追求专业课两年内达到班级前三名、文化课总分达到500分、能考上清华大学）的学生。

师：很好，就是要这样锤炼语言，丰富语言。当准确定位、任务具体时，实现起来就容易了。每天能够明确地看到自己完成了具体的学习任务，你感觉如何？

生：很开心，很有成就感，很乐于学习。

师：这个感觉应该很舒服，这样学习就变成了一路采撷的快乐之旅。

6. 我是一个（半途而废）的学生

生：我是一个（半途而废）的学生。

师：能不能用正面的语言来描述呢？

学生感到困惑。

师：例如，我是一个（经常立志、有明确追求）的学生。半途而废说明你至少在努力，所以说你常立志，既然立志就说明有明确的追求。当你经常这样告诉自己，常立的志又比较一致时，你会发现后半程已经走完了。如果你用"半途而废"来描述自己，那么你以后做什么事情都容易放弃，因为你对自己进行了负面的心理暗示。

7. 我是一个（在校勤奋、在家懒散）的学生

生：我是一个（在校勤奋、在家懒散）的学生。

师：你在校勤奋有目共睹，为什么说在家懒散呢？

生：我姐姐就是这样说我的。

师：其实可以用另外一个词来替换"懒散"，例如换成"休息"。你姐姐根据什么来这样评价你呢？

生：因为我总是看电视、玩手机等。

师：那么，哪些休息方式你姐姐可能会支持呢？

生：我明白了，我以后在家多选用一些健康的休息方式，例如可以陪父母聊天、打球、听音乐，有时间多看看书。

8. 我是一个（有信心但无毅力）的学生

生：我是一个（有信心但无毅力）的学生。

师：那么，你的信心怎么来的呢？

生：家里人给我的。

师：外人给的不叫信心，最多叫"推动力"。为什么说自己"无毅力"呢？

生：也是家里人这样说我的。

师：其实每个人都不缺少毅力，你看看那些天天打麻将的人缺少毅力吗？他们可以在麻将桌前连续奋战几个小时甚至通宵，这需要多大的毅力

啊！你们在电脑上打游戏，同样可以持续作战，没有毅力能行吗？不同的是对象不一样。所以我们需要改变的不是让自己有毅力，而是用毅力做该做的事情。请重新定义你的自我评价。

生：我是一个（有信心、有毅力，只是还没把毅力用对方向）的学生。

师：那么以后你会怎么做？

生：用毅力做正确的事。

9. 面对负面评价

课前演讲，一学生讲了一个黑人学生写了一篇优秀的文章却遭到白人老师歧视、怀疑的故事，后来这个黑人学生发愤图强，成了第一个获得某新闻奖的黑人。于是我引导说："假设你们就是那个黑人学生，你们会做何反应？"

生1：报复他。

师：这是一种情绪发泄，有这种倾向的学生很容易走极端，恐怖分子往往就是从这里起步的。

生2：会自暴自弃，甚至堕落。

师：这也是一种常见的反应，是典型的用别人的错误来惩罚自己。你们身边有没有这样的同学？

学生说有很多因为受到老师的批评而自我放弃的人。

生3：像这个黑人学生一样努力证明自己，用成就说话。

师：嗯，这样是最理性的选择，希望你们学会用这种态度来对待外来的打击。

师：大家思考一下，我们能否左右别人的行为？

大部分学生表示不能。

师：但我们能左右自己对行为的评价，积极的评价能化不利因素为有利因素，成就自己；消极的评价会恶化不利因素，毁灭自己。

二、目标教育，怎样说才有效

【方法源头】

1. 如何表述目标

《韦伯斯特词典》把"目标"定义为"努力或雄心所指向的终点"，或是"通过一个行动路线而达到的一种情境或状态"。从本质上说，目标是一个人或团队的希望状态或成果。目标是动机的源泉，能够调动意识和潜意识的资源，激发强调自我的管理过程。目标应该是教育或激励的基本指向和焦点，如果没有了目标，那么一切教育方法都是无效的。

（1）正面表述目标

正面表述目标就是说要明确表述我要什么，而不是说不想要什么。例如，乘坐出租车时，司机问你去哪里，你不能说"我痛恨这里，在这里烦透了，我要离开这里"。生活当中很多人都是这样表述自己的目标的，这种缺乏具体指向的意思表达不叫目标。例如，有的同学说"我不想开小差""我害怕演讲"等，这样的思维都停留在问题状态，正确的表述应是"我想集中精力听课""我想在演讲中充满信心"，这样的思维就放在了期望状态，是正面表达，有利于找到解决问题和实现目标的办法。

（2）具体表述目标

这样可以使人们对需要什么有一个更清晰的理解。只有把目标表述得具体清晰，才能够正确地执行目标，也容易判断目标是否达成。

2. 目标分解法

列出每天的目标清单。余世维博士给培训人员列了一张表，把一张纸划分为"田"字，然后在每个空格处写上如下内容：一、最紧急、最重要的事情；二、最紧急、不太重要的事情；三、比较紧急、比较重要的事情；四、比较重要但不太紧急的事情。如此清楚地列出当天的任务，工作起来自然有条不紊，时间效率就很高，至少不会出现无所事事的情况。学生可以根据教师的教学计划、班级课表、课堂学习情况、考试安排等规划自己每天的学习任务，明确自己每天所学的内容，让自己的收获看得见。例如：语文课的诗歌是否会背、规定的成语是否掌握、老师讲的哪些知识点还需要巩固等；数学老师今天讲的公式是否记住、是否会用；英语课规定的单词抄写是否完成、某个语法用法是否掌握等。把这些知识列成目标清单，学习就明确了，也容易激发自己的学习动力。

【沟通实录】

1. 说出你的目标

师：能告诉我你的英语成绩是从什么时候开始不及格的吗？

生：高一下半学期，你不知道我们那个班主任有多讨厌！

师：哦，你这个班主任一定是教英语的。我不想多谈你的英语老师，你也不要告诉我他是谁。我知道你说得有道理，但如果我现在听这个英语老师是如何评价你的，我相信他也一定有很多道理。你信吗？

学生点头认可，但还是强调老师很讨厌，并且请其他的学生作证。

师：请全体同学记住一句话：有效果比有道理更重要。中国有句俗话：公说公有理，婆说婆有理。因此，有时候道理是讲不清楚的，但我们如果关注效果就不同了。事实上你的英语成绩下降了，即使英语老师有责任，你也是在利用老师的错误来惩罚自己。你认为这样做对吗？

学生点头，略有所悟。

师：请全体同学再记住一句话——"不要用别人的错误来惩罚自己"。

师：你认为自己的英语成绩能达到多少分呢？

生：95分吧。

师：你这样就满意了吗？你认为你理想的成绩应该是多少？

生（不好意思）：我怕说出来实现不了被大家嘲笑。

师：你说出了内心的话。请大家记住下面的话：很多人都想成功，但因为害怕失败而放弃努力。如果你不害怕失败，并努力实施，那么你就能够成功。

师：假设你的同学表态要达到一个很高的目标，你会不会嘲笑他？

生：不会，那样很不高尚。

师：你为什么就认为你的同学很不高尚呢？其实他们和你一样，只会欣赏，不会嘲笑。

我让学生当场表态会不会嘲笑他，同学们一致表示不会。

最后该学生大胆地说出了一个更高的目标，然后我引导他如何一步步地落实到每天的学习上，这些具体的内容都是很容易完成的。

最后我总结说："想要成功，首先要改变我们的态度，简称'变态'。"学生大笑。

2. 落实到位

师：明白该怎样做了吗？

生：好好学习，认真听课。

师：你以前也是好好学习，认真听课啊！用什么判断你比以前做得好呢？

生：每天背10句并默写。

师：什么时间背诵？

生：早上。

师：早上几点？

生：6:30—7:00。

师：很好，大家说这样是否更容易判断自己取得了成功呢？

生：是的。

师：是不是很容易得到一份成就感？这份感觉能让你取得更大的进步。

3. 细化目标

一学生这次考试很不理想，我找他谈话。

师：对这次考试满意吗？

生：不满意。

师：我也知道你不满意，这说明你认为自己还有很大的提升空间。你的目标是多少分呢？

生：及格吧。

师：这是你的理想目标吗？

生：不是，理想目标应该是110分。

师：我相信你一定能实现的，那么该怎样做呢？

生：好好学习，多一点努力。

师：怎样做才叫好好学习呢？做到什么程度才叫多一点努力呢？

生：多看一些书。

师：能不能再具体一点？例如对哪个考点每天做些什么。

生：文言文我可以再提高一些，每天多看一会儿书。

师：在哪个时间段看书呢？

生：早读，我要利用好这个时间段把课文读熟。

师：还有呢？

生：作文成绩还可以再提高。

师：怎么做呢？

生：每天读两篇优秀作文，这样肯定会有帮助。

师：很好，还有吗？

生：前面的选择题得分还可以再提高。

师：怎么提高？

生（略有犹豫）：多做练习题吧。

师：很好，多做题是解决这个部分的有效办法，你打算每天做几道题呢？

学生继续犹豫。

师：每天做4~6道题，可以吗？

生：点头，可以。

师：你现在的目标是110分，只要做到每天早读认真读书，每天看两篇优秀作文，每天做4~6道选择题就可以了。你感觉有没有难度？

生：没有。

师：如果你做不到，准备怎样惩罚自己？

生：在讲台上做50个俯卧撑。

师：我不是为了惩罚你，而是为了增强你的压力，减少你的惰性。我相信你一定能做到的，期待你的好消息。

大家都知道，学生的智商相差不多，而决定成绩高低的主要因素是心态，而影响学生心态的主要因素是信念，例如他是否真的认为学习有用，他是否真的认为自己可以学好。在该案例中，该生的主要问题是对学习的信心不足，经过我的一番引导，他感觉到成功原来就是做好这么几件没有难度的具体的事情，由此产生了信心。为了使大家更好地理解我的这一段话，先和大家分享一个寓言故事。

在山底自由蹦跳的青蛙非常羡慕飞到山顶的雄鹰，他对雄鹰说："山上的风景一定很精彩，可惜我没有你的一飞冲天的能力。"雄鹰对青蛙说："只要你努力，你也可以登上山顶的。"青蛙笑了笑说："不可能，我从来都没有跳过这么高。"雄鹰对青蛙说："你能不能从第一个台阶跳到第二个台阶？"青蛙说这个容易，于是一跳而上。然后雄鹰又对青蛙说："你能不能从第二个台阶跳到第三个台阶？"青蛙说这个也容易。就这样，青蛙最后跳到了山顶。

如果一个人看到的只是要求达到的最好目标，往往会因为目标太高太远而产生畏惧，很容易放弃。如果把实现目标的过程分解为每天的具体行动，会感觉并没有那么困难，也容易树立信心和保持斗志。

在上述案例中，我只是像雄鹰引导青蛙一样让学生把考110分的目标变成每天看两篇作文、做几道练习这样的很容易达到的目标，这样一天天坚持下来，最终的目标也就顺利达到了。因此，调整学生的心理状态的主要方法之一就是给学生一个具体的目标，并让学生相信自己可以完成这个目标。

【案例评析】

案例呈现

高考前夕，很多教师都让学生列出自己的高考目标，并且要求学生把目标确定在考取具体的学校上。这种目标教育固然重要，但根据我的观察和了解，大部分学生并没有达到教师期望的理想效果，难道目标教育真的无效吗？

案例分析

出现上述情况是由于目标教育方法存在问题。让学生在潜意识里形成自觉追求的目标是一个漫长的过程，绝对不像写在纸上那么简单。教师最初让学生写出自己的目标学校只是第一步，只能说明学生有一个朴素的意愿，还不能说是他追求的目标。教师还需要引导学生分析实现这个目标的有利条件、存在的障碍以及实现目标所带来的利益，找出有利条件能增强自信，找出存在的障碍能让自己理性地看待追求的过程，并提前做好心理准备和应对措施，明确目标利益有助于维持学习的动力，这些引导分析让学生认识得越清晰效果越好。然后，教师还需要引导学生把目标落实到每个学科的分数上，让学生根据以前的录取分数线来判断自己每个学科需要达到多少分才能实现目标，甚至把分数落实到具体的知识点上，这样学生执行起来目标就比较清晰明确。最后，还要给学生在意识层面安装一个触发器，例如，有条件的话让学生到该大学参观拍照，然后把照片挂在卧室里、贴在课桌上或者带在身上，让照片不断地提醒自己要达到的目标。这样学生就会慢慢地在潜意识里形成一种动力、一种自觉的追求。

三、学习指导，怎样说才有效

【方法源头】

教师经常会遇到学生的各种各样的学习问题，有些问题需要深入交流，细心指导，但大部分问题只要简单点拨即可。

教师要引导学生改变信念和价值观。学生厌学往往源于他们对生活的错误认识，因此要想改变学生的学习态度就要改变其信念，在其心中树立正见解。

教师可采用以下几种方法：

- ◆ 增添能量法。用鼓励、欣赏等语言使学生增添学习的能量、树立学习的信心。
- ◆ 克服障碍法。学生在学习上遇到障碍时会求助于教师，教师只要找出具体的障碍然后进行引导即可。
- ◆ 目标分解法。把大目标分解成一个个小目标，这样压力就会减小，也容易找到学习的成功感。
- ◆ 感觉覆盖法。有些学生会因为过去的某种不良感觉而影响现在的学习状态，可以引导学生通过想象等方式，用美好的感觉覆盖不良感受，转变认识，从而改变当前的学习状态。
- ◆ 自我惩罚法。经过谈话和心理调整之后，学生一般都会在当前状况下产生较强的学习动力，但这样的动力很难长久。所以还要有一个后续措施来帮助巩固成果。这个措施就是让学生承诺如果不能做到自己会怎样惩罚自己。这个惩罚越严重越好。目的不是惩罚，而是让这个惩罚来促使自己坚持下去。

【沟通实录】

1. 我们该怎样为成功做准备

普通班的一个学生经常上课睡觉。班主任说很难和他沟通，每次和他交流时，他总是一言不发，并且他性格古怪，还容易冲动，有一次和同学闹别扭，竟然用刀子抵住对方；把他的家长叫来之后效果也不太明显。在征得班主任的同意后我找该生谈话。

学生来到办公室，我让他坐下。学生的坐姿是双臂抱在胸前，一脸的严峻。我对他说："我不是来训导你的，我是和你聊天，就像朋友一样，所以你要放松，尤其要抛开你内心的抵触和防御心理。你现在这个姿态就是一种典型的防御姿态。你离开教室时就已经想好了如何对付老师的责问了吧？"

学生点头，不再紧抱双臂。

师：很好，你再放松一点，随意一点，我保证不把我们说的话告诉其他人，我只是想和你交流一下彼此的认识。我只要求一点，希望你说的都是你内心真实的想法，否则我们的谈话就失去了意义。

学生点头应允。

师：你总是上课睡觉，是不是对学习没有兴趣啊？

生：成绩好没有什么用处，看看现在很多大学生还不是找不到工作。将来混得好坏我认为主要看运气。你运气好了，有没有大学文凭都一样。

学生的这个回答有一定的现实性，因为他说的现象的确存在，但也有失偏颇。

师：你说得没错，这种现象的确有。咱先不说大学生失业问题。我问你，运气你能把握吗？

学生摇头。

师：好像有一句话叫作机会总是光临……（我略做停顿）

生（脱口而出）：有准备的人身上。

师：很好，你知道得很多。你认为有准备的人是什么人呢？或者说我们应该准备些什么呢？

生：提高自己的生存能力吧。

师：生存能力包括哪些呢？

生：做事能力、分析能力，沟通能力等。

在我的不断追问下，学生说了更多的内容。

师：这些要素在哪里最容易实现？

生：大学，同学是人际关系的重要组成部分。

师：那么我们怎样才能进入大学呢？

生：好好学习，认真听课。

师：我给你讲一个成功人士的例子吧，你知道新东方的创始人俞敏洪吗？他现在很成功，你认为他是运气好还是凭实力呢？如果说运气好我不排斥，因为他遇到了那么多好同学帮他。那么让我们看看同学们是因为什么而愿意帮他的吧。用他的班长王强的话说，就是看在俞敏洪帮他们打了四年水的分上，才毅然放弃美国的高薪工作，回国无偿帮助他发展学校。他的运气不是上帝给的，而是他之前的行为准备的必然结果。

学生点头同意。

师：中国有句俗话："一个篱笆三个桩，一个好汉三个帮。"如果一个人随时都准备帮助别人，那么他的朋友就很多，当他需要帮助时大家自然也会帮他。相反，如果一个人平时看谁都不顺眼，和谁相处都闹别扭，你说运气会降临到他身上吗？

学生给出了一个合理的答案。

师：我看得出你是一个有性格的人，也是善于思考的人，不然你不敢拿刀子对准同学，也不会思考大学生就业的问题。

生（不好意思地说）：那是闹着玩儿的，其实我也不敢。

师：有性格不错，关键是看性格往哪个方向发展，如果用你性格中的勇敢来挑战生活中的困难，这样的强硬性格多好啊！

我越强调他有性格，他越说自己没有，一不小心还笑了一下。我抓住这个机会说："你看你现在的笑容多么灿烂。很可惜我没有及时给你拍照，否则我把前后的两种表情给你对照一下，看看你更喜欢怎样的你。作为老师，我特别喜欢看你灿烂的笑容。"

随着交流的深入，学生也慢慢地道出了他的想法，并且他的思路在不知不觉中跟着我走。根据我的提问，他逐步总结出了一个人要成功，需要具备良好的自身素质、有学习能力、善于沟通等，这些认识慢慢取代了他之前单一的"幸运"认识。当他改变了看法时，他的行为自然就会改变。之后，在我的课堂上我再没看到他睡过觉，虽然他偶有反复，但当我提醒他之后，他会努力战胜自己。

2. 不喜欢背书

生：我非常不喜欢背书。

师：你以前背书时是不是经常挨家长尤其是妈妈的责骂？

生：是。

师：所以这种责骂深深地停留在你的潜意识当中，每当你开始背书时，潜意识就告诉你：又要挨骂了！所以你就不能专心地背书了。而你背诵物理、化学公式很快，因为潜意识告诉你：又要受表扬了。前者你认为是不可能背会的，所以很慢；后者你认为能很快背会，所有的精力都集中到如何背会上，所以很快。

师：你回家的时候，主动找妈妈检查你背书。你先很夸张地说内容很多，背诵很难，自己争取在10分钟之内背会，然后把你已经背得很熟的内容背诵给妈妈听。你妈妈肯定很高兴，这时的表扬是发自内心的，用这种愉快的感觉来慢慢代替之前不愉快的感受。也许你就会慢慢地喜欢背书了。

3. 试卷找不到了

生：老师，有没有多余的试卷？我的找不到了。

师：没有了。找不到试卷说明什么？

生：不注意保管资料。

师：不注意保管资料又说明什么？

生：学习态度不好。

师：我没有多余的试卷了，你该怎么办？

生：回去再找一找。

半个小时之后，学生拿着做好的试卷交上来了。

师：怎么又找到了？

生：夹在书本里了。

师：当时为什么不找？

生：因为找你要更轻松。

师：知道以后该怎样做了吗？

生：知道了，保管好试卷，对自己负责。

其实我还有多余的试卷，说没有，只是为了纠正他的行为和态度而已。

4. 我不喜欢语文

第一次给新班上课，我问有没有不喜欢语文的同学。一男生高高地举起了手。这个男生身材高大、长相斯文，倔强的眼神透露着睿智。按说这样的学生成绩应该不错，那么是什么原因让他不喜欢语文的呢？我决定解除他的心结。

师：你一开始也很喜欢语文并且语文成绩不错，是吗？

生：是的。

师：在你读小学或者初中的时候，遇到了一个你特别讨厌的语文老师，是吗?

生:是的,是小学四年级。

师:我没猜错的话,这个老师就是你的班主任,并且是一个女老师,是吗?

生(有些惊讶):是的。

师:我再猜一次,是因为你和一个女生发生了矛盾,班主任兼语文老师偏袒了女生、委屈了你,你内心不服,对老师"怀恨在心",决定"报复"老师,于是就开始不喜欢语文了,是吗?

生(满脸惊讶,怎么和女生的矛盾都被你猜到了):是的,您怎么知道的?

师:我怎么知道的不重要,重要的是你这个班主任已经是过去时了,语文老师也已经换成我了。你会不会把以前的"语文老师情结"迁移到我身上,然后继续不喜欢语文呢?

生:我比较喜欢您现在上课的方式,也喜欢您和学生交流的方式。

师:可是那个老师一直生活在你的脑海里,左右着你的学习,是吗?

生:是的,每当我学习语文的时候都会不由自主地想到那个老师,就会产生厌恶情绪,于是就没有了学习的兴趣。

师:你现在可以想象一下,有一块很大、很厚的黑布盖住了那个老师。盖得很严实,并且在那块黑布魔力的作用下,被覆盖的影像很快就消失了。然后你反复告诉自己,我的语文老师是李老师,他是我最喜欢的老师。

生:嗯,好像那个老师变得模糊了,没有那么重要了,我也不排斥语文了。

后来该生在语文课上表现非常认真,有时候特意从最后一排走到第一排来听课。我有机会就顺便表扬他一下,以巩固成果。

5. 不能自甘落后

一学生总是自甘落后,面对同学的嘲笑不以为然,甚至以引起别人的反响为荣。今天课前抽查默写,电脑点了两个学生的名字,一学生为第一名,另一个就是该生。结果第一个学生顺利过关,而这个学生修改两次才过关。于是,我把他留在讲台上做了简短点评。

师：电脑点到你们的名字之后，同学们不约而同地发出了"噢"的声音，你能读懂这些声音的意思吗？

该生反应淡然。其他同学解释说：对前者更多的是认同，意思是他肯定能过关；对后者则是看笑话，他能过关吗？

师：这个世界上没有谁有资格看不起你，除非你自己看不起自己或者你甘愿被别人看不起。我和你爸交流过，你和他的长相差不多，都是白面书生。但遗憾的是，你们的神态有很大的不同，你爸的神情透露的是睿智和自信。希望你不要影响了你爸的形象。只要你认为自己可以并努力去做，你一定能做到的。

该生之前轻浮的笑容变得有些深沉，行为不自觉地有了一丝庄重，整节课的表现都好于以前。

6. 更喜欢哪个自己

一学生无心上学，上课就是睡觉，对待同学们的嘲弄已经有些麻木。于是我利用早读的时间和他进行了一次简单的谈话。

师：现在不是上课时间，你可以尽情地表达你的想法。上课你乱讲我可能会批评你，因为那是公共时间，因为你而耽误了整个班的学习是要受到批评的。但现在是我们两个人在聊天，所以你不要有顾忌，放松下来，我们随便聊聊。

该生还是略有紧张，但听我讲完慢慢就放松下来。

师：你来这里学习的目标是什么？

生：我就是没有目标，也没有学习的动力。

师：你认为该怎样度过每一天呢？

生：我还没有计划，每天就是这样过。

师：据我了解，你小学和初一的时候学习很不错。根据我最近的观察，发现你的接受能力很强。所以，你有变得优秀的潜质。我们先不考虑你打算每天怎么过，我们先设想一下，两年后的6月27号公布成绩的时候，你的高考成绩超过了本科线。你想一想这个时候老师、家长、同学会怎样评价你？

生（想了一会儿）：老师会说我很努力，会鼓励我好好干等。

师：我可能会这样说："L的确很聪明，他改变了态度，然后就改变了人生的结果。"我可能还会经常在以后的教学中以你为例子来鼓励其他同学。

学生的脸上有一点红晕。

师：你爸可能会有什么表情？请你想一想。

生：他会很兴奋，满脸笑容。

师：现在你爸和你说话时一般是什么表情？

生：很忧愁。

师：你喜欢他哪个表情？

生：当然是喜悦的表情。

师：同学们会怎么评价你？

学生沉默，因为他现在经常受到同学们的嘲弄。

师：我知道你现在经常受到同学们的嘲弄，你希望这样吗？

生：不喜欢。

师：所以，两年后你的同学可能这样说："没想到L变得这么优秀，当时怎么没看出来呢？"

师：这种体验是不是和你打游戏通关时的感觉相似？只不过打游戏是虚拟的，而这个却是真实的人生，是真正的快乐。你愿不愿意实现它？

生：愿意。

接下来我引导他把一个看似很大的目标分解成每天的学习计划，他也变得越来越自信了。当天的语文课他破例在书本上写满了学习笔记，我也当场表扬了他，以增强他学习的动力。

7. 学生开小差怎么办

生：老师，我上课总是开小差，怎么办？

师：你从什么时候开始这样的？

生：最近几年都是这样。有的老师觉得我下课后总是到办公室问老师问题，应该学习很好。其实，我是因为课堂上没有听进去，才课下去找老师补的。

师：哦，看来你很想解决这个问题，那你做了怎样的努力呢？

生：每次上课我都提醒自己，一定不要开小差。

师：好的，我现在告诉你，不要想树上有一只猴子。请问你现在在想什么？

生：我在想树上的猴子。

师：对了，科学研究表明，人的大脑对"不"是不接受的，越不让做什么越做什么。所以你不要在乎开小差的问题，即使偶尔开小差也是很正常的，因为没有谁能一直保持高度的集中。另外，你可以经常提醒自己老师在讲什么，或者用笔记一些课堂要点。这样你慢慢就习惯了在课堂上该如何做，问题自然就解决了。

8. 学会接受

生：老师，我可不可以去选修室学习啊？教室里太吵。（其实教室里不是很吵，只是她身边的几个同学常小声地交流问题，这个学生也承认自己特别不能受外界的干扰）

师：学生在自习课上说话肯定不对，我也想给你提个建议，能否增强一下自己抗干扰的能力。因为不可能每一个环境都按照你所希望的存在。

生：我从小就抗干扰能力较差，任何一点声音都会吵到我。我去制止他们，会让他们很反感。

师：你是不是特别在意其他同学的看法？

生（学生惊讶）：您是怎么知道的？

师：其实很简单，不需要很多的心理学知识。就好像我们读诗歌，一个诗人眼里的景物特点往往就隐含着这个诗人的内心情感，想要知道他的内心情感，只要看看他写了什么就可以了。

生：我该怎样改正呢？

师：这是一个比较复杂的问题，由于时间关系我先告诉你一点：学会接受。空气中有尘埃，尘埃肯定不好，但它也有存在的价值。如果没有了尘埃，强烈的阳光会让我们无法生存。有些同学喜欢讲话，他们给我们带来了很多的快乐，让我们的生活充满了乐趣，没有他们这个环境会死气沉沉。当然我不鼓励他们在课堂上讲话，而是希望你学会接受别人，然后引导他们学会在合适的地方、合适的时间讲合适的话。

学生略有所悟。

9. 播放正面图像

月考后，一个连续几次获得年级第一名的女生这次意外地落到第二名。晚自习期间她忧心忡忡地来找我。

师：是不是因为这次只考了年级第二名，心里很不舒服啊？

生：有一点，其实我也不是太在乎这次考试。让我不安的是，高考会不会也这样。我记得以前听一位老师讲，很多学生平时成绩都很优秀，高考时却考得一塌糊涂。我真担心这种情况会发生在自己身上。

很明显，前面那位老师的话对该生产生了强烈的负面暗示。（因此，老师们不要轻易在学生面前，尤其是在临近大考的学生面前说这些容易产生负面情绪的话，因为一个人接受负面信息的能力远远大于接受正面信息的能力。记得2003年非典型性肺炎肆虐时，人人自危，其实据统计，感染的人数比例和中彩票的比例差不多，为何概率相同产生的情绪强度却是如此不同呢？答案也在这里）看来我需要调整她的心理状态，如果她总是有这个担忧，持续下去，担忧可能会变成现实。

师：你喜欢什么体育项目？（转移话题，转移注意力，然后再"曲线救国"。否则她会固执于自己的看法，很难调整）

生：我喜欢跳水，尤其喜欢郭晶晶。

师：我也喜欢她，她身上有一股迷人的气质，尤其是她对待比赛的态度。

生（谈到自己的偶像自然会兴奋）：是啊，她特别迷人，比赛特别专注，动作特别完美。

师：知道她是怎样做到的吗？

该生好像知道一点儿，但又不太确定。

师：除了她本领过硬之外，她每次比赛时都能让自己的情绪调整到巅峰状态。我记得有人这样评论刘翔："当他在全力准备比赛时，对外界基本上达到了完全忽视，这个时候你和他说话他会没有反应。"知道这些优秀的运动员这个时候大脑里都在想什么吗？

生：比赛的各种技术动作。

师：如果他们想的是我不要失误，千万不能失误，一旦我失误了怎么办，失败了大家会不会嘲笑我……你说这样想的后果会怎样？

生：肯定会影响成绩的。

师：每个人大脑里都会自动播放一些影像，影像的内容直接影响到你的情绪和精神状态。优秀的选手关键时刻都是播放那些能激发潜能的影像，让自己的情绪、精力达到巅峰状态，从而全身心地投入比赛中。你来我这里之前大脑里播放的是什么影像呢？

生（恍然大悟）：我一直在播放平时成绩优秀但最后高考失败的影像，所以我提心吊胆，闷闷不乐。

师：现在请你换个影像，想想你高考以优异的成绩考取了自己心仪的高校，这个感觉如何？

生：感觉舒服多了。

师：知道现在该怎样做了吗？

生：知道了，谢谢老师。

10. 培养优秀的"自我"

张远山智力超群，动力不足，学习习惯不好。家长、老师对他进行了多次教育和指导，效果都不明显。于是我又采取了自我反思教育法。我拿出一张便条，请他先真实地对自己进入高三后的表现进行自我评价。于是，他写下了如下内容：

> 进入高三之后我的学习状态一直保持上升趋势，但是因为本身很懒，造成了成绩不能排在班级前列并出现偏科的现象。语文、数学、英语的学习从一开始的"不用学"发展到了"学不上心"；政治、历史、地理的偏科问题很严重，每次段考总是综合科把分数拉了下来，仅仅综合科就比别人少了将近50分。其实我是有一套学习方法的，就是对于不喜欢学的科目，通过看新闻节目先找出乐趣，再去学习就容易了。例如：经常看新闻，对政治学习很有帮助；看球赛能对世界历史、世界地理产生强烈兴趣。我相信我能做好的，只是我对这些课程还未达到喜欢的程度。我会制订一个大脑兴趣学习计划，把学习与兴趣结合起来，开发大脑未用部分，把自己的潜能发挥出来，希望今后我能做到"活读书、读活书、读书活"，不断进步，力争在下次段考中突飞猛进，创造奇迹。

在接下来和他的交流中，他告诉我他妈妈很忙，他爸爸的工作单位也离家很远。我这才知道他妈妈是人民医院的医生，爸爸也是知识分子。当时我就说："根据遗传学，你应该有很高的智商。你打篮球的动作非常协调，说明你的接受能力很强。并且知识分子家庭的孩子往往有一种内在的爆发力，所以你具备创造奇迹的条件。但是你现在的成绩对不起你父母的基因。在心理学上有两个'自我'的说法，即一个是优秀的自我，一个是放纵的自我（当时我不知道该用什么词语表示，就"创造"了这个说法）请你继续答题：发展'优秀的自我'有哪些优势？可能达到什么高度？然后再分析造成'放纵的自我'的因素是什么，如果任其发展下去可能导致的结果是什么，如果拒绝这种结果，你要采取的办法是什么？"

下面是他交来的答案：

优秀的自我：

①我的优势就是善于从内心改变自我，把不好的东西转换为

好的东西，就像我现在的学习状态过于放松，我可以迅速调整自我意识，马上使大脑进入紧张的学习状态。我比较乐观，却不会过分乐观，我想这有利于我的学习。

②可以达到的高度。我想我的高度是无限的，因为我还没有尽力，我相信自己可以跑得更快，飞得更远。

放纵的自我：

①其实影响我放纵的因素就是我自己。我的大脑可以隔离一切影响，当我做不喜欢的事情时难以控制自己。

②可能导致的结果：可能会失去耐心而发狂，会后悔。妈妈对我充满期望，我却令她失望，家庭的压力会增大，也怕他人因此而看低我。

③解决办法：我不相信奇迹，但我知道自己能创造奇迹。我总能做出令人不可思议的事情。我会用每一次的成功提醒自己，把属于我的奇迹展示给大家看。解决自我放纵的问题不是难题，因为它不是奇迹，我相信自己能调整过来，加强对学习的兴趣，集中精力投入学习。

我看他分析得基本到位，但还是过于笼统，不利于日常监控，更不利于自我检查督促。于是我说："你有成为优秀学生的足够条件。我们不但要瞄准结果，更要关注过程，同时还要不断给自己信心。而要做到这些就必须有一个标准。下面请你给自己设定一个优秀的标准。"

下面是张远山写的标准：

从生活方面说起，"懒"是我的"象征"（标志）。我已经成年了，必须能够自我调整。

①家务必做，减轻父母的生活压力，即使是很小的事情。

②学会自理，自我爱护。

③有感恩之心，我知道自己有，父母从小就说我有感恩的心。

学习上。从高中生活开始到现在，我发觉自己受表扬的次数不少,高一、高二都拿过奖。但每次都是进步奖,我想自己该把进步奖变成优秀奖,再把优秀奖变成突出奖了。这就是我发挥优势的阶段性目标,从一次次的段考中总结经验,脚踏实地,不开空头支票。其实,"突出奖"并不是一个奖励,而是我对自己考上本科的要求。

我看他写得逐渐具体,但还是不利于一天天检查。而这个时候已经下晚自习了,我知道他的妈妈在外面等他,如果不能按时接到孩子,他妈妈会非常着急的。于是,我又给他几张便条,告诉他回去以一天为单位来要求自己。下面的内容是他第二天交给我的。

第一阶段:获得进步奖(12月—次年1月)

①听好每节课,减少上课睡觉开小差的次数。

②学会总结每一课的内容。

③完成好老师布置的作业。

第二阶段:优秀奖(3月—4月)

①继续提高课堂学习的效率。

②尽量做笔记,以方便记忆。

③每天总结一次。

④完成好老师布置的学习任务,并自觉做好假期复习计划。

第三阶段:突出奖(4月—5月)

①每天利用好时间加强学习,不给自己松懈的机会。

②晚读、早读一定利用好。

③制订冲刺计划,全力备战高考。

【案例评析】

案例呈现

道德与法治老师实在看不惯一个在课堂上梳头的女生，就想借提问来转移一下她的注意力："你说，中学生正确的价值观是什么？""吃好，穿好，玩儿好！"一阵哄笑后，她反问老师，"老师，你不想吗？"老师语塞。有学生说："我晕！"

这就是我们的学生，他们中很多人就是不愿意在知识的海洋中遨游，而宁愿把自己陷入真实的物质世界，家长也不断向孩子灌输学习和考级就是为了当官、享受、不劳动的观念。面对如此强的"外化"力量，我总想找到一种能让孩子们的内心有所坚持的东西，可我却力不从心，不知从何下手？敬请各位支招！

（摘自：班主任之友论坛《教育疑点》栏目）

案例分析

该案例折射出了当前教育中存在的很多问题，社会、家庭以及苍白教育的后遗症都在学生的直白中得以暴露。在这里我不想对社会原因做过多的探讨，只是重点谈谈面对如此情境，教师该如何应对才能起到应有的教育作用。案例中的老师很明显缺乏应有的教育智慧和应对技巧，当学生的价值观与老师预想的答案相矛盾时，老师不能相机引导，竟然"语塞"了。可以看出，平时该老师只能用"书本上的答案"来说教，而这样的内容很难得到学生的认同，所以课堂就缺乏了应有的吸引力，学生在课堂上梳头也就不足为奇了。

案例中学生的"吃好，穿好，玩儿好"的回答有没有错呢？对一个未成年的学生来说，这就是她内心最真实的表达，也不能说这是错误的。她的反问可以说很有力,如果老师说"不想"很显然不符合生活实际。该生的错误不在于她的答案,而在于她用一个基本的生活标准来掩盖她错误的行为,换句话说,她对"吃好,穿好,玩儿好"的理解有偏差,她对好的标准和如何达到好的生活理解不当,老师完全可以顺着学生的思路引导她形成正确的认识,从而达到教育的目的,而不是把自己的价值观强加给学生。

现场模拟

师:你说,中学生正确的价值观是什么?

生:吃好,穿好,玩儿好!老师,你不想吗?

师:我当然想这样。那么你认为怎样才算吃好、穿好、玩儿好呢?

生:……

师:你又如何实现这"三好"呢?

生:……

师:如果你的吃、穿、玩儿给他人,包括你的父母带来不好的影响,你认为还是好吗?

生:……

师:当一个人解决了吃、穿问题之后,怎样才能让自己的精神世界感觉更愉悦呢?

第10章

化解矛盾，怎样说才有效

一、矛盾是怎样产生的

【方法源头】

1. 人际矛盾和冲突的根本原因是信念系统

所谓信念系统BVR，就是一个人所有的观念和行为处事方式的总和。该系统由信念（beliefs，以下简称B）、价值观（values，以下简称V）和规则（rules，以下简称R）组成。

信念是一个人对其他人与事物的观点，也就是你所相信的事情或者是你认为事物应该是怎样的。信念是一个人主观认定的事实，也就是这个人思维中的真理。例如：a. 人应该不断进步。b. 教师要真心关心学生。c. 今日事，今日毕。

价值观是一个人做事情最终想获得的价值或利益。当价值足够时，我们便会觉得满足。而信念的存在是为了获得某些我们所需要的价值。所以结合上面所谈到的三条信念，可能得到的价值是：a. 这样会更成功。 b. 如此会师生关系融洽，亲其师，信其道。c. 这样效率才会更高。

以上就是通过信念而得到的价值。

我们每时每刻的行动背后其实都是为了获取某些价值和利益。

规则是对某件事情具体的行为做法。它是为了实现某些信念和价值而存在的。学校、班级的各种规章制度就是这个集体的规则。例如：a. 我每天要有完整的学习计划。b. 我每周都要定期找学生谈话，了解情况。c. 我每天睡觉前都要对当天的学习进行总结。

将以上信念（B）、价值观（V）和规则（R）联系起来，可能是这种情况：a. 人应该不断进步（B），这样会更成功（V）。所以我每天要有完整的学习计划（R）。b. 教师要真心关心学生（B），如此会师生关系融洽，亲其师，信其道（V）。所以我每周都要定期找学生谈话，了解情况（R）。c. 今日事，今日毕（B），这样效率才会更高（V）。所以我每天睡觉前都要对当天的学习进行总结（R）。

如果 BVR 不同，又不能尊重和接受对方的 BVR，并且都认为自己很有道理，而对方是错误的，那么就会产生矛盾。NLP 认为没有两个人是完全一样的，每个人的人格都是平等的，一个人不能真正操控和改变另一个人。因此，有效沟通必须建立在双方彼此尊重的基础上，平等沟通。

每个人都有自己的一套 BVR 系统，并且靠这套系统来获得人生的成功与快乐。NLP 认为一个人不能操控另一个人，更不可以代替他人做出抉择。每个人都应该自己对事情做出决定，然后自己承担责任和结果。如此，这个人便可以不断地进步与成长。

有一位皇帝召集全国最好的设计师与工匠，按照他的身高，花费数万两黄金打造了一张豪华无比的金床。除了皇帝本人之外，所有来晋见皇帝的人，都将被安排在这张金床上睡一晚。只要是完全符合金床尺寸的人，皇帝都将赏赐其高官厚禄。

如果某个人睡在金床上，皇帝发现他的身高不够，就会命令金床四周的彪形大汉，从两边分别拉住他的头和脚用力拽到与床的尺寸完全相符为止，这个人会痛苦至极，直到最后死去。但是国王对这一切视若无睹，他只是感觉非常开心，因为他觉得大家对他很忠心。

而如果这个人的身高超出了金床，皇帝便会使一个眼色，这时站在两边的刀斧手便会拉住这个人的双脚，按照金床的尺寸将超过的部分砍去，床上的人在痛苦地哀号着，但是皇帝感觉很开心，因为他认为大家对他很忠心。

看完这个故事之后，你会如何评价这个皇帝呢？或许你会认为这是一个地地道道的昏君，无知昏庸到极点，而且极其残忍和暴虐。

然而，你是否发觉，很多人的教育行为，与这个皇帝有许多相似之处。

许多人都会用自己心中的标准作为衡量他人的标准。他们用自己认为的是非对错的准则来约束对方。看到对方符合自己内心的"尺码"便会喜欢、开心；而假如对方不符合自己的标准，便会反感、气愤、憎恨、敌视，进而出现情绪暴力甚至肢体暴力，就如同在他们的心中有一张金床一般。他们随意操控、践踏和干涉对方，而完全不顾及对方的无奈、辛酸、痛苦甚至是绝望。

每个人都有自己独立的空间和界限。我们需要做的就是了解和尊重对方的界限，而不能随意侵犯，就像我们不愿意他人侵犯到自己的界限一样。没有谁比谁的 BVR 更正确，我们需要尊重或者理解对方的 BVR。即便是对一些不能接受的行为，我们也应给予关注和理解。因为他们这些行为的背后存在着可以被接受的正面动机。

当我们尊重了对方的 BVR，便等于尊重了对方的人格，于是沟通可以更顺利地进行。当然学生的信念系统还处于未成熟期，这就需要教师进行引导，而不是简单地否定和说教。

2. 说清楚不等于听明白

说什么，怎么说，往往可以由自己掌控；但是对方怎样听、听到什么却无法掌控。一般人的思维习惯是从自己的角度出发，不能站在别人的角度思考；而人们的表达习惯也是只关注自己讲了什么，很少关注对方听到了什么，于是误会和矛盾就会产生。其实，很多时候所讲的与所听到的并不完全相同。大脑的沟通模式可以告诉我们为什么不同的人对同一个信息符号会有不同的反应（见图 5）。

每个人对信息符号关注的焦点不同，经过删减、扭曲、一般化之后形

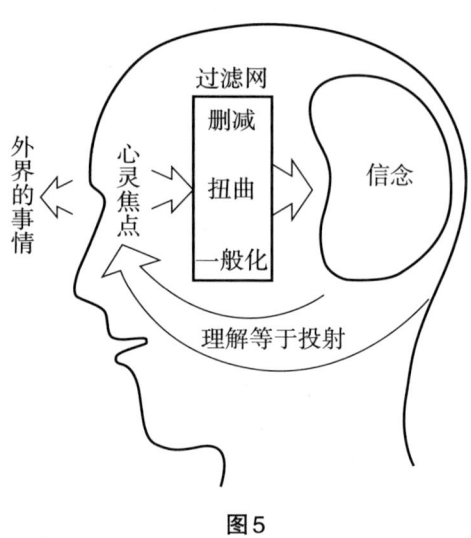

图5

成的信念会有很大的不同,所以会做出不同的理解。这个不同的理解往往就是误会。

例如:

数学老师发现学生在课堂上使用手机,于是就站在学生旁边观看约10秒钟,学生埋头发信息,稍后发现了数学老师。数学老师要没收手机,学生情绪激动,结果师生双方在课堂上发生了激烈的冲突。

数学老师的过滤网:数学老师关注的只是学生在使用手机(删减);这个学生在课堂上不认真听课,对老师不尊重,很生气(扭曲);观察是为了获得证据,原因是以前没收学生手机时因为证据不足而造成被动(归纳)。

学生的过滤网:因为有急事需要发一个短信,老师现在讲的这些内容已经掌握,并且能很快完成,影响不会太大(删减);数学老师竟然偷窥自己的短信,侵犯了自己的隐私权(扭曲);从前因为某个隐私暴露曾让自己非常尴尬,隐私权绝对不能被侵犯(归纳)。

数学老师的心灵焦点:学生违纪,我一定要找到证据。

学生的心灵焦点:做老师的竟然偷窥学生的隐私,让人无法忍受。

因为师生二人的过滤网和心灵焦点不同，最后对行为的理解就产生了很大的反差，他们都认为自己是有道理的，强调自己的主观认识和道理，于是矛盾冲突不断升级。

其实解决这种师生冲突问题很简单，只要调整一下双方的关注焦点，重新引导双方对事实进行过滤加工，从而改变对事实的理解，矛盾自然就解决了。

除此之外，大脑在理解投射的过程中还存在一个自动完形的状态，也就是说大脑会根据固有的信念和标准自动补充一些事实，帮助自己完成最后的判断。如果这个完形过程发生错误，也很容易造成错误的判断。

因此，有时我们需要学会换位思考，从而达到相互理解的目的。

3. 猜测会激化矛盾

有的人发现了问题后，总喜欢猜疑，甚至只是以一种高高在上的姿态去挑剔别人，其实事实往往和他所想的正好相反。人一旦迷信了自己的主观判断，就会努力找出相应的事实来证实自己的判断。这个时候最容易做出错误的决定并且固执己见。所以，在没有准确地弄明白对方的意思之前，不要因为猜测而轻易做出判断，可以询问对方真正的意思是什么，以避免发生误会。

二、化解学生之间的矛盾，怎样说才有效

【方法源头】

1. 情绪接纳法

心理学研究表明，当一个人难过或者受到伤害时，最不想听到的就是建议、大道理、心理分析或者别人的看法，那样只能让自己感觉更差。过分

同情会让当事人觉得自己太可怜，提问为什么会让当事人产生防范心理，而让当事人被激怒的就是他的感受遭到否定、被认为是毫无道理的。所以，在没有完全平复学生的情绪之前，教师千万不要急着用所谓的"道理"来说服学生，这个时候讲大道理越多越容易激发学生内心的不愉快，甚至是反感，学生可能会认为老师偏袒另一方。而接纳了学生的情绪，会让学生感觉老师愿意倾听他的诉说，认同了他的感受。当学生说出他的困扰后，他就不会感觉那么郁闷和困惑了，也更能处理好自己的情绪和面临的问题。认可学生的情绪可以用这样一些语言："你看起来很生气""你一定很失望""我知道你也不希望这样""考成这样你一定很难过""你当时一定非常生气"，等等。这些语言是对学生情绪发泄的一种接纳、理解、安慰，能帮助学生把情绪释放出来，从而更理性地对待问题，然后老师再引导学生正确地去处理问题。当学生的情绪得到接纳时，学生的思维就会逐渐趋于理性，会自己找到解决问题的方法。

切记，千万不要轻易否定学生的感受，否则学生会拒绝老师好的建议，然后双方的交流会演变成各执一词的争吵，这样的例子有很多，我就不一一列举了。常见的拒绝学生情绪的语言有："你没必要那么难过""你这样很可笑""你没必要生气"，等等。

接纳学生情绪的过程离不开倾听。倾听的过程并不是学生一个人在独白，教师应该像说相声一样适当地做"捧哏"，给予恰当的回应，从而让学生产生被尊重的感觉。回应的最好方式就是在学生叙述时全神贯注，不断地用"哦""嗯""这样啊""理解"等来回应他们的感受，关键的时候还可以复述对方的重点词句，说出他们具体的感受，将自己的理解回应给对方。

学会倾听有很多好处：第一，倾听会让对方产生自己被重视的感觉；第二，通过倾听能够发现对方的问题和需求，找到问题的症结所在；第三，倾听能够让对方更愿意接受你的意见，从而达到良好的沟通效果。

2. 先跟后带法

所谓先跟后带，就是在与对方沟通的时候，先接受对方的观点，再通过发问或其他说服方法引导对方，找出矛盾的焦点或彼此的误解点，从而达到化解矛盾的目的。这个方法能让教师站在一个中立的立场，取得学生的信任，打开学生的心扉，了解到事实真相。

如何"先跟"呢？可以跟对方的正面动机；跟对方的角度；跟对方的情绪、感觉。例如：

我不想和同桌一起坐了，他虽然成绩好，但不善于教别人，他总是不理我，不利于我的学习。

①你是不是想得到一个更有利于学习的环境？（跟正面动机）

②哦，原来是这样啊。如果换作我，可能也会有这样的想法，毕竟学习是非常重要的。（跟对方角度）

③我想你和他同桌感觉肯定很不舒服吧。（跟对方的情绪感觉）

怎样"后带"呢？"后带"语言其实是一个暗示，通过询问把问题引向期望的方向，引导学生正确思考问题，从而达到说服的目的。"后带"语言往往包括三个目的：搜集资料、引导对方、说服。

①你是不是想得到一个更有利于学习的环境？（跟）同桌怎样影响了你的学习呢？（搜集资料）

②哦，原来是这样啊。如果换作我，可能也会有这样的想法，毕竟学习是非常重要的。（跟）那么你希望如何解决呢？（引导对方）

③我想你和他同桌感觉肯定很不舒服吧。（跟）其实我上学的时候也有过这样的感觉，总想和一个成绩比较好并能帮助自己的同学同桌。如果你是那个优秀的学生，你又希望自己的同桌是什么样的呢？你是喜欢做一个受欢迎的同桌，还是希望像乞丐那样讨好别人呢？我当年的做法是努力提高自己的成绩，并帮助其他同学。后来我发现我的同桌也喜欢和我交流了，大家共同提高，共同进步。（说服）

3. 换背景法

语言会因为背景不同而产生不同的意义，同样，对一个行为的理解，也会随着背景的改变而改变。

例如：

一个人对着你大吼大叫，你肯定会很生气，当你知道这个人是精神病患者之后，你就不会生气了。这就是事件背景对行为、语言的影响。

另外还可以置换行为的意义背景。置换意义背景的目的是探求外在行为背后的意图，通过找出与特定症状或问题行为相关的"正面意图""正面目标""后设结果"，也就是说将产生行为的正面意图、功能、信念等，与行为本身做区分。心理学研究表明，对一个事件的定义直接决定了你的态度，态度又决定了你的行为。当我们改变了学生对行为的意义定义的时候，也就改变了学生的态度。

例如：

背景：一个学生很委屈地告诉我："我发现 A 同学经常不去饭堂吃饭，担心他的身体，今天主动给他买饭，结果他却很生气，怪我多管闲事。"于是该生非常生气，埋怨 A 不知好歹。

师：知道 A 为什么经常不去饭堂吃饭吗？

生：他家里比较穷。

师：假设是你，愿意让人知道自己家很穷吗？

生：可能不愿意，毕竟大家都要面子。

通过询问改变了学生对事件认识的背景。

师：你为 A 买饭，说明了什么？

生：我们知道 A 家很穷，都很同情他，他的秘密被大家知道了。

师：这个时候 A 的感觉是什么？

生：应该会觉得很没有面子，感觉自尊受到了伤害。

师：当 A 有这个感觉的时候，对你的帮助他是感激呢，还是生气呢？

这是改变学生对事件背后意义的认识。当这些都改变的时候，该生也改变了对 A 的评价，从而更理解 A 了。

4. 结果推导法

NLP 强调的是不要告诉对方"你应该怎样"，而是问他"你想有怎样的结果"。因为人从来都是受内心的感觉推动的，无论多么"正确""应该"的事，如果没有感觉的支持，学生的接受也只是敷衍，不会持久。而教师在教育学生的过程中，自觉不自觉地扮演着学生的人生导师的角色，教师习惯了直接告诉学生你应该怎样、不应该怎样。这样的教导虽然很对，但学生潜意识的反应是教师对他行为的否定，从而引发他不断地进行自我辩解。

例如：

一个男生在一个成绩非常优秀的女生的试卷上写了一些攻击该女生的话。如果老师告诉他"你不应该攻击别人"，他就会不断地强调自己为什么攻击她。如果老师控制不住情绪，给学生的行为贴上"品格低下"的标签，则不但没有解决问题，反而制造了问题。相反，如果问他"你希望通过攻击她为你带来些什么呢？"则不仅能有效地维持师生之间的沟通，并且会把学生的思维引向思考产生的后果、对自己的影响以及解决的办法，这样就容易从根本上解决问题。

5. 相互欣赏法

电视剧《裸婚时代》中有一句台词"细节打败爱情"。同样，朝夕相处的同学之间也会出现生活的细节打败友情的情况。我发现很多同学之间的矛盾，其实都是由生活中的点滴小事引起的。而人性的弱点之一就是习惯发现别人的缺点，于是就出现走得越近矛盾越多的现象。每个人都有缺点，改正缺点是解决问题的关键，但谁也不能保证让周围的人都满意。所以解决日常矛盾的另一个重要方法就是学会欣赏他人。释迦牟尼说："以爱对恨，恨自然消失。"对待他人，要多欣赏，多发现他人的优点。人生有了这种宽容的气度，才能闲庭信步，笑看花开花落。因此，教师在调解学生之间的矛盾时，可以适当引导学生关注对方的优点，在寻找优点的过程中改变相互之间的不良感觉，淡化负面情绪。当学生学会相互欣赏的时候，关注的往往是对方的优点，这样矛盾自然就减少了。

【沟通实录】

1. 同桌之间的矛盾

下午第一节课的时候，一女生突然来到办公室，满脸委屈地哭泣着，她告诉我同桌竟然用脏话骂她。她很气愤，没有想到同桌竟然说出如此不堪的话。

看她委屈的样子，我说："看来你很委屈。我知道你心里很难过，如果你想哭就哭出来吧。"听闻此言，女生抽泣不止。我说："远离家乡（两个女生都是新疆学生），没有父母的疼爱，你就把我当作你的父亲来倾诉吧。"没想到该女生哭得更加厉害。（后来才知道该女生的父亲去年去世，我为此立即道歉。学生表示理解，没有责怪我的意思）等学生情绪稳定之后，她告诉我原因："刚开始上课时，我让同桌关门（两人同坐靠近前门的地方，该女生坐里面，同桌在外面），她没有动。于是我就说'如果你不关门我就去关了'，没有想到的是同桌竟然大怒，用脏话骂我。她还说我小声骂她。我发誓我根本没有骂她，我也不会骂人。我最害怕的就是得罪别人。"

听完起因，我进一步表示理解，换作谁被骂都不会舒服，生气是自然的。我问："你们以前有没有矛盾？"

生：一开始我们也互不了解，虽然同住一间宿舍，但交流不多。做同桌之后交流才日益增多。有一次同桌还对我说，"没想到你这么好，希望下一次还和你同桌。"

师：从这句话中我听到两个信息：一是说明她对你的最初印象并不好，

从内心里排斥你。(后来和她的同桌交流证实了这一点)二是你们的交流让她看到了你的优点。请问你们是同一个民族吗？

生：不是，我是维吾尔族，她是哈萨克族。我们平时都是说自己的民族语言，不过她能听懂维吾尔语，但我听不懂她的语言。

师：那说明你们在交流上存在着先天的障碍，这里面肯定有互相误解的地方。还记得我告诉你们的一句话吗？"你说的与对方听到的是不完全相同的。"你知道在你让她关门的时候，对方会怎样理解吗？当她认为你先骂她的时候，她内心是怎样想的？

生：她肯定会不舒服，但我真的没有骂她。

师：我知道你没有骂她，我也相信你。我说的是她已经认为你骂她了。交流的悲剧就在于双方只强调自己说了什么，不断地为自己辩解，而没有考虑对方听到了什么。

生：其实，我们之前也有小矛盾。有一次，我们因为座位太靠前了，就利用课间的时间把所有人的座位都往后推移了一些。当时我告诉同桌，不要推后那么多，其他同学会有意见的。当时她说别人不会有意见的。结果，同学们真的有意见。我就对她说，你看同学们有意见了吧。没想到她竟然否认自己说过那样的话。我很生气。明明是她说的，为什么不承认呢？

师：你有没有想过她为什么不承认呢？原因可能有两个：一个是她顺口说的，真的忘记了；一个是她认为你在指责她，出于维护自尊的本能，于是否认。当然我知道你没有指责她的意思，但是她听到的是你在指责她。如果你说，我们还是再往前推移一下吧，直接解决问题，她会同意的。毕竟她的行为是为了你们两个人的共同利益。你的言语也是维护两个人的共同利益。但当她听到你在指责她时，其实她更委屈，更生气。

分析得差不多的时候，我看学生的情绪也渐渐稳定。然后问她："你想要得到怎样的结果呢？"

生：化解矛盾，重归于好。

师：你的认识态度值得赞赏。不过等会儿我和你的同桌谈话时，我相信她应该有她的道理，她对你也一定有误会，只是你不知道。

我让她回到教室。

我把她的同桌找来谈话，一切都同我前面的预料和分析一样。她同桌说："她让我关门，当时我正在做作业，说等一会儿。没想到她很生气，我也不知道她为什么生气，自己心里很不舒服。加上我之前对她的印象并不好，于是就说了一些很不礼貌的话。"

我同样告诉她沟通的意义取决于对方的反应，她表示理解。然后我给她讲了我刚读大学时发生的一件事。

一天晚上，同宿舍的几个室友在下棋。突然，一室友大怒，指责我说话太难听，让他受不了。当时我也很委屈，我对大家一直很客气，他为什么要突然对我发火？于是各自为自己辩解，每个人都认为自己很委屈，错误在对方。后来，我才知道，原来我们两个地方的人说话的语气和神态都有所差异，我们那里的人说话的语气比较生硬，我正常的言谈在他听来都充满了火药味。这是双方交流的方式造成的，谁都没有错。

我又说了下面的话：

你们两个都属于偏严肃类型的人，所以说出来的话更容易让对方误解。我以前告诉过你们，人接收信息时神态的作用大于语言。她只是提醒你关门，毫无生气的意思。但你听到的是，对方命令我关门，我没有立即行动对方就很生气。于是，矛盾就产生了，而对方还不知道你为什么会对她生气。

还有，当你骂她之后，她说你没有教养，这对你也不公平。你骂她的确错了，但你同时也有很多优点，不能因为一次错误就被定性为没有教养，这样的定性评价放在谁身上都会生气的。请记住：具体的行为错误不代表品性的恶劣，往后多批评具体行为，少给人品定性。

当她明白这些道理之后，也知道了同桌找老师没有告状、只是诉苦，她也勇敢地承认了错误，对我说："我知道了，我会向她道歉的。我也希望化解矛盾，友好相处。"

晚自习之前，前一个同学就发短信告诉我："谢谢老师，我已经和同桌和好了。"我回复短信："祝贺你们，我相信经过这次的矛盾，你们的友谊会更纯更深，也会让你们的处事能力更强。"

2. 男生用语言攻击女生

英语课代表（G）突然泪眼婆娑、满脸委屈地来找我，说班里男同学（B）在她的英语试卷上写了攻击她的话。原来，英语老师让学生互相评卷，该男生正好评的是她的试卷，就利用"工作"之便在女生的试卷上写下一些不恭的文字。

师：看来你很受伤害，我能理解。现在给你一些时间让自己的情绪平复下来，当然你也可以痛哭一场。等你心情平静之后我们再来探讨。

不一会儿，学生的情绪平静下来。

师：你认为 B 为什么会在你的试卷上写这些话？你们平时有矛盾吗？

G：我和他都没怎么说过话，平时也没有往来，我也不清楚他为什么会这样。

师：事出肯定有因，只是你可能不知道。等我询问 B 之后再讨论该怎样处理，好吗？

……

师：你为什么在 G 的试卷上写攻击她的话？

B：我就是觉得她太傲慢了，瞧不起我们男生，所以就用这种方式来反击她。

师：你为什么认为她瞧不起男生呢？

B：她每次进教室都不看我们男生，开学那么久了都没和我们说过话。

师：一个女生不和男生说话，除了你认为的傲慢之外，还可能有什么原因？

B（沉思）：也可能是比较害羞。

师：还有吗？

B：也可能过于专注学习。

师：如果是你说的这两点原因，你还会攻击她吗？

B：不会了，那样我感觉自己很坏，很可耻。

师：其实可能还有一个内在的原因，只是你不愿意面对或不敢承认。对吗？

B：我就是想告诉她，不要看不起男同学，男生也有英语好的。

师：看来你的英语也很不错，你的攻击其实有引起对方注意和展示自己的动机，对吧？

B点头。

师：想证明自己是优秀的，这一点值得肯定。那么，证明你很优秀的方式有哪些呢？

B：专心学习，在课堂上积极回答问题，用成绩说话等。

师：你认为这两种方式，哪个更好呢？

B：当然是后者。都怪我以前太冲动了。我只是想报复她一下，没考虑那么多。

师：还记得我以前告诉过你们的一句话吗？勇者敢于改正错误，智者把错误变成成长的财富。你现在该怎么做呢？

B：我会当面向她道歉的。

师：这会让你成为勇者。怎么把它变成财富呢？

B：以后遇事要冷静。冲动是魔鬼。要多角度地思考问题，不要总是局限于自己的认识。

……

师：B说你很傲慢，看不起男生。你怎样看待他的这个评价？

G：我从来没有看不起男生的想法，我从小就害怕和男生交往。

师：你的成绩很优秀，让很多同学羡慕。可是你总不理他们，你认为他们会怎样想呢？

G：我知道了，我以后会尽量和同学交流，如果他们有学习上的困难我也会想办法帮助他们。

师：你认为这件事该如何处理呢？

G：一开始我感觉很委屈，我又没得罪他。现在我想明白了，是他们误解了我。再说我也有做得不好的地方。只要今后他不再攻击我，这件事就让它过去吧。

师：他说要向你当面道歉。

G：不用了，大家都是同学，没必要太介意。

女同学的态度让男生更感动。之后同学关系日渐融洽，再也没有发生类似的矛盾。

【案例评析】

案例呈现

一天晚上8时许，我正在吃晚餐，突然门外传来急促的敲门声，把我吓了一大跳。

我连忙打开门，进来的是我班学生鲁青和她的父母。

鲁青的母亲有点儿生气地对我说："老师，今天刚下晚自习走到校门口，我女儿就被班里的几名女生围住了，其中一个叫王丽的女生还狠狠抽了她一巴掌！"我连忙问："鲁青，怎么回事？她们为何围攻你？你现在感觉怎样？"鲁青说："王丽今天包里少了5元钱，硬说是我偷的。我没偷。"原来是因为钱物丢失引起矛盾而导致的出手伤人事件。

次日一大早，我到校后立即把当事人王丽及和她一起围攻鲁青的几位同学叫到办公室，详细询问事情发生的经过。王丽说："昨天早晨跑完步，我和张晓一起到校商店买东西，商店找给我的5元钱放进了这个敞口的口袋里。在回教室的路上钱还在口袋里，可到上第一节课班长喊'起立'时，我再看口袋时，发现钱不见了。""那你怎么就能一口咬定钱是鲁青偷去了呢？"王丽说：

"因为从商店到教室的路上我只与鲁青近距离地接触过,前后不到5分钟时间。""哦,你就根据这一推测和同学围攻鲁青,还打她一巴掌?""是的。"王丽理直气壮地回答道。

我帮她进行了分析。5元钱不见了有好几种可能:一是在回教室的途中丢失了;二是在上课起立时掉到地上了;三是被人偷了;也许还有其他的可能性。"你在没有任何证据的情况下,仅凭一己推测就围攻鲁青是错误的,更不应该打她一巴掌,你应该向她赔礼道歉!"

然后,我又把鲁青单独叫到办公室,就事情的经过又与她核实了一下,她显出不太自然的样子。我说:"你到底拿没拿王丽的钱?若真是你拿走了,你就该承认,把钱还给她,私下做个检讨,并保证今后不再犯此类错误,我保证绝对不会公开这件事情的;若你真的没拿她的钱,你也别害怕,身正不怕影子斜嘛,也不要再去计较她打你的这一巴掌,我会责令她向你赔礼道歉并写一份检查。"

当天下午,我责令王丽当着那几个同学的面向鲁青赔礼道歉:"对不起,我不该打你,请原谅!"

事情到此本应就这样结束了。可第二天早自习前,班里的一名女生来到办公室说:"老师,王丽的那5元钱没被偷,是借给了张莉同学,她自己忘了。"我顿生疑惑,生气地叫来了王丽:"这5元钱到底是怎么回事?你跟我玩捉迷藏呀?!"她说:"老师,这5元钱我确实是借给了张莉。我昨天忘记了。"

在我的进一步追查下,那位女生道出了真相:昨天王丽在几个同学面前给鲁青赔礼道歉,觉得蛮丢面子的,便心生一计,故意说钱是借给张莉了(和张莉串通好了的),然后就在班上散布假消息,说钱是借给张莉了,目的是使鲁青放松警惕,消除她的戒备心理,好骗她一起出去"玩",再好好教训她一顿。

(周国强)

> **案例分析**

　　这是节选的案例,在此只就案例中教师化解学生矛盾的部分做一点评。案例中教师虽然对丢钱的情况做了细致的分析,但并没有从思想根源上化解双方的矛盾,更没有让王丽从内心认识到自己的错误。教师用强制的手段责令王丽当着那几个同学的面向鲁青赔礼道歉,这样的道歉不但不能化解矛盾,反而会加深彼此的敌意,后来王丽的行为就是这种敌意的证明。案例中教师也没有探究王丽行为背后的深层原因,只是就矛盾表象做出处理,这样的处理无疑是治标不治本,王丽内心深处的不满没有化解,那么强迫她道歉就会换来她更大的报复。当教师找到鲁青当面对质时,"她显出不太自然的样子"就很能说明问题,最后的结果也证明钱的确是鲁青偷的。因此,处理这个问题一定要把偷钱的事实搞清楚,才能真正解决双方的矛盾。

> **现场模拟**

　　师:听说你打了鲁青一巴掌,怎么那么冲动呢?
　　生:她偷了我的钱,我很生气。
　　师:如果她真偷了你的钱,你的确应该生气。对小偷的行为我也很生气。不过你有充分的证据证明是她偷的吗?
　　生:因为从商店到教室的路上,我只与鲁青近距离地接触过,前后不到5分钟时间。
　　师:听起来好像鲁青的嫌疑很大,不过我们设想一下,这5元钱不翼而飞的可能性还有哪些?
　　生:也可能是我不小心弄丢了。
　　师:还有吗?
　　生:也可能是其他同学偷的。

师：如果是你说的这两种可能，你认为你的行为恰当吗？

生：显得很冲动。

师：即使是鲁青偷的，更合理的处理方式是什么？

生：报告老师，让学校来处理。

师：即使是杀人犯，我们也没有权利随便结束他的生命，而应该让法律来说话。由此看来，无论是不是鲁青所为，你的行为都不恰当。你认为应该如何挽回影响？

生：我可以向她道歉。

师：我赞同你这个态度。但是丢钱的事情还要继续追查，找到事情的真相。我也需要你的积极配合，我们本着不冤枉好人但一定要教育"坏人"的原则来处理这件事情，你说可以吗？

如此处理，就能先化解矛盾，让事情变得简单：追查5元钱的下落。

三、化解师生矛盾，怎样说才有效

【方法源头】

1. 由关注行为转向关注动机

每一个行为背后都有一个正面动机，只是教师在教育学生的时候往往只考虑了动机而忽略了方法，而学生理解教师的教育行为时更多的是关注行为本身而忽略了动机，或者是对教师的动机有所误解，于是矛盾就产生了。如果处理问题只停留在行为本身，就会出现"公说公有理，婆说婆有理"的情况，然后就是不断地强调自己是正确的（强调的是动机），这样沟通的结果只能是增加误会、激化矛盾。而当我们关注行为动机时，则容易使双方达成一致，从而化解矛盾。

例如：

一学生在课堂上不认真听讲，而老师正好提问到这个学生。老师的动机是借提问来提醒学生关注学习，而学生的理解却是老师故意让他难堪，于是该生情绪激动，不配合老师。如果老师没有理解学生的动机，只是根据学生的表现就认为学生没有礼貌、对抗老师、扰乱课堂，矛盾就会进一步加深。当老师通过沟通让学生理解了老师其实是在关心他，认为他很有前途，不希望他自暴自弃的时候，学生的情绪就会好转，师生矛盾自然得到解决。

我们可以用以下语言关注正面动机：

- ◆ 这个行为对你意味着什么？
- ◆ 这样做的目的是什么？
- ◆ 有怎样的意义？
- ◆ 这个行为可以带来什么？
- ◆ 通过它可以得到什么？
- ◆ 这样做的原因是什么？
- ◆ 这样做是为了什么？
- ◆ 为什么要这样做？

2. 关注学生的理解，沟通的意义取决于对方的回应

在现实生活中，不断地有教师抱怨学生多么不理解自己的苦心，疑惑自己已经讲清的道理学生为何不理解，埋怨自己的谆谆教导却被学生当作耳边风。其实，这些教师关注的都是自己讲了什么，却很少思考学生听到的是什么。请记住，自己说了什么不是最重要的，对方听到什么才是最重要的。总是强调自己说得如何正确没有用，学生收到的信息对他们来说意味着什么才是重要的。

例如：

老师苦口婆心地告诉学生做人的道理，而学生听到的却是老师很落伍；老师语重心长地指出学生的问题，而学生听到的却是对他的不信任、

和他过不去、让他难堪；老师恨铁不成钢，学生听到的却是老师对他的行为的全面否定。

下面用《班主任之友》（2010年第12期）上的一篇文章——《一块钱与德育》的案例来解释一下师生表达与理解的差异。

学生捡到一块钱，犹豫再三，最后还是决定把钱上交政教处。

点评：学生渴望得到的回应是对自己行为的赞赏和对班级德育评分的奖励。

政教处老师的回应是：这钱是捡的吗？

政教处老师的本意是：物品上交是学校考核班级的一项指标。分值虽不大，却常常有左右"全局"的作用。也正是因为这个原因，有的班级为了在阶段考核中取胜，就想出了"歪主意"——把自己的零花钱交到政教处以谋取分数。为了避免这种情况，于是就有了以上的"询问"。

点评：老师做出的反应出于政教处工作的独特背景——经常有人作弊。在这个背景下如此"询问"好像很有道理。错误就是听者（学生）没有类似的背景，他听到后的反应和老师表达的初衷肯定不一致。

事实上学生（陈涛）的反应的确如此："今天，我差点儿让政教处的老师气死了。"有的同学捡到钱后自己"留用"，陈涛曾经劝过他们，没想到自己主动上交，居然惹来老师的"猜疑"，他感到很委屈。以后再遇到这种情况就不会上交了，就用那一块钱"打打牙祭"。

点评：学生如此反应肯定是政教处老师没有想到的，也不是老师所希望的，但却是真实的。这样的沟通就是典型的只考虑自己的表达而没有考虑接受者的反应造成的。

是什么原因造成了这种对对方意思的误解呢？心理学研究表明，人与人沟通时，由于彼此的生存模式的阻碍，双方无法像对方预期的那样了解信息的含义，而是会错误地理解接收到的信息。在上面的案例中，师生双方都不能准确地理解对方的意思，而是按照自己理解的意思来回应对方，所以矛盾不断。

要想让对方能够准确地觉察到我们的真实意图，我们需要把自己心中想象的部分与对方分享。例如，政教处的老师可以先表扬学生的行为，然后让学生明白一些学生"作弊"的背景，我想学生会多一点理解的。当然最后的做法不该是"质疑"，而应该是肯定，因为这样的"质疑"在当时是毫无用处的。

这位老师一开始不应该用质问的语气，而应先解除学生的思想防御，表明自己的立场是想要解决问题、了解情况、关心学生，这样后面的沟通就容易了。

只有当沟通的双方真正表达出自己的想法，包括那些一般人只在内心想而没有说出来的想法时，沟通才能有效地发挥作用。

另外，教师在和学生沟通时，要多从"学生可能理解到什么"考虑问题，多关注学生的理解和认识。教师可以用以下句式来获取对方的理解：你明白我的意思吗？你认为我的意思是什么？从我的话中你明白了什么？这样询问既能保证学生彻底明白老师的意思，发现有误解时能及时更正，又能让学生在内心进行一次强化，并且是通过学生的口进行表达，效果往往比单纯由教师说更好。

3. 利用好肢体语言和表情信息

决定对方回应的往往不是文字、语言的内容，而更多的是语气、神态和一些肢体语言。心理学研究表明，沟通信息的传递，7%的信息靠语言，38%的信息靠语调，55%的信息靠肢体。在与他人进行沟通时，我们常常会发现自己试图传递的信息并不是对方所接收到的。导致这一问题的根源就是语言和情感之间的差异。因此，教师在和学生交流时，要多用一些学生听得明白并能够接受的语言、语气、说话模式，这样能有效地帮助学生准确理解教师的意思，从而达到理想的沟通效果。

4. 调换句式改变意义法

同一件事情里面总会包含不止一个意义,因此教师要帮助师生双方找出正面的意义,这样可以改变事情的性质和意义,达到化解矛盾的目的。例如:

"因为老师要求严格,所以我学习有压力。"

方法就是把句子中的结果改为它的相反词,再把句首的"因为"二字放到最后,句子就变成:

"老师要求严格,所以我要认真学习,因为……"

当学生改变了行为的意义时,也就改变了内心的感觉,同时也改变了认识。认识变了,矛盾也就没有了。

5. 感知位置

参见本书第8章"违纪管理,怎样说才有效"。

【沟通实录】

1. 被老师大吼之后

下午放学后,一女生来找我,说这两天她不能安心听课。一开始她有些闪烁其词,经过一番询问她才说出实情。原来前天课间她问某老师问题,不知道为什么老师突然对她大吼,她是哭着离开办公室的。从此她就不喜欢听该老师的课了,上课总是走神。

师:我理解你的感受。自己认真学习,主动问问题,却被老师大吼,感情上很难接受。(接纳情绪)你认为老师为什么对你大吼呢?

生:我也不知道,以前都很好的。

师:你最近有没有做让老师感觉不愉快的事?你是否认为老师对你有

成见?

生：好像都没有。老师不应该对我有成见啊!

师：孔子说"不迁怒，不二过"，你知道迁怒是什么意思吗?

师：比如我刚刚和太太吵完架，你正好来找我，这个时候我还在愤怒的情绪当中，我对你说话的语气可能是怎样的?

生：可能会很生气。

师：对了，这就是迁怒。你有没有想过，也许老师受到了什么委屈，他内心有一肚子怨气，这个时候你正好来问问题，于是他可能就本能地对你大吼了。（置换行为背景）

生：没有想过。

师：我说过，有效果比有道理更重要。请问你想达到怎样的目的?（关注结果）

生：消除这种不良情绪，继续认真听该老师的课。

师：你认为该怎样做呢?

生：问老师为什么对我发火，消除误会。

师：还有呢?

学生思索好久，摇头表示不知道。

师：如果有一个更好的办法，你会不会接受?

生：您先说出来听听。

师：主动关心老师，问老师这两天是不是有什么不开心的事情。先接纳老师的情绪，老师肯定会反思自己的行为的。

学生摇头，表示没这样做过。

师：你的目的是什么?

生：让老师喜欢自己，让自己更认真地听课。

师：如果老师喜欢你，你会得到什么好处?

生：成绩会提高得很快。

师：成绩提高又会得到什么好处?

生：可能考上一所理想的大学。

师：考上理想的大学又会得到什么好处？

生：给自己今后的人生提供一个好的平台。

师：很好，除此之外你还提高了自己的沟通能力。当你有了良好的沟通能力，会有什么好处？

生：周围的人都会喜欢自己。

师：大家都喜欢你，你又能得到什么好处呢？

生：大家都会帮助我。

师：大家都会主动帮助你，你会怎样呢？

生：我会生活得很快乐，进步也会很快。

师：两个如此大的好处，都来自你的几句话，你认为值得吗？

生：非常值得。

（以上使用的是时间线思维，引导学生推导结果，用未来的结果转变现在的认识）

师：你会不会按照我说的去做？

生：会的。

师：告诉我你什么时候去做。

生：看看今晚××老师是否在办公室。

师：恭喜你取得了很大的进步。我相信你一定能做好，我期待你的好消息。

2. 激烈的课堂冲突

一天下午，班长匆匆到办公室找我："老师，您快去教室看看吧，钟文和××老师争吵起来了。"我到教室里一看，师生双方剑拔弩张，老师愤怒，学生倔强，僵持不下。因为一时还不明白事情的原委，我就把学生带到选修室，让她先冷静思考一下，一会儿我再找她。我先和××老师简单交流了一下，了解了事情的大概，然后安慰××老师，让他调整情绪，继续给学生上课，不要因为个别学生的错误来惩罚整个班级。

原来，钟文的手机突然收到同学发来的短信，就禁不住拿出手机来看，正好被该老师看到。老师为了避免影响太大，站在她身边进行提醒。因为该生太投入没有及时反应，等反应过来发现老师竟然站在身边看她，她就以为老师在故意偷窥她的隐私，于是顶撞了老师。双方的言语不断升级，该生竟然极不理智地用白话（广东话）骂老师（从外省调入的）。

根据情况我迅速做出初步判断：第一，学生上课使用手机本身就违反了学校的规定。第二，学生对老师善意的提醒没有理解，反而责怪老师，更严重的是竟公然辱骂老师。这两点一定要做出处理。根据我的观察，该生平时还是很有礼貌的，对老师也比较尊重，只是脾气有些倔强，学生"嚣张"应该也有她自己认可的"道理"，这个"道理"应该就是她对抗老师的深层原因。有时候在冲动的情况下说话会有些不顾及后果，这也可能是辱骂老师的一个原因。鉴于上述分析，我决定把学生"自己认可的道理"作为解决问题的突破口，找出学生内心的深层原因，彻底解决这场纠纷。

师：根据我对你的了解，你应该是那种比较尊重老师的学生，在课堂上出现这种情况可能会有你的理由，就先说说你的理由吧！（接纳）

学生很愕然，没有想到我会先听她讲理由，一时反而不知道怎样讲了。

师：没关系，我们是处理问题，不是发泄情绪。现在就我们两个人，你就大胆地说吧。你的内心感受得不到表达，也不会服从我的教育。

生：我感觉她在窥探我的隐私。老师，每个人的隐私是否需要得到尊重？（师生对同一个行为的理解出现了偏差）

在我的鼓励下，她终于说出了自己最真实的感受。如果不把她的这个感受和理由推翻，就很难达到应有的教育效果，所以我就先从"隐私权"谈起。

师：隐私是需要得到尊重，但法律保护的是正当的隐私权。如果一个行为本身得不到法律的保护，就不能谈隐私。例如，一个人在偷东西的时候，他能跟警察说你要保护我的隐私权，不能逮捕我吗？

学生沉默。

师：你在课堂上使用手机，这个行为是否应受到纪律的保护？

学生摇了摇头。

师：这个简单的道理你也不是不懂，那么你为什么会对××老师发火甚至还骂老师呢？我假设一下，如果当时是我在上课，你是否也会这样？

生（想了想）：不会。

师：那么说明你以前对××老师有很大的偏见，甚至有一种强烈的不满情绪，只不过借助于这个机会发泄出来了。

我把话题直接指向学生的内心世界。

生：我的确有些不满。××老师平时很少和我们谈心，经常在课堂上批评我们，很多同学都对他有意见。

学生终于承认了内心最真实的想法，看来需要借助于这个机会为××老师正名，这样对整个班级都有好处。

师：每个人都有他的缺点，我也是这样，××老师也不例外。但我们不能因为人的某一个缺点就否定了他的全部。你能告诉我××老师有哪些优点吗？（引导学生关注优点，改变内心的感觉）

生（想了想）：其实××老师是很敬业的，他经常利用休息的时间为我们补课，只是很多同学不想学习，反而误解了老师的好意。仔细想一想，老师还是为我们的前途考虑的。（找出老师行为的正面动机，有利于改变学生对老师的看法）

学生发现了老师最大的优点。这也是我想说的，既然学生说出来了，我就要进一步引导。

师：前一段时间××老师请假，知道是为什么吗？

学生摇了摇头。

师：因为××老师的母亲病故了。在他母亲病重期间，他为了教学工作都没有请假回家照顾，直到他母亲病危的时候才请假，结果回家的时候他母亲已经病逝了。他母亲就他这一个儿子，临终却没能看他最后一眼，

你想想他母亲临去世时的感受。(××老师的母亲生活在老家)

学生明显被这件事情感染，愧疚之情溢于言表。

师：××老师处理完母亲的后事就匆匆赶来为你们上课，他的情绪自然不好，也影响了和大家的交流。即使这样他在课堂上还是兢兢业业，看到你在课堂上用手机敢于管理，就说明老师很敬业。如此敬业的老师却得到你的如此"礼遇"，如果是你，你会怎样？

学生愈加惭愧。

师：我们假设一下，如果你是一个局外人，你会如何评价你的行为？(感知位置：让学生站在第三者的位置上思考)

学生低头看桌面，不敢看我。

师：如果这样的事情发生在你的父母身上，你又有怎样的感受？××老师的年龄应该和你父母差不多大。如果你的家长知道自己的孩子如此对待老师会怎样想？(感知位置：继续让学生站在不同的位置思考问题)

生(情绪很激动，已经痛哭流涕了)：老师，千万不要告诉我爸爸，他会打死我的，我还可能没有书读了。

学生的这个反应有些出乎我的意料，我本来想继续从教养上对她进行批评，看看也差不多了，就适可而止。

师：那么你认为该如何解决这个问题呢？(把谈话重点转移到解决问题上来)

生：我向老师道歉，为老师挽回影响。

学生的表态也正是我想要的结果。

师：你想怎样道歉？有两种方式供你选择：一是书面道歉，这样你的面子好受些，但老师的影响不容易挽回；一是在课堂上当面道歉，这会考验你的承受能力，但有利于挽回老师的影响。

学生脸有难色，在思考中。

师：还记得我经常和你们说的一句话吗："敢于承认错误的是勇者，把错误变成财富的是智者。"我可以原谅你的错误，但也希望你勇敢地面对自己的错误,并把这次错误当作一生的财富来珍藏。"

生(坚毅地说):我选择当面道歉。(不直接告诉学生该怎么做,而是把选择权交给学生)

我的目的基本达到,于是又简单安慰了她一下:"孔子曰,有错能改,善莫大焉。过而不改,方为过矣。也希望你以后不要因为这件事情背上思想包袱,更希望你从此改善和××老师的关系,把该学科学好。"

后面的事情就很简单了,学生在讲台上向××老师鞠躬道歉,××老师自然也原谅了学生。我也注意挽回学生的影响,又在全班面前表扬了该学生勇于承认错误的表现。后来她学习该学科的积极性很高,本来对她来说是薄弱学科,结果到期末考试时她竟然考了100分(满分150分),这对她来讲已经很了不起了。通过这件事情,班里的学生也都了解到××老师的事迹,对老师少了一份敌意,多了一份感激。(善后处理,情绪安慰)

3. 无言的对抗

语文课上,一学生坐在后排,袖手旁观,好像学习与他无关。我提醒说:"要学会做笔记,把关键的词语写下来。"该生懒洋洋地说:"过一会儿写。"我追问道:"你的一会儿是多久?"该生有些不耐烦地说:"不知道。"

闻听此言,我内心很不舒服。学生的心态昭然若揭,考虑到课堂的整体效果,我暂时忍住,等课后找时间再做计较。

晚自习时我把他叫到办公室,先聊一些轻松话题化解他的防御心理,然后用轻松的语气转入正题。

师:能不能把我们课堂上的对话再演练一遍?

生(有些不好意思):我太应付你了。

师:知道你这样说话我会产生怎样的想法吗?

生:认为我不注重学习。

师:还有呢?

生:对老师没有礼貌,不尊重老师。

师：还有呢？

生：你肯定会很生气。

师：我是很生气，知道我为什么生气吗？

生：知道。

师：就好像好心人帮助一个摔倒在路边的病人，把他送到医院，却被指责多管闲事，甚至被诬陷为肇事者。好心人该生气吗？病人做得对吗？

师：如果在课堂上我不管你，你会有什么感觉？

生：不会顶撞老师，也不会生气，还可能会认为这个老师很好。

师：再深入思考一下，老师为什么不管你？

生：可能是放弃我了，认为我无可救药。

师：那么现在知道老师为什么在课堂上对你追问了吗？我不想给你的惰性留下机会。

生：理解了。（引导学生重新定义老师的行为，找出积极的意义，改变内心的感受）

师：我不止一次和你们班主任说过，××（该生）看上去很聪明，应该成绩很好啊！你并不缺乏学习的能力。（正面引导）

生（跟着补充）：我知道，我就是太懒了，不想学。

师：你那么懒，你的父母和以前的老师都不管你吗？

生：父母管我，但管不住我。后来老师也不管我了。

师：知道老师为什么不管你了吗？

学生沉默。

师：你回忆一下，以前的老师管你时，你是用什么态度对待老师的？

生：我一般都很生气，或者保持沉默。

师：你的沉默就是一种无言的对抗，是吗？

生：是这样的。我心里很烦，又怕说得不恰当引起老师更多的批评，于是就以沉默对抗，反正不听老师的。

师：你这是有情绪。一个人应不应该有情绪啊？

生：应该，不过我的这种情绪不好。

师：的确没有白跟我学习半年，你的看法很对。知道你这种情绪叫什么情绪吗？

生：负面情绪。

师：对了，有情绪没错，关键是看我们如何管理自己的情绪。就好像洪水，它可以带来灾难，也可以转化为能量。这就看我们用什么方式处理了。那么我们该如何保持正面情绪呢？

生：多往好处想。

师：不错，有情绪时你可以这样说：我就不信我学不会，我一定要考一个好成绩给老师看看，等着瞧吧！这样的话说得越掷地有声，情绪越高涨，效果就越好。

师：如果以后你的班主任或者其他科任老师再批评你，知道该怎么做吗？

生：知道了，尽量克制自己，保持正面情绪。

师：很好，我不要求你保证绝对不顶撞老师，那样说是不现实的。

生（也笑了）：的确是不可能，我保证了也是骗你的。

师：但你一定要尽量控制。而且我允许并不代表我认可。我这里需要给你一个紧箍咒，如果你再犯同样的错误，你准备怎么惩罚自己？

学生有点茫然。

师：你可以犯错，因为有情绪的时候可能会控制不住自己。但过后冷静下来，你一定要惩罚自己，这样才能让你的表现越来越好。

学生提出了做俯卧撑、当面向老师道歉等惩罚措施。

师：我提这个不是为了惩罚你，而是为了增加你控制自己的力度。我相信你一定会越来越好的。

最后学生向我要了一张寒假作业的试卷，保证按时补交。

4. 学生不满科任老师的教学

今天的班会课上，我让学生进行中段考总结，安排了几个学生发言交流学习经验。其中一学生负责介绍某科的学习经验，在介绍中该生多次强调不能把成绩不理想归咎于科任老师的教学，学习是自己的事情。从中我还是感觉到了学生私下的议论和对该老师教学的不满。事情已经摆在了台面上，我不能回避，但一味替老师开脱不能说服学生，更不能跟着学生埋怨科任老师。于是我做了如下演说：

对于××学科的教学我是门外汉，我无权点评老师教学的好与坏，但我也不批评你们的意见，毕竟每个人都期望有一个自己喜欢的老师来教自己。但我想我们也不能把自己的命运全部寄托在别人身上，甚至埋怨别人不了解自己，自以为怀才不遇。其实我也希望总理能了解我，最好直接把我安排在教育部部长的位置，那多好。可是这可能吗？

学生大笑，有的说"可能"。

我继续说：

那么只有靠我的努力，不能埋怨总理不认识我。再给大家讲两个例子。

我一个同学，读了研究生，平时无法给学生上课，只有周末回去给学生补课，他教的两个班的语文成绩在每次考试中都名列前茅。后来他回去全职授课，学生的成绩不升反降。原来，老师不在的时候，学生有紧张感，语文课上都充分发挥自己学习的主动性，结果效果不错。老师回来之后，学生心里有了依靠，不再紧张了，于是成绩反而下降了。

我还有个同学，上课很随意，也不讲究教法，结果他培养出了几个高才生，还出过一个语文状元。后来这个状元学生说，"老师给了我充分的自由，让我尽情发挥。"看看，老师不善教在该生那里竟然成了他自由发展的助力。

如果你们不喜欢某学科老师的教学，不要埋怨，可以这样认为，上天给了我一个绝妙的培养自学能力的机会。也许这份自学能力能陪伴你一生，是你终生享用的财富。

学校的教育有其特殊性，学校也绝对不会根据某个学生的喜好来调整科任老师。对于老师的教学方法有支持、有反对，这很正常。我不做评价，因为我也不懂。但我可以肯定的是，该老师非常敬业，至少比我敬业，能遇到如此敬业的老师也不容易。

即使有同学坚持自己的看法，不喜欢该老师讲课，那么我劝你也不要因为老师的错误来惩罚自己。老师还可以教下一批学生，而你只有一次高中。

最后我再给你们一句话：接受不可以改变的，改变可以改变的。改变我们的认识态度，挖掘其中的积极因素，充满动力、充满阳光地去学习。

5. 学生不满班主任的激励语

"上课喧哗是孬种，有种考场见分晓。"这是一位教理科的班主任写在教室后黑板上的句子，没想到这句话引起了学生的不满。我上课的时候学生指着黑板问我："老师，你看那是什么字。"学生的意思不言自明，老师的苦心也很清楚，但目前来看效果适得其反，看来是需要我帮助解决问题了。于是我对学生说：

你们关注的是哪两个字呢？知道我关注的是哪两个字吗？如果你们只是关注"孬种"，那么说明你们潜意识里可能会往这个方向发展；如果你们关注的是"有种"，那么你们就可能成为一个有种的学生。老师对学生的激励一般有两种：一种是鼓励，给学生一个希望，帮助学生树立信心；另一种就是"三十六计"中的一计。（我故作停顿，学生补充说"激将法"）对了，有时候对某些同学来说，可能鼓励已经失去了作用，而激将法可能更有效。

接着我讲了两个老师利用激将法成功教育学生的例子。然后说：

从这句话中我读出了班主任的良苦用心，而你们却用"孬种"为自己对号入座，请问，你们现在理解老师了吗？

很多同学点头表示认可，但个别同学还是有情绪。接下来，我和学生又有了如下对话：

师：如果该老师不做你们的班主任，他会不会写这样的话？

生：不会。

师：如果他也不是科任老师呢？

生：更不会。

师：如果是外校的老师或者毫不相干的人呢？

这个时候学生基本理解了老师的良苦用心。

【案例评析】

> **案例呈现**
>
> 秦虎是一个很聪明的学生，但也是一个习惯很不好的学生。接手这个班之后，从前任班主任那里我了解到秦虎的一些"壮举"：打架、抽烟、吃槟榔、偷东西、怂恿同学做坏事，除了体育成绩拔尖外，我听到的都是有关秦虎的负面信息。为了转化秦虎，我绞尽脑汁，先是个别谈心，后是鼓励秦虎参加体训，争取初中毕业的时候以特长生考上高中。当然也免不了严厉批评，指出他存在的问题，接下来，家访、学生结对互助、课余时间开小灶等方法都用上了，我使尽了浑身解数。还好，任课老师反映良好，都感觉秦虎收敛了许多，特别是在我面前，秦虎变得很老实，有时候还躲着我。以前天不怕、地不怕的秦虎，是不是真的意识到了老师的用心良苦，意识到了学习的重要性，准备改头换面了呢？我有点沾沾自喜，觉得我的教育已初见成效。
>
> 一个风和日丽的日子，我的心情出奇的好，坐在办公室里一边哼着小曲，一边批改作业。班长急匆匆地跑到办公室，说秦虎一个人在寝室里喝了很多酒，现在正在教室里说胡话。我急忙冲出去，把秦虎叫到办公室。我强忍火气批评了秦虎几句，并毫不犹豫地拨通了他家长的电话。一切都很正常，秦虎很安静地坐在办公室里，表情木然。可就在秦虎家长到来的一瞬间，他突然发疯似的站起来，大声对着我嚷："×××（我的名字），我早就看不惯你了，我恨死你了！我不读书了，你以后不要再管我啦！"说完，他拼命朝我冲过来，一副与我拼命的架势。我惊出一身冷汗。还好，家长和办公室的同事迅速制止了他。秦虎的父母觉得很不好意思，一个劲儿地跟我解释，说他酒后胡言乱语，

让我别当真。(他父母根本管不住他,他们也知道我为秦虎花了好多心血)我没有多说什么,让家长把秦虎带回去了。

(摘自:班主任之友QQ群)

案例分析

该老师的良苦用心和责任心让我感动,但教育绝对不是说教师付出了真心就一定能得到学生的认同,这里面还有一个方法问题。根据该老师的描述,师生沟通明显存在不平等的问题,老师更多的是一种自上而下的教导,缺少了心与心的碰撞。这一点完全可以从秦虎的表现中得到验证:"秦虎变得很老实,有时候还躲着我。"此时的秦虎并没有真正接受老师,而是迫于老师的权威和管理不得不收敛自己,但在他内心同时也埋下了一颗敌视的种子,"我早就看不惯你了,我恨死你了!我不读书了,你以后不要再管我啦!"就是这粒种子生长到一定阶段的集中爆发。因此,教师的教育除了要管住学生的外在行为,还要力争走进学生的心灵,让学生真正在内心接纳老师,这样的教育才是有效的教育。

现场模拟

师:秦虎,我们有缘师生一场,为了今后相处愉快,我们彼此了解一下可以吗?你可以问我你关心的问题,我也会问你一些情况。大家坦诚相待、真心交流,好吗?

生:好的。

师:你给自己过去一年的表现评多少分?满分10分。

生:6分吧。

师:因为什么得到6分?

生：我基本上能按时到学校，大部分时间都在教室里，很少逃课，体育成绩优秀等。

师：扣掉4分的原因是什么？

生：……

师：对你上述的表现家长怎么看？

生：……

师：你打算今年把自己的行为评价分数提升到多少分？在哪些方面可以提升？

生：……

师：做到之后如何奖励自己？做不到又如何惩罚自己？

生：……

师：我相信你是一个说到做到的学生，让我们一起努力吧。

四、化解两代矛盾，怎样说才有效

【方法源头】

1. 引导学生理解父母批评下面的爱

根据情绪冰山理论，批评、责怪是浮在海平面上的冰山，而在情绪的表面之下隐含的是更深的感受和情感，其中最深的一层是爱，所以才有"爱之深，责之切"的说法。对孩子最具无私之爱、爱得最深沉的就是父母：唯恐孩子有一点闪失，希望孩子优秀，所以父母和孩子的沟通往往表现为唠叨和批评，但也常常引起孩子的叛逆。每次遇到这种两代矛盾时，我都利用情绪冰山理论来引导学生理解父母的深情厚爱，从而达到化解矛盾的目的。当然家长也应该调整自己的教育方法，这一点我在如何与家长沟通的章节里再谈。引导学生理解父母的过程可以利用"空椅子技术"，让学生的身体融入父母的思想,也就是说让学生完全进入父母的思想和状态来和"子女"对话,体验感知父母的内心世界。和学生谈这一类话题时,一定要注意环境,不能让学生有很强的心理压力,最好在一个相对独立的空间里谈话。教师还要注意自己的声调、语速以及身体语言,这些都要和谈话的中心思想保持一致。当学生情绪非常激动时可以暂停,学生哭得厉害时就让他哭,教师可以递给他一些纸巾,当学生很抗拒时要想办法使之放松。只有做好这些配套的措施,谈话才可能有效。

2. 接纳学生的情绪,了解事情真相,不要轻易给双方的矛盾定性

自古清官难断家务事,作为教师一般不要轻易介入学生的家庭矛盾,但当家长求助或者家庭矛盾已经严重影响到学生的学习和生活时,还是要尽量帮助学生走出情感的困惑。当一个人有强烈的不满情绪时,在当事人看来都有其合理的部分。教师接纳学生的情绪就等于认同了其合理的部分,得到认同,学生才愿意和老师交流,这样教师才能真正了解学生的内心感受,从而在根本上解决问题。

【沟通实录】

1. 学生和妈妈赌气

今天下午我突然接到某学生妈妈的电话,说因为她没有按时回家,而孩子急着来学校,就没来得及给他本周的生活费。孩子赌气说不吃饭了。妈妈担心孩子真不吃饭,就求我先借给学生150元钱,下个星期她再还给我。

师:是不是回来的时候妈妈忘记给你钱了?她拜托我借给你钱。

生:我已经找同学借到钱了,不用再借了。

师:你处理问题的能力很强,不过你漏了一个环节。我感觉你好像是在和妈妈斗气。你处理得那么好,却让妈妈担心你,为什么?你是不是和

妈妈沟通不好？

生：可能是吧，平时我都不和她交流的。

师：你妈妈开口向我借钱，我感觉她付出了很大的勇气，为什么呢？

生：这样说可能会让她没面子。

师：那么她为什么还是开口向我借钱呢？

生：她担心我，怕我没钱吃饭。

师：你还有什么感觉？

生：她是真的爱我。

师：既然你认识得这么深刻，那么又是什么原因让你和妈妈斗气呢？

生：她忙着赌钱，不按时回家，让我不能及时回学校。

这个时候我才明白学生的妈妈为什么没能按时回家了，之前我还以为是因为工作忙呢！看来任何的预设、假想都可能会给判断带来负面影响。我随即话锋一转说："如果是这个原因，你的赌气也是可以理解的。我还是建议你回家和妈妈多交流。"学生表示同意。

后来我又通过学生的妈妈了解到，孩子的父亲很早就去世了，她独自抚养两个儿子，打三份工，劳累之余就和姐妹们放松一下，打打麻将。她很高兴地告诉我，本周孩子回家后主动帮助她做了一些家务并照顾弟弟，还和她谈了很久的话。

2. 学生认为父母很偏心

今天下午5点多时，我接到一个家长的电话。一个学生的妈妈用很担忧的语气问我孩子在学校里有没有发生什么事情，我很纳闷，仔细想了想说应该没什么。然后她告诉我，孩子一整天都不和父母交流，他们很着急，问孩子发生了什么事情，她又不说。我当时的想法是可能因为孩子学习压力大，又要面临段考，但我还是答应家长及时了解情况。

晚自习时我把该学生叫了出来。在走向办公室的路上，我随口问她最近的学习状况，她没有正面回答我，而是用很担忧的语气问我："发生什么事了？我好像没有犯错误啊？"我说："就是想找你聊天，是不是老师一找你们，就意味着你们犯错误了？"学生说："一般都是这样，否则老师找学生做什么？"看来这是一个产生了强烈的防御心理的学生。我开玩笑说："在大街上不能一见到警察就逃跑啊！"她笑了笑。这时我们已经来到了我的办公桌前，我让她搬了一把椅子坐下，开始了交谈。

师（面带微笑，尽量缓和气氛）：我接到你妈妈的电话，她和你爸爸很担心你，说你一整天都没有和他们交流。发生什么事了吗？

生（流露出为难的神色，小声问我）：是不是一定要告诉你啊？

师：如果涉及你的隐私或者你不信任我，你可以不告诉我。你不愿意说，我不会强求的。

生（沉思片刻）：其实是家庭问题。

学生如此说让我轻松了不少。

师：你父母是不是只有你一个孩子啊？

生：不是，我还有一个妹妹。我感觉爸爸妈妈对我不公平，妹妹成绩比较好，他们总是喜欢用妹妹来刺激我。他们总是当着我的面表扬妹妹，说妹妹成绩多么多么好。我很难受。因为我考高中时成绩不好，他们出了4万元才让我进了这所学校。我感觉自己花了那么多钱，也不好意思再要求更多。今天妈妈看我不高兴，张口就问我是不是考试不理想。我当时就很生气，这不是看不起我吗？不过，也好，这反而会成为我学习的动力。

师：我再问你一个很隐私的问题，请你不要介意。你们两个是不是都是同一对父母亲生的孩子？

生：是的。

师：这样说你在家里生活得比较压抑。

学生流出泪水。

随后我给她分析了产生这个问题的客观原因。

师：中国的父母有偏爱小孩子的传统，一般养第一个孩子时经验不足，往往有很多的遗憾，等养第二个孩子时就特别用心。比如你妹妹成绩优秀，你父母看到自己的教育成果，无意中就产生了感情上的偏差。父母也是普通人，也会有很多不足，再说想要完全公平也是不可能的，就像手心和手背，都是手的一部分，但手背就特别有意见，为什么接受礼物时都让手心做，而遮风挡雨的事情都让手背做？

听我如此讲，学生深有同感。

师：如果反过来呢？让手背接礼物、手心挡风雨会怎样呢？如果五个手指非要一样长，那么这只手会长成什么样子呢？

学生有些释然。

师：有时候这种不公平就是一种"合理"。你是不是和父母有隔阂，很少把自己的想法告诉父母啊？

生：是的。

师：你的生活状况造成了你的敏感，很多问题被你扩大化了。例如，父母到超市，看到一件衣服，大小只适合妹妹穿，于是就只给妹妹买了一件。那么这件事情在你看来就非常不公平。你长期生活在这种思想状态下，也就形成了一种偏见，在父母面前更加封闭自己。今天你就是用沉默来表示你的不满，和他们对抗。

说到这里学生表示赞同，说自己就是用这种方法来对抗家长的。

师：这种对抗其实是你对父母进行的心理折磨。你父母很担心地给我打电话询问情况，说明他们非常在乎你，非常关心你。而你却很少从他们的角度考虑问题。

讲到这里学生一惊，问我："他们真的会那么难受吗？"

师：是啊，你妈妈今天给我打电话，我听得出她很着急。她说他们都不敢面对你，唯恐哪一点做得不好让你受伤，一直在担惊受怕。而你却在享受折磨父母带给你的快意。

生（略有愧色）：其实他们很爱我的，我就是感觉他们偏袒我妹妹，而原因就是妹妹成绩比我好。

师：下面抛开你妹妹不谈，我给你讲一个故事。有一个教授看到在城里打工的几个民工，感觉他们很可怜，又很寂寞，于是就买了一份报纸给他们看，想丰富一下他们的生活。一开始民工们很感激，这个教授就每天给他们一份报纸，慢慢地民工们就认为这是理所当然的事了。有一天过了送报纸的时间，民工们看教授还没有来就非常生气；这一天报纸都没有送来，他们就开始诅咒教授。原来，教授因病住进了医院。你怎么看这几个人的行为？

生：我当然不会诅咒父母。

师：那么你和父母的关系怎样呢？你就像民工一样已经习惯了接受父母对你的关爱，当有一些事情不能满足你的要求时，你就认为他们不够爱你。那么你想一想，自己长那么大为父母做过什么？

学生陷入思考，说没做过什么。

师：回到家给妈妈端杯茶，替爸爸揉揉肩，饭后帮着收拾筷子、洗洗碗，看看效果如何。

生：那多尴尬啊。

师：如果你妈妈给你端茶、爸爸替你揉肩呢？

生：很正常。

师：这就是典型的只习惯接受、不习惯付出的行为。你认为你对父母公平吗？

学生有点触动。

师：在这场精神的较量中没有胜者，而你也被这块心灵之石压着，长此以往会有巨大的负面影响。第一，在精神极度压抑之下你不可能专心学习，某种程度上这成为你学习不好的原因之一。第二，精神压抑会让你不开心，会造成别人的误解，也很容易造成老师对你的误解。例如我和你，我看到你有些小缺点难免会批评你，而你心情压抑，说话难免会有不恰当的地方，结果冒犯了老师。老师认为你很没有礼貌，于是对你更加不满。你感到委屈，在家里受歧视，在学校不受欢迎，于是就越发封闭自己，仇恨周围的人。

我话音未落，学生说确实有过这样的事情。

师：如果问题严重，老师甚至可能请家长来一起教育。家长到学校赔尽小心，受了老师的气，回家又会把这种委屈转嫁到你身上。如此恶性循环，最终会产生严重的不良影响。

学生又点头。

师：如此你也会仇恨老师，这样你怎么可能学好呢？

生：是不是不喜欢一个老师，就学不好这门课程呢？

我说这是肯定的，然后又举了几个这方面的例子加以证明。

师：第三，和同学的关系也不和谐。你每天阴沉着脸，谁愿意和你交流呢？

该生也自嘲地说："我们班的同学都说我有定期封闭症呢。"

学生的心锁逐渐打开，她的情绪得到宣泄，想法得到理解，同时也对自己的行为进行了反思。她主动提出要和父母沟通，并正确评价了父母的行为。最后学生带着灿烂的笑容离开了办公室。

后来这个学生的成绩一直进步，高考虽然没有考上名牌大学，但成绩是整个高中阶段最好的。

【案例评析】

> **案例呈现**
>
> 一学生请求班主任不要把他的情况告诉家长，因为他父亲总是打他。用学生的话说，父亲没有文化，脾气暴躁，不喜欢他，经常为小事打他。老师劝说道："他打你是因为爱你。"学生辩驳说："他爱我就不会不顾及我的感受。"于是老师又说："他是看你做得不对，为了你好。如果他错怪了你，会向你道歉的。"学生又辩驳说："他从来没有向我道过歉。"老师又说道："那是因为他认为他做得对。"学生说："他即使做错了也不认错，因为他曾向妈妈说过错怪了我，但他从来不向我道歉。"最终老师的劝说没有效果。

案例分析

　　这位老师讲的道理无疑是正确的，问题出在讲道理的方法上。首先，老师忽略了学生的感受，甚至否定学生的感受，这种劝说容易引起学生下意识的辩驳，用辩驳来证明自己是对的。其次，缺乏必要的引导，老师直接把自己的观点强加给学生，没有引导学生自我反省，这样的说教显得苍白，不容易和学生产生情感共鸣。因此，正确的道理还需要合理的沟通模式来传递。

现场模拟

生：老师，能不能不把我的情况告诉我爸爸啊？因为他总是打我。

师：嗯，看来你很害怕你父亲，被打的滋味很不好受啊！

生：是啊，他没有文化，不会教育我，他教育的方式就是打我。

师：嗯，你是不是很渴望得到父亲的理解和支持？

生：是啊，我很想他多关心我一点。

师：你认为他为什么会打你呢？

生：他担心我，怕我学不好、没前途。

师：他为什么会担心你呢？

生：也许我的表现让他不满意，他担心我的成长。

师：如果是邻居家的孩子，他会不会担心？

生：不会，最多是劝几句。

师：为什么不担心？

生：他没有教育邻居家孩子的责任。

师：也就是说，他打你是教育你，教育你是他的责任，对吗？

生：是的。

师：但是他的这份责任引起了你的反感，他为什么还不放弃呢？

他内心更深层的情感是什么？

生：可能是父爱吧。

师：是的，他希望你好，希望你成才，这是一种深沉的父爱。只是他表达父爱的方式让你不能接受，对吧？

生：是的，我也知道他爱我，我只是希望他能换一种方法来教育我。

师：你说你父亲没有文化，但你却希望他用专家教授的方法来教育你，这对你父亲公平吗？也许他自己因为没有文化而吃了很多亏，特别希望你不要重蹈他的覆辙，所以对你要求严格。你能理解你父亲吗？

生：我理解了。父亲也不容易，我不能对他要求太高了。

第 11 章

心理辅导，怎样说才有效

学生在成长过程中会出现各种心理问题，当问题比较严重时，需要专业的心理教师来辅导或者借助于医学来治疗，不过作为班主任一定要掌握一些基本的心理调适方法，引导学生在日常学习生活中养成健康、健全的心理人格。

任何一种心理问题都是来自以往的生活感受，这种感受通过神经链保存在神经的次感元当中，形成了潜意识。当类似的情况再次发生，这种潜意识就会作用于神经反应，从而造成心理问题。因此要想改变命运，就要改变性格；要想改变性格，就要改变习惯；要想改变习惯，就要改变行为；要想改变行为，就要改变观念；要想改变观念，就要改变感受；要想改变感受，就要改变神经链；要想改变神经链，就要改变表象；要想改变表象，就要改变次感元。

心理调整，归根结底就是通过一些手法改变学生的次感元，从而彻底消除潜意识里的心理问题。

解决的基本路径是：找出最初形式心理感受的生活表象，重新定义生活表象或者消除生活表象，然后找到正确的方法。

下面就列举几种教育实践中常见的心理问题来谈谈我的看法。

一、学生有负面情绪，怎样说才有效

【方法源头】

1. 找出情绪背后的真实动机

情绪背后隐藏着学生的真实动机，这个动机往往是为了证明自己的存在和独特的个性，是一种对被认可的渴望。有时还可能是触及了学生曾经的伤痛，这种伤痛感使学生情绪激动，在这种情况下就要找出这个真实的原因，彻底解决问题。

2. EQ处理情绪模式

处于情绪中的人，脑中负责理性思考的前额叶部分被抑制，负面情绪会进一步扭曲当事人的思维，同时，扭曲的思维也会强化负面情绪。因此，当事人往往会越说越激动。如此只能出现两个结果：a.让当事人产生更多局限性的信念，妨碍其成长；b.因负面能量而导致生理状态的负面影响。

因此，在和处于负面情绪中的学生沟通时，教师可以通过一些方法让学生的情绪迅速平复，重新恢复理性，并且看到自身的局限和解决问题的新方法。常用的步骤如下：

（1）接纳情绪

接纳对方的情绪状态，不挑战、质疑、否定、批评或忽视。也就是说不管学生因为什么事而出现情绪波动，都认为是恰当的，并接受它。当学生极端激动时，可以先想办法让学生坐下来，这样有利于稳定情绪。站立的姿势更容易发泄情绪，一个人情绪激动时往往会"拍案而起"，就是这个道理。教师可以运用下面的一些语言接受学生的情绪：

"我看到你情绪很低落，你是不是有什么事情啊？"

"我感觉你好像很不开心,可以与我谈谈吗?"

"你看起来很生气。"

"你一定很失望。"

"我知道你也不希望这样。"

"考成这样你一定很难过。"

"你当时一定非常生气。"

"你如此生气一定有你的道理,能具体说说吗?"

(2)分享感受

这就是分享对方的感受和事情的内容。一定要先分享感受,后分享事情的内容。可以先引导学生说出几句描述内心情绪的话,然后再把注意力放在事情上。情绪一般存留在右脑里,事情的描述则通过左脑文字的处理,左右脑达成一致,情绪就会慢慢消解。

当学生说出事实真相之后,教师可以用下面的语言把他带回到正确的方向。

"原来是这样,那么你现在的感觉怎样?"

"哦,怪不得你反应如此强烈,现在你心里觉得怎样?"

当学生的感受充分表达出来之后,会好受很多,这个时候理性就开始回归,进而会认识和消解自己的情绪。当学生的情绪稳定之后,教师便可以引导学生说出事情的经过和对事情的看法了。

如果先让学生说出事情的经过而不先化解情绪,学生就很容易越说情绪越激动,使情况更难处理。NLP研究发现,当事人每将发生的事情重复一遍,就等于在相应的大脑网络基础上加深一层,所以应尽量不让当事人回忆产生负面情绪的事情,而应该引导其更理性地思考原因和解决办法。

(3)设范思考

设范就是设立正确的范畴,让学生明白怎样做才对他有利。

教师先说一句表示理解学生的话,然后指出学生不恰当的行为,再说出不恰当的理由,例如:

"我明白了,换作是我可能也会不开心,不过你跟他在大庭广众之下如此争吵,能够解决问题吗?"

设范的目的就是引导学生关注解决问题的方法,思考目前行为的不当,让学生明白这样的做法是不能达到他希望的结果的。

(4)重新策划

这个环节的目的是找出更有效的方法。

人生的每次经验,特别是那些令人产生负面情绪的事情,都是帮助我们学习的素材。我经常告诉学生一句话:把错误变成成长的财富。凡事发生必有其原因而必将有助于我,不明白这个道理的人,只会抱怨人生不如意的事情太多,因为问题总是重复地出现;而明白这个道理的人,则能不断进步、享受人生。经过上述三个环节之后,正是帮助学生掌握这些方法的时候。学生已经知道了正确行为的范畴,然后教师可以通过沟通帮助他想出其他处理方法,使他在将来出现类似情况时有更好的应对能力。常用的沟通语言有:

"如果事情再发生一次,你会有什么不同的做法呢?"

"如果下次同样的情况出现,你怎样才能做得更好?"

"为了避免同样的情况出现,你认为自己可以做些什么事情来预防?"

"假如你是老师,你有哪些方法能更好地解决这个问题?"

【沟通实录】

1. 学生被整蛊之后

生(一脸的怒气):老师,我要爆发了!

师:哦,看上去你真的很生气。为什么呢?

生:他们太不像话了!平时开开玩笑我不介意就过去了,这次他们竟然在微博上恶搞。

师：那样真的很让人气愤，并且这样的行为也绝对是不对的。

生：是啊，他们这样做侵犯了我的人权。

师：是的，如果是我也会很生气。

生：实在不行我就不再容忍他们了，我要以暴制暴。

师：看来你真的很生气。不过我知道你也认为这不是最好的解决方法。

生：是啊，和他们计较等于浪费我的时间和生命。

师：对啊，犯错误的是他们，又不是你。

……

生：算了，我再原谅他们一次。他们也很可怜，没有人生追求，只会在这种恶搞中获得精神刺激。

2. 学会自我调节

一学生月考之后感觉不好，心里郁闷，要求请假回家。我微微一笑说："考不好心里不爽，实乃正常，你可以哭，可以笑，可以发泄，但我只给你半个小时的时间。看到你不高兴我却很欣赏你，因为你在乎成绩，追求进步。半个小时之后如果你还不能调整好自己的情绪，就会影响我对你的看法。一次考不好没有什么，天不塌，地不陷，大家一样开心，也许只有你自己在乎你的成绩，很多人根本就没有注意到你考得怎么样。不要轻视自己，也不要太在乎自己。好了，现在给你半个小时的时间，之后再来找我。"

没过多久学生又过来，我问："还请假吗？"学生说："不请假了，我要回教室学习。"我说："很好，恭喜你又学会了一招'自我调节大法'，这是你考试失利换来的，同时我也更欣赏你了。一次的成绩很快会成为过去，但这个'大法'却可以伴你一生。"

3. 被同学嘲弄之后

晚自习时，一位我曾经教过后来分到其他班的学生来找我。

生：老师，我最近很不想回学校，也害怕回学校。

师：看来学校的生活让你很不开心。

生：是啊，其实我还是很喜欢上学的。但是分班之后和同学们也不熟悉，有些同学让我很讨厌，所以每次周末回家之后我都不太想回学校。

师：是啊，谁都不愿意走进不愉快的生活。有没有让你感觉愉快的时候？

生：在外面上专业课的时候，和那些同学玩得比较开心。

师：能具体说说吗？

生（当学生进入愉快生活回忆的时候满脸笑容）：大家一起讨论问题，互相开玩笑，总之玩得比较开心。

师：有志同道合的感觉。

生：对，就是这种感觉。

师：学校的生活又怎么让你不愉快呢？

生：有些同学见了我总是用嘲弄的语气说话，我又不愿意和他们计较，所以很不开心。

师：也就是说，是这些同学让你不愿意回学校的，对吧？

生：可以这样说。

师：你怎么确定他们是在嘲弄你呢？你又是怎样回应他们的？

生：我不理他们。

师：你有没有感觉到你的不理睬其实是对他们的轻视？

生：有点儿，我看不起他们无所事事的样子。

师：其实你这样的回应也是对他们的伤害。也许他们攻击你是获得心理平衡的一种方式。

生：可我总不能为了迎合他们而浪费我的时间吧？

师：可是你很在乎他们。他们的行为已经影响到你的生活。你有两个选择：毫不在乎，不因为他们的行为而生气；或者想办法改善你们的关系，让自己生活在一个愉快的环境中。

生：和他们搞好关系太浪费我的时间，可是他们的行为又让我很不舒服。

师：那就转移一下你的关注点。我给你讲讲马斯洛的需要层次理论。

第一个层次是生理和生存的需要；第二个层次是安全和稳定的需要。你现在遇到的是第二个层次的问题，这个层次的需要关注个体生活，也容易引发矛盾和冲突、烦躁和不安。第三个层次就是被认同、被接纳的需要。第四个层次是被理解和尊重的需要。这也是你在学习专业课时感觉愉快的原因。

生：好像是这样，所以我找您来倾诉一下，我感觉只有您才理解我。

师：第五个层次是自我实现的需要。我希望你能把注意力转移到自我实现上来。一个人关注的层次越高，内心就会越愉快、和谐、宁静。第六个层次你暂时还不需要考虑。

生：听您这样一讲，我感觉舒服多了。

师：你再想想，一年之后，你拿着名牌大学录取通知书时，这些嘲弄你的人会怎样看你呢？你的感觉又如何呢？目前的不愉快是否还那么强烈呢？

生：他们应该会羡慕我。我也会感觉自己很了不起，当时的不愉快都是浮云。

师：现在知道该怎么做了吗？

生（满脸笑容）：知道了。我再也不会为这样的小事而不开心了，我会专心学习，努力实现我的理想。

【案例评析】

> **案例呈现**
>
> 生：老师，我无缘无故地被××老师赶出课堂，说让我来找您。
>
> 师：那说明你犯错误了，你到底犯了什么错误？
>
> 生：我根本就没有讲话，××老师非说我讲话了。
>
> ……
>
> 师：这是学校的制度，你必须遵守。

生：学校还规定老师不能在校园内抽烟呢？为什么你们老师还要在学校里抽烟？老师都不遵守纪律，凭什么让我们学生遵守？

师：难道这就是你找到的理由？

生：就是这样。

……

最后师生双方激烈地争吵，学生一气之下冲出了办公室，不知去向。

老师在办公室里大发感慨："这样的学生简直是无法无天，太不像话了！"

案例分析

该老师在没有处理好学生情绪的情况下用老师的绝对权威来压制学生，也许该老师的出发点是好的——维护科任老师的权威，但这样的处理方式只能加深学生对老师的成见，不能从根本上解决师生矛盾。该老师应该用冷静的态度和包容的胸怀分两步来处理此事。

第一步：情绪接纳。可以先让学生坐下来。当人坐下来时，情绪就容易变得稳定。案例中的学生情绪明显不稳定，所以第一步就是稳定学生的情绪。稳定之后还要接纳。老师可以这样说："哦，你看上去很委屈，如果老师真的冤枉了你，你一定是很委屈的。"情绪被接纳，又坐了下来，学生就会慢慢回到理性状态。

第二步：理性引导。老师可以先不急着问为什么，待学生的情绪基本稳定之后，再加以引导。可以这样说："你认为你的哪些行为引起了老师的误解呢？"（或者说："你的哪些行为可能引起老师的误解？"）然后还原现场。当学生讲完情况后，老师可以根据学生的具体行为进行分析，也可以让学生站在科任老师的立场上来评价。得到理解和尊重的学生一般都会给出老师想要的结论，当学生改变了内心的看法时，接下来的处理就容易了。

> **现场模拟**
>
> 生：老师，我无缘无故地被××老师赶出课堂，说让我来找您。
>
> 师：哦，看上去你很委屈啊！
>
> 生：是啊，我根本就没有讲话，××老师非说我讲话了。
>
> 师：你是说老师错了，误解你了？
>
> 生：是的。
>
> 师：你认为你的哪些行为引起了老师的误解呢？
>
> 生：老师讲课时，我有一个问题搞不懂，就请教同桌。结果老师就说我上课乱讲话。我这哪是乱讲话啊？
>
> 师：哦，你是为了学习才讲话的。那么如果你是老师，又不清楚学生在讲什么，会怎样评价你的行为呢？
>
> 生：也许会认为我不认真听课，在故意捣乱。
>
> 师：看来是你们双方对同一行为的理解有误会，你认为该怎样处理呢？
>
> 生：课后向老师解释清楚。
>
> 师：以后再有类似的情况你会怎样处理？
>
> 生：我可以先把问题记下来，先听老师讲课，课后再解决疑难问题。

二、学生沉默不语，怎样说才有效

【方法源头】

1. 打破学生的心理防御

教师的问话学生可能会用沉默来应对，这个时候教师往往会着急，于是询问变成了批评。其实大部分学生的沉默来自对老师的不理解，或者不知道该怎样应对才符合老师的要求。一个学生就告诉我,怕不恰当的应对会换来老师更严厉的批评,所以只好沉默。

心理学研究表明,在不能肯定他人意图的情况下对自己看到和听到的东西做出反应,意见不合常常会升级为争执。我们常常为了保护自身的感受、知觉、期望和自我价值观而做出反应,而不是将关注点放在眼前的问题上。一旦感到自己受到攻击,我们就会陷入自动的应对循环来进行防御。一般来说,学生被老师"召见"都是因为学生犯了错误。学生来见老师之前已经在心理上预设了一层防护网,甚至准备好了应对措施。"积极"的态度可能是激烈"交流",甚至会让老师理屈词穷;"消极"的态度可能会是徐庶进曹营——一言不发,让老师无可奈何。前者会让老师抱怨学生难管教,后者则让老师束手无策。因此,有效沟通要先打破学生的这种防御系统。

打破学生这种防御系统的一般方法就是通过幽默的语言或者关心的话语营造和谐的气氛,在双方剑拔弩张的气氛里是不可能取得良好沟通效果的。而师生这种特殊的关系注定了教师要成为和谐气氛的营造者。以平等的心态、恰当的态度在和谐的气氛中交流,易于达到理想的交流效果。

2. 调整语言模式

教师可以有意识地关注一下自己的语言模式,看看什么样的语言模式有效,什么样的语言模式无效。例如,可以把"为什么"语言模式变成"怎么办"语言模式。"为什么"语言模式指向问题,引发的是学生的负面情绪和对过去情境的回顾,学生会本能地为自己找借口。"怎么办"语言模式指向的是解决问题,引发的是学生寻找解决问题的正确做法。具体参考图6。

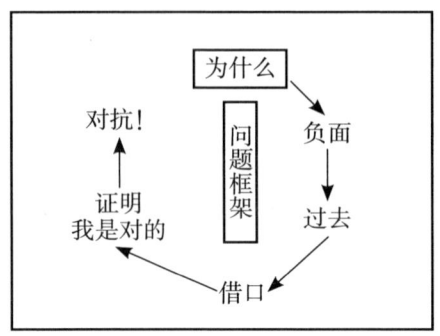 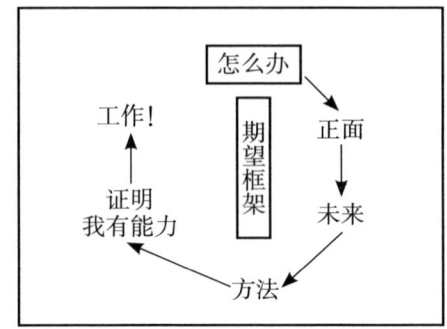

图6

【沟通实录】

性格桀骜的体育特长生

普通班一体育特长生，性格桀骜，上课睡觉，作业不做，很多老师不敢管他。我决定利用晚自习的时间和他谈谈。他来到办公室，坐在椅子上，双手扶着椅子两边的扶手，双腿敞开，颇有老大的派头，但从他的神色当中我还是看出了他的一丝恐惧、担忧和强烈的戒备心理。

师：我不是要批评你，而是想和你聊聊天，不用那么紧张。来，先笑一笑，把你的嘴角往后扯一下。

他试着做了，微笑之后又忍不住大笑。

师：你的笑容很阳光，十六七岁的年纪就应该如此阳光。你这样的脸色看上去让人很愉悦。

然后我分别做了一脸严肃的神情和满脸微笑的表情，问他感觉如何。之后的谈话出奇的顺利，完全超出了我的想象，他表现出了对学习的强烈自信，并且他给自己列出的任务也大大超过了我的预期。

【案例评析】

案例呈现

我是个性情化的班主任,有时看到班里的学生感觉特别亲,有时感觉特别烦。当我心情愉悦时,我会与学生谈心,关心一下他们的想法;当我烦闷时,我看到学生心里就郁闷,就懒得理他们。

今天讲完公开课,我的心情很轻松。就与一个经常在课堂上说话的学生聊了起来。我问他:"你为什么每次上课都说话?能说说心里的想法吗?"他低着头站在那里,一声不吭,我又问了他几个问题:"当你说话时,有没有想到是在为班级抹黑?"他摇了摇头。"那当你被老师点名时,有没有脸红,感觉不好意思呢?"他还是不说话。这时,我就有点生气了,我本来只是想与他聊聊,想弄明白他为什么上课说话,他无动于衷的样子惹怒了我,"你有没有想过,如果班里67个人都像你一样,班里不就乱成一锅粥了吗?你是不是故意破坏课堂纪律的?"我连珠炮似的发问。他还是像木头一样站在那里。我忍不住大声质问起来:"你到底是怎么想的?如实讲来!"他还是沉默。

我心想,这次的谈话不能以失败而告终。我转变了一下话题:"你说话时想到班级纪律了吗?"他摇了摇头。我的语气缓和下来:"你看你是个大小伙子了,应该懂事了,不能只顾着自己,要为班级想一想。你说是吗?"没想到,他竟然流下了眼泪。

我知道,我的谈话触动了他的心灵,目的达到了。下午音乐课老师没去时,有十几个同学在说话,他却没在其中。

看来,和学生的谈话是一门艺术,有时严厉的批评反而不如柔声的开导。

(摘自:班主任之友论坛)

> **案例分析**

一开始谈话时双方的心情是好的,老师谈话的目的也是好的,但谈话的结果却是憋了一肚子怒气,原因何在?本人认为根本原因就是语言模式应用不当。

"你为什么每次上课都说话?能说说心里的想法吗?"这句话的出发点是询问,但因为语言模式不当,学生的反应不是按照老师的预设进行的。"为什么"用得不当,这样的句式既有责备的意味,也容易将学生的心理引回到犯错的状态,产生的内心反应是负面的,甚至会本能地寻找说话的理由来为自己的行为辩护。这也就是很多老师和学生谈话时沟通变成了争执的原因。"每次"这个词语用得太绝对化,根据前面的介绍是"经常在课堂上说话",所以听到"每次"的评价后,一般人都会本能地从自我防御心理出发,找出自己不说话的时候。估计这个学生被老师批评不止一次了,为自己辩护的话也已经说过,但效果不好,很可能是换来了更严厉的批评,所以学生的表现就是"低着头站在那里,一声不吭"。

"当你说话时,有没有想到是在为班级抹黑?""那当你被老师点名的时候,有没有脸红,感觉不好意思呢?"这两句问话的语言模式又存在很大的问题(虽然很多老师已经习惯了这样的问话)。这样的问话包含了很坏的心理预设:学生是故意说话违反纪律,是在为班级抹黑;学生在课堂上讲话不会脸红,为班级抹黑也没觉得不好意思。这样的心理预设学生是能够感受到的,引起的心理反应是"我在老师心中是一个故意为班级抹黑、没有班级荣誉感却还不知道羞耻的学生",面对一个对自己有如此评价的老师,恐怕没有一个学生能以平静的心情来回答老师的问题。试想换成老师自己,面对这样的质疑,也不能心平气和地回应吧?胆小的学生会保持沉默,胆大的学生就会和老师对抗,到高中阶段还很有可能发生更激烈的争执。"你是不是故意破坏课堂纪律的?"这句话也包含了"故意"的心理预设,这样的心理预设同样会反作用于老师的心理反应,老师的语气不断加重,导致最后"忍不住大声质问"就是例证。

老师对学生的反应带有明显的单方面猜测性质,这种错误的猜测导致了心理失衡。学生的沉默可能有很多原因,据我看来这个学生沉默的原因是紧张,是不知道该如何应答,"像木头一样站在那里",看看这时学生紧张到了什么程度。但是老师的理解却是"用沉默来对抗",一旦认定这个学生在无声地对抗自己,老师就怒从心头起,火气越来越大。

现场模拟

师:今天的公开课效果不错,为师很高兴,和你分享一下我的喜悦。

生:我也感觉效果不错,同学们都很积极。

师:无论教还是学,都要精益求精。我们一起探讨一下在班级管理上还有哪些需要提升的地方?

生:有时候在课堂上讲话的人比较多。

师:你怎么评价这种现象?

生:可能有讨论问题的,但更多的是闲谈。毕竟在课堂上讲话不太好。

师:那么该如何解决这个问题呢?

生:……

下面就是师生共同探讨解决方案,这样得来的方案学生往往愿意执行。

三、学生缺乏自信,怎样说才有效

【方法源头】

1. 打破学生的精神枷锁

(1)"别人会怎么想"的枷锁

很多人难以走出失败的阴影。其实不是不敢面对失败,而是不敢面对失败之后他人的评价。"别人将会有什么看法呢?"这是一种最普遍而且最具有自我毁灭性的心理状态。这种"别人"式的想法是一种强有力的枷锁。它会伤害人的创造力和人格,把原有的能力破坏殆尽,使人停滞不前。

方法:角色体验,你在别人眼里并不重要;置换位置,假设你是他人,你会怎样评论;改变认识——"勇敢地走自己的路,让别人去说吧!"

(2)"注定会失败"的枷锁

一旦失败,便将自己的初始动机统统扼杀,哀叹"早知如此,何必当初",变得更没有自信。

方法:重新定义失败,这只是成功路上的一个过程,而不是结果。不是失败,只是暂时还没有成功;不是没有方法,只是暂时还没有找到成功的方法。

(3)"为时已晚"的枷锁

面对眼前的不顺利,很多人都会埋怨自己为何当时不努力,现在知道该怎么做了,却已经太晚了。这种情况对于毕业班的学生来说更为常见。

方法:相信大器晚成,从现在开始,我还可以做很多事情,还可以改变很多可能改变的结果。多找一些后期努力并取得显著成效的例子,从他人的成功中获取能量。

2. 重构内在的声音

自信心缺乏往往来自日常的批评与否定，这些批评形成了一种潜意识的感受，产生了一种内在声音：我不自信。但是，我们无法左右别人的言论，可以改变的只能是自我认识。所以，教师在和缺乏自信的学生谈话时，可以试着指导学生重构内在的声音。

（1）批评的声音

挑选一个场景，在这个场景中有一个内在的声音在批评你。让自己重新回到当时的场景中，仔细聆听那个内在的声音的音调、音速和节奏。

（2）正面意图

询问内在的声音："你有什么积极正面的意图？""你采用批评我的方法是想为我实现什么？"然后听听内在的声音说了些什么。一直不停地问这个问题，直到你完全赞同所听到的正面意图为止。

（3）认可与感谢

认可内在的声音的正面意图，赞同它；然后对内在的声音表示感谢。

（4）与内在的声音共同寻找替代选择

询问："如果有其他方法来实现这个正面的意图，这些方法可能比你现在所用的方法要好，至少和你所用的方法一样好，你有没有兴趣尝试一下呢？"等待内在的声音给你一个肯定的回答。

（5）创造性

让创造性为你设想新的思路，协助你找到更多可行的处理方案。由内在的声音选择其中最好的三种方法来实现目标——至少这些方法同样能很好地达到目标，甚至比现在使用的方法更有效。

（6）将来的计划

想象积极主动地轮流实施这些新的方案，看在合适的情况下，这些方案能否有效地达到目的。如果这些方案不能达到预期的效果，重新回到步骤（5）里寻找更多的选择。当你找到你与内在的声音都满意的新方法时，询问内在的声音是否真的愿意在合适的情况下尝试其中一种或多种选择。

例如：

如果你的内在声音有一些好的建议，但是你又因为内在声音里有对方谩骂和责备的口气而不乐意听取他的建议，你可以说："我很感激你对我说的一番话，但是我想让你知道，如果你能用对一个朋友的口气跟我说话，我会更愿意听取你的建议。你愿意这样做吗？"

如果你的内在声音观察到你所犯的所有错误，你可以对它说："你知道我在这种情况下容易犯下的各种错误。当我犯下这些错误时，你愿意像朋友一样激励我并且提前告诉我，让我取得更大、更多的成功吗？"

3. 建立肯定的自我陈述

一些笼统的表述往往会严重干扰我们的自信系统。例如："我从来没做过一件正确的事情""每个人都看不起我""我最好还是放弃吧——我只是一个失败者"。当这些充满否定的笼统概括左右了自我评价时，你会内心沮丧，充满失败感，更加缺乏自信。对于这种笼统的概括性表述，教师可以指导学生用下面的句式进行化解。

如果你对自己说："我从来没有做过一件正确的事情。"可以这么回答："真的吗？——从来都没有？你的意思是说我从来都没有做对事情的时候？那我具体做的哪些事情没有出现好的结局呢？"

接着，你可以很好地意识到："我做过的有些事情是对的。事实上，我做过很多正确的事情。我只是偶尔因为粗心把事情搞砸了而已。"

"每个人都看不起我。"在做此陈述时，看看自己脑海中产生了怎样的图像。问一下自己："你说这句话的时候，在你脑海的图像中出现了几个人？""具体是哪几个人？"然后你就会意识到其实只有××看不起你。

我们要学会用正面、肯定的词语构建关于自我的陈述，就是说陈述自己希望发生的，而不是不希望发生的事情。

例如："我经常做出很正确的判断""很多人都很佩服我"（总有让人

佩服的地方），"很多事情在我的坚持下获得了成功"，等等。这样的语言句式会使你内心深处不由自主地产生一种自信。

4. 复制优秀法

所谓NLP"复制优秀法"就是在潜意识里塑造一个或几个自己所羡慕的人的形象。找出他们身上的一些特殊素质，然后自己在潜意识里不断模仿和复制他们身上的这些特殊素质。可以复制你羡慕的那种具备超强自信的人的行为，包括言谈举止，甚至可以幻想自己就是他，这样在潜意识里就完成了对优秀者的某一个神经链的复制，得到他的心理感受和行为结果。坚持一段时间后，你就发现自己身上也具备了自信者的某些品质。

5. 不在同一平面法

当你仰视对方的时候，你会感到自卑和压抑；当你俯视对方的时候，你就会感到自信、轻松。根据这一心理常识，所谓NLP"不在同一平面法"就是在潜意识里让自己和对方处于不同的平面，让自己的空间位置高于对方的空间位置，自己的形象也比对方的形象高大，从而释放情绪、增强自信、缓解恐惧。

【沟通实录】

1. 害怕演讲

生：老师，我很害怕上台演讲。

师：你具体害怕什么呢？

生：我怕自己讲不好会被同学嘲笑。

师：你在宿舍里发表自己看法的时候会不会紧张？

生：不会。

师：面对小学生讲你的看法，会不会紧张？

生：不会。

师：你上讲台的时候就想象是在宿舍和同学说话，或者想象下面的同学都是小学生，而你是一个有真知灼见的成功者。面对他们你就不会紧张了。

生：可我还是担心讲不好。

师：你比较喜欢谁的演讲？

生：李阳，他在台上潇洒自如，魅力四射。

师：你提前在下面模仿李阳的演讲，提前把自己的演讲内容按照李阳的方式讲几遍。

最后，该生的演讲取得了成功，更可贵的是他克服了心理恐惧，以后上台演讲变得越来越自信。

2. 面对高考的恐惧

临近高考，学习气氛日益紧张，心理压力不断加大，很多学生不由自主地产生了不同程度的恐惧，并且这种恐惧心理越来越严重。一日晚自习，语文课代表（女生）来找我说起这种情况。

生：老师，我最近总是心神不宁，莫名恐惧。快要高考了，我很担心。

大家都知道这个时候是给学生自信的时候，面对这种情况，简单的语言安慰已经不起什么作用，最好的方法是增强她内心的自信体验。

师：我理解你的心情，其实发生这种情况是很正常的，不用太担心。当年我也是这样，并且越想越害怕。

生：是的，我安心学习的时候就没事。

师：我们来做个实验。你认为现在在教室里安全吗？会不会掉下去？

学生感到有点莫名其妙：怎么可能会掉下去呢？！

我带学生来到外面的走廊，靠近栏杆，再次问她是否感觉安全。学生依然不解地说很安全。

师：下面调动你的想象，如果这个栏杆不够牢固，突然断了，你的感受会怎样?

生:那很恐怖。

师:你现在想象这个事情即将发生,全力想,现在感觉怎样?

生:腿有点发抖,非常恐惧。

师:明白了吗?很多恐惧感就是这样被自己制造出来的。现在我们不谈安全问题了,请你把身体站直了,做一个深呼吸,默默告诉自己,"我已经准备好了,我很优秀,我一定能获得成功!"

学生照做,我不断用语言提醒:你站在这里,好像站在天地之间,顶天立地,无所畏惧,"我很优秀,我一定能获得成功"。过了一会儿,学生的神色开始有所变化。

师:感觉怎样?

生:好多了,好像内心突然产生一股能量,让自己非常有勇气。

后来这个学生又找我谈了两次,她的心情逐渐稳定。高考前夕,我问她情况,她满脸笑容地说:"没问题,我都准备好了。"

【案例评析】

案例呈现

一天中午,我去教工食堂吃饭。路过学生餐厅时,发现我班的一名学生正蹲在地上吃饭,碗里只有几根咸菜。他吃得津津有味,完全忘记了周围的一切,沉浸在自己的世界里。

我知道他的父亲因病去世,母亲又下了岗,还有一个正在读大学的姐姐,因此他对生活是没有过高的要求的。我迅速走到食堂买了一份瘦肉丝,悄悄走到他面前,用筷子拨进他的碗里。他吃惊地看着我,仿佛从梦中惊醒一般,停止了咀嚼,站了起来,怔怔地盯着碗里的瘦肉丝。突然,意想不到的一幕发生了。他快步走到泔水缸前,把碗里的瘦肉丝连同剩下的饭一起倒进了泔水缸里,然后头也不回地离开了餐厅。这一切被周围的同学看得清清楚楚,我尴尬至极。

(摘自:兰永春. 那一刻我尴尬至极[N]. 德育报,2004-01-05.)

> 案例分析

该生是典型的因为家庭原因而产生的自尊过敏症患者,患有该症的人自信心缺失,而又常用一种极端的行为来维护自己的尊严。老师完全没有考虑到学生的这份感受而一厢情愿地播撒爱心,其实这样的爱心等于揭开学生内心的伤疤,让其感觉失去尊严,所以学生不但没有领情,反而用一种极端的行为来维护自己的尊严。解决这类学生的问题,一般要先取得学生的信任,引导学生走出自我封闭的圈子,让学生正确认识自己的家庭处境,告诉学生家庭困难不是他的错,我们没有办法选择出身,但我们一定可以选择自己的未来。和学生最初接触的时候语言要尽量轻松,用亲和力来拉近与学生的距离,取得学生的信任和理解。当学生能正确认识自己的处境,内心充满自信、憧憬未来时,这种自尊过敏症就会慢慢痊愈。

> 现场模拟

师:××,是否介意老师和你共进午餐?

一般学生不会拒绝的,虽然可能有些不太情愿。

师:看到你我就想起我当年读书的情景,每次回学校我妈妈都给我带上她亲手腌制的咸菜。每次吃饭的时候我都很感动,发誓要为妈妈而努力读书。遗憾的是我很久没有品尝过这种充满妈妈味道的咸菜了,看到你吃咸菜让我再次回忆起当年的情景。你愿不愿让我品尝你的咸菜,作为回报你来吃我打的这份菜?

如此铺垫学生很难拒绝，同时又维护了学生的自尊，其内心也会感受到老师的真实意图，于是会多一份感动，少一份排斥。老师完全可以借助于一次午饭打开学生封闭的心灵，引导学生正视问题，积极进取。

四、学生懒惰，怎样说才有效

【方法源头】

1. 懒惰是一种精神腐蚀剂

懒惰是人生中的一大劲敌。俗话说："懒惰是死海，会吞没一切道德。"人一旦懒惰就会滋生恶习，人生就会滑入谷底。在社会上生存，不论要做成什么事情，都必须抗击来自人性中的惰性，使外界的压力变成内心的自觉。

我们每个人身上都有惰性，可以说懒惰是人的本性之一。勤劳的人内心都有一条准则，有一个目标，时时刻刻鼓励、鞭策自己。而懒惰则是心理上的厌倦情绪，它的表现形式多种多样，包括极端的懒散状态和轻微的犹豫不决。学生常见的懒惰的表现行为有：

◆ 日常生活起居极无秩序、无要求，不讲卫生。
◆ 经常逃学、迟到，而且不以为然。
◆ 不能专心听讲、按要求完成作业，文具常配不齐。
◆ 不知道学习的目的，不能主动思考问题。
◆ 不能愉快地与亲人或他人交谈，尽管很希望这样做。
◆ 不能做自己喜欢做的事，不爱进行体育活动，心情也总是不愉快。
◆ 整天冥思苦想而对周围的人或事漠不关心。
◆ 由于焦虑而不能入睡，睡眠不好。

2. 给学生的内心安装动力装置

懒惰的直接原因是内心缺乏动力，要想彻底改变懒惰行为，就必须给学生的内心安装动力装置。人在每一个当下，潜意识里都有很多认为应该做的事，究竟哪件事能够占据主导地位，撩拨起人的兴趣，激发起人的斗志……潜意识会自动排序。人们通常会自觉选择排在最前面的事情去做。因此，要想让学生对学习产生动力，就要使其在潜意识里建立起与学习有关的动力神经链。

- ◆ 明确学习带来的好处。人的行为原则永远是"追求快乐，逃避痛苦"。所以人每时每刻想做、愿意做、主动做的事情，就是能给人带来更多好处的事情。当我们看到、感觉到的好处越多越具体，动力就会越强大。

- ◆ 明确不学习的危害。当我们能够很清楚地看到、听到、感觉到懒惰将给我们带来的损失和危害越具体、越多、越严重时，就会为了逃避这些痛苦而产生动力。所以，当学生产生学习惰性时，可以追问学生不学习的危害。

- ◆ 明确自己的优势。面对自己所要做的事情，如果发现自己做这件事所具备的优势越多，就越容易产生动力。所以，教师可以引领学生分析自己在某个学科学习上的优势，然后想象如何把这些优势运用到学习上来，让它们充分发挥作用，从而增强学习的信心和动力。

- ◆ 找到克服障碍的方法。阻力和障碍往往会打击我们的信心，削弱我们的意志。其实，阻力和障碍在潜意识里也是以神经链的形式存在的，它们的意图就是阻挠我们的行动。当我们找到了克服阻力和障碍的具体方法，就等于修正了阻力和障碍的神经链，面对学习时不再恐惧和担忧，而是充满信心和希望。

- ◆ 制订具体可行的计划。做任何事情都应该有明确的计划，没有计划，就等于在计划失败。计划不能太抽象，最好形成书面计划；内容要非常具体，以方便自我检查落实。
- 明确自我奖惩方法。完成了任务，要想办法鼓励、奖励自己；如果不能按时完成，要做自我惩罚。这些奖惩方法会让动力保持长久。

【沟通实录】

注入学习动力

师：先说一下你迟到的具体原因吧。（不要带任何先入为主的判断语气，否则不利于谈话。这个时候学生本来就已经很紧张，戒备心理很强，如果教师用明显的感情倾向性语气，则容易使谈话陷入僵局）

生：因为妈妈要接我正在上幼儿园的表妹，回家晚了，没有及时做晚饭，所以我就迟到了。

师：你妈妈是不是天天要接你表妹啊？

生：是从今天开始的，表妹才上幼儿园。妈妈让我以后在学校吃晚饭，我以后就不回家吃晚饭了，这样就不会迟到了。

师：好的，能够做到不迟到仅仅是一种外在表现，你认为自己进入高三后的学习状态怎样呢？

生（有点不好意思，挠了挠头发）：不太好。

师：你上课有时不自觉地趴着，甚至睡觉，是怎么回事呢？

生：假期睡觉很晚，现在调整得还不太好，晚上睡不着，白天就想睡觉。

师：一般出现这种情况有两个方面的原因。一是对学习没有兴趣，所以上课就像听天书。一天8节课，外加早读、统练和晚自习，如果自己没有兴趣，这个过程是很痛苦的。让老师天天听自己不喜欢的讲话也很难做到不睡觉、不开小差。二是睡眠不足，没有精神，外加老师讲课不一定都精彩，上课睡觉就难以避免了。恐怕你这两个因素都有吧。

学生想了想，没有说话，只是点了点头。

师：如果自己不想学习，谁也没有办法。老师可以控制你的行为，但不能控制你的想法。你迟到，老师可以惩罚你；但你不学习，老师就无可奈何了。高三这一年你想怎么过呢？

学生依旧感到困惑，不知所措。想表态认真学习，自己又没有信心；想说得过且过，很显然又不符合家长、老师的期望。

师：下面我给你描述一下你这一年可能产生的结果，看看你希望是哪一种结果。一种是发愤图强，努力读书。每次的考试成绩都有进步，老师高兴地表扬，家长开心地奖励。你想想那会是怎样一种状况。请你闭上眼睛，想想这个画面，然后告诉我你的感受。

生（闭眼想想，脸上的表情逐渐轻松）：感觉很美好，很幸福。

师：下面我描述另一种结果。你依然故我，对老师的批评更加对抗，对家长的唠叨更加叛逆。学习成绩不好，就用另一种方式维护自己的尊严。结果老师失望，家长痛心。你看到老师如临大敌，见到家长如坐针毡。你不断到办公室接受老师的再教育，不断听到家长"恨铁不成钢"的说教，甚至是痛骂。你再想想这样的画面，你的感受会如何？

生（不用多考虑，因为有了太多的类似体验）：很痛苦！

师：你希望做哪一个自己呢？

生：当然是前者。

师：前者感觉很美好，但是过程比较痛苦。就像登上奥运会的最高领奖台是每个运动员的愿望一样，那份感觉很美好，但实现的过程很漫长、很痛苦。你要不断地战胜自己，并放弃自己喜欢的游戏；当遇到学习困难时，你要不断承受失败、勇敢坚持；在你身边的人享受生活的甜美时，你要独自寂寞地耕耘。这样的话，你会选择哪种情况？

学生明显没有了之前的"毫不犹豫"。

师：下面你再想想高考成功后的情景。面对大学录取通知书，你是怎样的兴奋？看到家长遍邀亲朋好友设宴庆贺，自己作为主角来讲述奋斗的过程，那是怎样的一种自豪？勇敢地战胜自己、战胜游戏的诱惑，取得高考成功，和游戏王国的虚拟成绩相比，哪个更让你有成就感？

生：后者感觉更美好。游戏会让我一时兴奋，之后却感觉失落，有时还有些后悔和懊恼。

师：那你认为自己该如何做呢？

生（面有难色）：老师，我也不能保证一次也不迟到啊，公交车有时会晚点。

师：一次都不迟到，谁也无法保证。但合理地安排时间可由自己掌握，例如早晨来学校坐车可能要10分钟，但你不能只给自己留10分钟的时间，你应该提前20分钟坐车，来到学校可以自由合理地安排学习时间啊！

生（坚定地点了点头）：好吧，我努力试试。

师：我听说你小学和初中的成绩相当优秀，是吗？

生（不由自主地泛起自豪感）：我曾代表学校参加数学竞赛。

师：想想你小学和初中的成绩，是哪些因素让你优秀的？

生：我接受能力很强，比一般的同学学得快。可是我在初中后半段贪玩，迷恋网络游戏，成绩就下来了，从此就厌倦了学习。

师：这说明你有很强的学习优势，同时也暴露了你学习的不足。知道是什么吗？

生：学得快，忘得也快。

师：解决这个问题的方法是什么？

生：多复习。

师：你以后打算怎么做？

生：制订好学习计划。

师：例如呢？

生：每天早晨6点起床，先背英语单词。

师：每天准备背几个单词呢？

生：10个吧。

师：能否再规定具体时间段？

生：6:20—6:35。

师：很好，就是用这样的方式制订好一天的学习计划并严格执行。我建议你如果每天都能按时完成任务，就想办法奖励一下自己；如果不能按时完成计划，就惩罚一下自己。你准备怎样表扬和惩罚自己？

生：呵呵，奖励就不说了吧。如果做不到，我就在讲台上做50个下蹲（军训时教官惩罚学生常用的方法）。

师：我相信你一定能行的，让我们握握手，共同努力！

【案例评析】

> **案例呈现**
>
> 我班一名学生，智商较高，接受能力很强，在规定的时间内往往比其他同学先完成任务，当老师罚他做作业的时候，他又能在很短的时间内完成，展示了超强的学习能力。但该生的学习成绩总是没有起色，原因就是懒惰。每次老师找他谈话，他都表示要好好学习，但三天之后又打回原形。可以说懒惰是他学习的致命伤。

> **案例分析**
>
> 该生懒惰只是一种表象，根本原因是对学习缺乏动力。如果教师只是针对其表——懒惰来解决问题，效果肯定不会理想。所以，要想解决该生的懒惰问题，首先要解决该生的学习动力问题。方法就是深入了解学生的成长经历和学习体会，找出影响他学习的根本原因，引导学生认识和体验学习可能带来的利益，当学生的愉悦感与学习过程达到统一的时候，学习就会成为他的一种自觉行为，懒惰的问题自然就得到解决了。

五、学生不善交往，怎样说才有效

【方法源头】

1. 望闻问切求因法

就是通过望、闻、问、切等中医手法来探求学生产生畏惧交往心理的原因，然后根据原因来改变其对过去事件或行为的认识，从而消除这种负面心理影响。这一点需要教师细心观察，不适合直接询问，否则学生怕泄露内心的想法，会增强防御意识。这样教师就无法找到根本原因，当然也找不到正确的调节方法。

2. 连续Yes问答法

所谓NLP"连续Yes问答法"就是要想让对方接受你的某一个观点或想法，你就要不断地向对方提出一些让对方做出肯定回答的问题，并且那些问题都与你想让他接受的那个观点或想法有关。于是对方就会一直说"是的""我赞同""我同意"等肯定的回答。当这类肯定回答积累到一定量时，对方潜意识里肯定回答的神经链就已经处于非常积极活跃的状态，这时如果你继续向他提问，他就很容易受那个处于活跃状态的神经链的影响，肯定的回答就脱口而出。对方一旦做出了肯定回答，我们就可以很容易地引导对方在潜意识里建立一些与那个观点相对应的积极正面的神经链。用这种方法有利于引导学生走出封闭的自我，建立积极的思维模式。

3. 复制优秀法

观察在交往中做得比较好的同学，看看他们是怎样待人接物和处理事情的，通过对比自己的言行，找出差距，然后有意识地模仿优秀者的做法和想法,于是大脑就会产生和优秀者相同的信号,这样学生越来越具备优秀者的品质,心智和情操也会得到提高。

4. 转变焦点法

不善交往的学生一般过于关注自己的表现,担心会被他人拒绝或嘲笑,关注的焦点往往是"表现不好会怎样"。转变焦点就是关注积极交往可能会产生哪些好处,会得到同学们怎样的正面评价,这样有利于提高交往的自信和积极性。

【沟通实录】

1. "望闻问切"寻因法之一

师:你给我的印象很不错,遵守纪律,爱思考。

受到认可和表扬之后,学生的情绪都会产生积极反应。

师:有没有兴趣聊一聊你小时候的事啊?

生:其实我小时候没有什么故事。

师:小时候谁照顾你最多?

生:爷爷、奶奶。父母工作忙,大部分时间是爷爷、奶奶来照顾我。

师:哦,那么你小时候最要好的小朋友是谁啊?

生:基本上没有要好的小朋友。我家单门独院,周围没有小朋友,家里的哥哥姐姐们(表兄、表姐、堂兄、堂姐)也都大了,很少和我一起玩。

总结:学生不善交往的原因——小时候生活在封闭的环境里,缺少和小朋友的互动,缺乏和同龄人交往的经验。

2. "望闻问切"寻因法之二

师：你认为我们班里哪位同学最受大家欢迎？

生：王倩。同学们都很喜欢她。

师：同学们喜欢她哪些方面？

生：她很善于帮助别人。

师：能具体举一个例子吗？

生：有一次一个同学想家了，坐在座位上默默地难受。其他同学都走了，只有王倩留下来陪她，和她聊天，劝她不要难过。

师：如果教室里只有你和那位同学，你会怎样做？

生：我可能会赶快离开，因为我又没得罪她，她难受和我没有关系。

师：通过你和王倩行为的对比，你收获了什么？

生：王倩能主动关心、帮助别人，所以她的人缘比较好，交际能力比较强。

总结：学生不善交往的原因二——比较自私，不能关心、帮助他人。

3. "望闻问切"寻因法之三

师：还记得刚入校的情景吗？

生：记得，第一天到学校印象特别深刻。

师：你来到教室之后做了些什么？

生：坐在自己的位置上，等老师到来。

师：还记得当时王倩在做什么吗？

师：她就坐在我旁边，主动微笑着和我打招呼，我感觉特别开心。

师：还有吗？

生：她帮老师做了很多事情。

师：你会不会主动和新同学打招呼？

生：不会，我不习惯主动和别人说话，并且不知道应该说什么。

总结：学生不善交往的原因三——不能主动和别人打招呼；即使想和

别人说话，也不知道该说什么。

4. 连续 Yes 问答法示例

师：你想不想让全班同学都喜欢你？

生：想。

师：你想不想让全班同学都佩服你？

生：想。

师：你想不想以后班级民主选举时你的得票很多？

生：想。

师：你想不想也像王倩那样在同学中享有很高的威信？

生：想。

师：你想不想像王倩那样自如、潇洒地与同学们交往？

生：想。

5. 复制优秀法

师：周末或者节日放假的时候，有的同学无法回家，但她一个人又很孤独。而你和王倩的家都在学校附近，你认为王倩会怎么做？

生：她会邀请同学到她家去，或者拿一些礼物给这个同学，王倩也的确这样做过。上次中秋节一个同学无法回家，王倩就请这个同学到她家一起过中秋。

师：通过这件事，你认为王倩有哪些优秀品质？

生：关心同学，有爱心。

师：你认为她能为同学着想，并且不自私，这是她人缘好的一个重要原因，对吗？

生：是的。

师：你也有这样的爱心，只是没有主动表现出来。请想象一个你帮助同学的具体情形，越具体越好。

生：去饭堂打饭时，一个同学的卡没钱了，我主动替她打卡买饭。

师：你这样做了之后，这个同学以及其他的同学会对你有什么样的看法？

生：他们会觉得我很友好，乐于帮助别人。

师：当同学这样评价你的时候，你感觉如何？

生：很开心。

师：以后你们的关系会如何？

生：应该会非常好。

师：这个感觉是不是很好？

生：是的。

师：所以你身上具备优秀的交往潜质，只要你发挥自己的潜质就可以了。以后知道该怎样做了吗？

生：知道了，我要学会关心他人，不会再害怕和人交往了。

【案例评析】

案例呈现

一男生性格内向，平时沉默寡言，却喜欢欺负女生。老师对该生进行批评教育，并告诉他欺负女生不对，应该尊重同学。多次教育之后效果并不明显。

案例分析

老师只是用自己的理解来代替学生的认识，没有真正探究该生沉默寡言却又好欺负女生的真实原因，所以其教育效果并不明显。有效的做法应该是打开学生的心结，找到他行为背后的根本原因，这样才能真正解决问题。

> **现场模拟**

师：听说你进入高中以来经常和女生发生矛盾，是吗？

生：她们很可恶。

师：她们的哪些行为让你产生了这样的认识？

生：她们喜欢搬弄是非，好告状，有时候还欺负男生。

师：你小时候是不是被女生欺负过？

生：是的，小学的时候我长得比较弱小，那些女生总是欺负我。

师：我猜，你们发生矛盾时老师还会偏袒她们，甚至做出对你很不公平的评判。对吗？

生：是的，有一次她们欺负我，我反抗，结果老师不但没有批评她们，还打了我一巴掌。

师：当时的老师应该是位女老师吧？

生：是的。

师：所以，你就在内心里特别仇视女生。现在你长高了，有能力了，就会下意识地产生报复的念头。

生：是的，我的确有这样的想法。

师：我为你的经历感到难过。不过，你认为让我们班的女生为你小学时女生的错误行为买单公平吗？你有没有想过她们受到你的欺负之后同样会很难过？

生：当时没有想那么多。

师：如果你站在老师、同学等角度，会怎样评价自己的行为呢？

生：……

师：我希望你抹去小学时的不愉快经历，多想想一个男子汉应该怎样做。

生：……

经过恰当引导，学生就会从内心深处改变自己的认识并纠正错误的行为，这样的教育才有效。

第 12 章
与家长沟通，怎样说才有效

一、一般沟通，怎样说才有效

【方法源头】

有一次我和一位家长沟通，因为彼此已经非常熟悉，于是谈话也就比较随意和坦率。家长难免对我略有肯定和赞扬，毕竟孩子还在我的班里，但看其表情、听其语气还是真诚居多，恭维次之。谈到对孩子的教育，家长就难免有一番比较，因为他曾和孩子的初中老师之间产生了一些不愉快。原因是初中的老师对孩子严格有余而尊重不足，甚至有一次老师因为失误而冤枉孩子没有交作业，当孩子告诉老师确实交了作业时，却得到了老师更严厉的批评，并要求家长一起写检查。家长说他写检查没有关系，但心痛的是孩子心灵上受到的伤害。因为我们彼此投缘，而且家长也是有一定文化水平的人，所以我们就谈得比较深入。家长说："如果一个家长不能发现孩子的十个优点，我敢说他一定不是个好家长。同样，如果一位老师不能发现学生的十个优点，那他也一定不是好老师。"然后他举例说明，孩子可能成绩不好，但他可能很有礼貌、很讲卫生、很会交流、乐于助人、心地善良……现在他的孩子在我班里虽然成绩不是很突出，但每天都很快乐。家长特别重视这一点。因此，我们的交流很顺畅。

家校矛盾在很多学校时有发生，甚至有的发展到水火不容、对簿公堂的地步。我不能不为双方感到遗憾和悲哀，尤其是为老师们感到遗憾，他们付出真心却换回了这样的回报，任谁都会心凉半截。但冷静下来想一想，真心还需方法对，在工作中讲究一定的方法是必需的。下面，我结合自己的经验谈几点与家长沟通的忌讳和技巧。

1. 与家长沟通的忌讳

（1）忌讳说孩子不聪明

这应该是最重要的一点忌讳，因为教师如此评价会彻底打破家长的希望。孩子都是自己的好，即使孩子不聪明，但在家长眼里也是优等生。说孩子"不聪明"会彻底激怒家长，使沟通无法进行。总之一句话，教师可以说孩子不勤奋，但绝对不能说孩子不聪明。

技巧：在勤奋这一点上教师尽可以大做文章，家长都能够接受，甚至是欣然接受。然后顺势沟通一些教育理念，让家庭教育和学校教育同步。这个时候，家长一般都会站在教师这边看问题。

（2）忌讳只谈缺点不谈优点

教师和家长沟通的时候是相互交流，是为了对孩子进行教育，不能喋喋不休地告状。否则只能是逞一时之快，并不能得到真正想要的结果。

技巧：和家长交流学生的问题时，最好先总结孩子的优点，尤其是强调孩子很聪明，成绩差很遗憾，老师很着急，等等。让家长从心底感觉到教师是真心为孩子的前途考虑，引发家长的认同感和感激之情。有了心理和情感基础，以后的交流就会很顺利，即使教师有做得不恰当的地方，也容易得到家长的理解和宽容。

（3）忌讳对人不对事，翻陈年老账

和家长沟通应就事论事，不宜旧账重算。教师总是提及孩子以前的错误，给家长的错觉可能是：老师对孩子有意见，对他心存不满，否则对那些事情老师怎么会记得那么清楚呢？看来老师早就想"整"我的孩子了。如果出现这种情况双方沟通就很难了。

技巧：当学生犯了错误，必须和家长沟通的时候，教师一定要就事论事，最好让家长多评论，自己多倾听。一般家长对孩子的错误不会包庇。家

长批评自己的孩子没问题,但当自己的孩子被别人严重批评时,就会觉得很没有面子。如果家长包庇孩子,那么教师批评孩子也没有效果,这时还不如不说。最好的方法就是寻找谈话的共同点,让家长感受到教师完全是为了孩子好,然后再相机引导。

(4)忌讳只报忧不报喜

很多家长一接到教师的电话就紧张,为什么呢?因为很多教师已经习惯了在学生犯了错误之后才给家长打电话。这样的电话一般不会取得想要的效果,反而会加深家庭矛盾,甚至学生会因家庭矛盾而迁怒于教师。

2. 与家长沟通的技巧

技巧:如果学生有一点进步,教师就给家长打电话报喜,那么家长就会非常感动。这样,教师就有了与家长交流的情感基础。将来真有矛盾发生时,家长一般也会抱着理解的态度。

我以前的一位学生家长,每次交流时都会感动地说:"李老师是第一个孩子没有错误却主动给我打电话的老师。"后来我们交流多了,成为朋友。这个家长是老板,有些"财大气粗",但在我面前总是"文质彬彬"的。举这个例子就是想说明,教师的举手之劳却换回家长如此的厚爱,何乐而不为呢?我还有一位老板朋友也是如此。他的孩子高一时在另一个班,因为某些问题他曾经和孩子当时的班主任在办公室里大声吵架。如果只看这一个镜头,我们可能会认为这位家长简直是"蛮横无理"。后来文理分科该生来到我班,我却和家长相谈甚欢,甚至有"相见恨晚"之感,他们一家三口都成了我的朋友,学生也很服从我的管理。原因之一也是,我不是等孩子有了错误才和家长联系,而是经常在发现孩子优点的时候就及时与家长联系。

【沟通实录】

1. 家长询问孩子的表现

家长：李老师，我的孩子在学校表现怎样啊？

老师：总体还不错，有很多优点。比较尊重老师，每次见到我就主动打招呼，很有礼貌。我比较喜欢他。

家长：是的，这孩子从小就比较有礼貌。

老师：孩子还有哪些优点啊？作为家长应该最了解孩子，请你告诉我，以便我和孩子交流，这样更有利于对他的教育。

家长：这孩子还是比较聪明的，接受能力比较强。就是比较懒惰。

老师：看得出来他很聪明。

家长：请老师对他严格一点，纠正他懒惰的毛病。

老师：以你的经验，你认为比较有效的方法有哪些？

家长：这孩子还是比较听老师的话的，只要老师的要求是合理的，他都会听。适当的时候可以给他一些惩罚，甚至是处分。

老师：除了惩罚还有没有其他有效的方法？

家长：这孩子从小就喜欢别人表扬他，可以用表扬唤起他的兴趣和自豪感，这样也有利于改变他懒惰的毛病。

老师：平时在家里你们都是怎样对待他的？

家长：很惭愧，做父母的看到孩子有问题就容易急躁，批评得多，所以他有时候很不愿意和我们交流，这也是我们家长比较苦恼的地方。

老师：你刚才的意见对我很有启发，我会关注他的。也希望得到家长的支持和配合，不仅仅是态度上的支持，还包括实际行动的支持。希望在家里你们也能像你刚才说的那样来对待孩子。

家长：我会的，我一定尽量控制自己的情绪，让孩子保持愉快的情绪状态。

老师：看得出来你很重视对孩子的教育，老师们也希望孩子能在学校健康成长。为了这个共同的目标，希望家长多多支持学校的工作。

家长：我一定全力配合老师的教育。

2. 请关注我的孩子

一个成绩比较优秀的学生的家长来电询问学生的情况。

家长：李老师，我是××的家长，我想了解孩子在学校的表现。

老师：您好，很高兴接到您的电话。您的孩子在学校里表现很优秀，感谢家长给我们培养了一名优秀的学生。

家长：这孩子从小就比较听话，尤其是听老师的话。这次考试也有明显的进步，这还要多谢李老师的培养。

老师：我也比较喜欢您的孩子。如果您感觉孩子在哪些地方还需要老师的帮助，您就直接告诉我。我会尽力的。

家长：孩子每次回家都说现在的班级很好，只是我们家长都很忙，一个星期才能和孩子沟通一次，有点不放心孩子。

老师：这个我理解，请放心，我一定会关注您孩子的成长的。孩子健康成长是我们的共同任务和目标，所以还请家长多多理解和支持我们的工作。

注：这时的家长往往不是真的想询问孩子的表现，而是想通过电话联系引起教师对孩子的关注，因此教师要明确向家长传达自己的关心，让家长放心，并借此建立良好的家校合作关系。

【案例评析】

案例呈现

家长询问孩子的学习状况，班主任如实相告："估计你孩子考本科的可能性不大，考个专科应该没有问题。"该家长一心希望自己的孩子能考上本科，听到老师这个评价非常失望，于是就把失望情绪发泄到孩子身上。学生又把来自该家长的批评归罪于老师的"告状"，于是引发了一系列的师生矛盾。

案例分析

家长询问学生的情况，在了解事实的基础上还怀有一份强烈的期待：孩子是有前途的。也许班主任老师根据以往的经验做出的判断是正确的，但如此"直截了当"地回应家长很明显是不妥的。沟通失败的标志之一就是打破他人的希望，让他人陷入绝望。这样的沟通还不如不沟通。比较恰当的方式就是，既告诉家长实际状况，又让家长看到希望。

现场模拟

家长：老师，我孩子最近学习怎样啊？

老师：你的孩子很聪明，接受能力非常强，只是在学习态度上还需要加强。

家长：嗯，这孩子从小就聪明，就是有点懒惰。

老师：是的，如果他能端正态度，全力以赴，我想还有足够的时间来提升，甚至有希望考取本科。

家长：谢谢老师的肯定，回家后我再和他谈谈。

二、家长责难，怎样说才有效

【方法源头】

1. 沟通的三个层次

根据沟通的基本理论，沟通分为三个层次：其一是表层，即事实沟通，也就是我们常说的说事情；其二是中层，即情感沟通，双方达成接纳与共情；其三是深层，即价值沟通，双方在理念及追求上趋于一致。表层的沟通是最容易达到的，也就是把事情、要求说清楚，看起来并不难实现，但如果没有情感和价值的支撑，表层的沟通常常会流于形式，说了等于没说，甚至还会引起逆反和敌对。（摘自《班主任》2011年第8期卷首语"沟通，从心开始"）

根据沟通的三个层次，我们知道家长的责难往往是"就事论事"，其对事情的责难往往隐含的是情感受到伤害，以及让孩子获得老师深度关注的渴望。因此，有时我们就不能停留在事情的表面各执一词，那样只会引发争执，"公说公有理，婆说婆有理"，越沟通矛盾越大。因此，当家长责难时，教师要对家长的情绪表示接纳，让对方获得情感的认同，然后引导家长深入价值层面进行交流，在价值层面上达成共识，从而把家长从批评者转变为支持者。

2. 接纳家长的独特感受，寻找共同点

一般家长责难教师，往往是因为某些事情让家长感觉不愉快，甚至认为他们的孩子在学校受到老师不公正的待遇，老师对他们的孩子有偏见等。当然这份感受往往是因为误解而产生的。因此，有效处理家长的责难就要先处理家长的这种不愉快的感觉，方法就是理解和接纳，让家长的情

绪有倾诉的机会，获得认同，这样家长的情绪会慢慢稳定下来，能够理智地和教师交流。

当教师和家长在具体行为方式上有不同看法时，老师不要急于表白，证明自己的做法是正确的，因为这样就隐含了一个信息：家长的指责是不对的。这样，不但没达到解释的目的，反而会加深双方的误解，甚至会由解释变成双方各执一词的争吵。这个时候最有效的做法是进行上位推理，找出双方各自行为的共同点：为了学生的成长。这样就很容易达成一致。当家长了解到教师的做法是为了孩子的时候，就会更多地站在教师的角度进行思考。

3. 引导家长比较分析，让家长决定该如何做

当双方达成共识时，教师要通过问话引导家长分析不同行为可能会产生的后果。这个时候家长往往会变得更理性，当他们推论出自己的行为方式可能会造成严重的后果时，自然不会再坚持自己的行为。注意，这个时候切忌得理不饶人，更不能对家长板起面孔说教，否则会伤害家长的自尊心。教师通过问话引导，把决定权留给家长，聪明的家长肯定知道该如何做。如果家长这个时候还不明白，那么教师的说教也肯定不会起作用。一般来说，当教师接纳了家长的情绪后，他们就更容易接受教师的观点，更容易理解学校的教育行为，这样很多很棘手的问题就迎刃而解了。

【沟通实录】

1. 家长质问手机事件

一日某学生在课堂上玩手机（监控画面显示是在打游戏），根据学校的有关规定要没收手机并代管直至高考结束。我下课后把学生叫到教室外，学生很自觉，主动交出了手机。因为临近高考，为照顾学生的情绪我也没

做过多批评，只是希望她想清楚该如何做，然后再和我交流。

没想到当天晚上临近11点的时候，我突然接到学生妈妈的电话。她带着指责的语气连问我三个问题："李老师，你是不是没收了孩子的手机？没收孩子的手机为什么不通知我们家长？孩子的手机很贵的，如果弄丢了，你会不会赔偿？"

面对这三个问题，我的第一感觉是愤怒，因为我是在进行正当的教育，犯错的是她的孩子而不是我，即使闹起来我也是有理的一方，她的投诉只能说明我做事认真。但我知道，如果我一味地强调自己做的是对的，只能让双方产生更大的争执，最后的结果是没有胜利者，而这样的结局也不是我想要的。我想要的是和平解决，最好能让家长反过来成为教育的合作者。

于是，我针对家长的质问如此回答："我理解你的情绪，接孩子的时候却找不到孩子，那种焦急和担忧是做妈妈的都会有的，这也说明你很爱你的孩子。不过，我也很爱我的学生。请问你的孩子现在已经上高三了，如果她连这样的问题还不知道怎么解决，那么你能保护她一辈子吗？如果真的爱孩子，你应该教给她如何处理生活中的问题，而不是一味地包办代替。虽然孩子的手机很贵，但是如果弄丢了，我一定会赔偿的。我想知道你现在关心的是手机还是孩子。如果你还有什么意见，我希望第二天我们当面交流。"

家长听我这样说，马上缓和了语气，对自己的无礼表示道歉，并答应第二天亲自到学校来交流。

第二天一早家长就来到学校，见面第一句话仍是为昨天的无礼道歉。然后家长说，在孩子很小的时候她就离婚并独自抚养孩子，女儿就是她生活的全部，唯恐别人会欺负她。话音未落，家长就流下了伤心的泪水。

我说："没关系，我也很抱歉，因为我不了解你的情况。你的焦急是可以理解的。以前的经验暗示你，老师可能对你的孩子有看法，不能公平地对待你的孩子。如果是这样，我想任何一个家长都会生气的。我们都是在关心孩子，因为我们的身份不同，方式方法可能会不一样。"

随后我们的交流就比较顺畅，在爱孩子的基础上找到了解决问题的方法，并且在如何爱孩子上也达成了共识。最后家长说，没想到老师替孩子考虑得更全面、更长远。这时，"刁蛮"的家长变得非常通情达理，非常支持学校的工作。一场矛盾换来了家长的鼎力支持，这个学生一直到高中毕业都没怎么犯过错误。

2. 只有不会教的老师

学生违纪，家长应班主任的要求来学校协助处理，结果家长态度比较强硬，把学生违纪的原因归结为学校管理不当。双方的沟通越来越不顺畅，家长甚至拿出了流行的"经典"语录来对付老师：没有教不会的学生，只有不会教的老师。该班主任一时无语。

于是我解围说："这位家长说得非常有道理，孩子的很多错误的确是来自我们成年人。"家长一喜，态度缓和了一些。

我又说道："在教育孩子方面还有一句话很有道理，希望和家长分享。'孩子成长的第一任老师，也是最重要的一位老师，就是学生的父母。'从孩子的教育方面来讲，我们都承担着老师的责任，引导孩子健康成长才是我们的共同目标，而不应简单地推卸或者追究责任。"

后来家长很配合地和该班主任一道解决了学生的违纪问题。

3. "冷"看家长发火

考试成绩刚刚出来，我用最快的速度把成绩告知了家长。此时已经很晚了，我没来得及认真研究本班每位学生的考试情况，就带着饥饿和疲惫回家了。结果在回家的路上我接到一位家长的电话，他质问我孩子的成绩为什么下降那么多。（后来了解情况发现，该生的成绩只是在正常范围内波动）因为我还没分析每个学生的成绩，身上又没有学生的成绩单，只好对家长说抱歉，等我认真分析之后再和家长交流。结果该家长大怒，说我不负责任，以前的班主任是多么多么好等。

老师（等家长发泄完毕）：某老师的确很优秀，但你还不了解我。我欢迎你提意见，但最好是了解清楚情况之后我们再交流。我理解你做父亲的心情，看到孩子成绩退步很担心。但发火不是解决问题的方法，你能轻易向老师发火，那么你是否能心平气和地和孩子交流，是否真正了解孩子的学习和内心想法呢？

家长：孩子从来都不和我说话，回到家就把自己关在房间里，我想和他交流都难。

老师：那么你有没有想过孩子为什么不愿意和你交流呢？根据你和我的简单交流，我猜你经常批评孩子，对吧？

家长：我那也是为他好啊！说明我关心他。

老师：我知道，刚才你和我发火也是因为担心孩子的成绩。可是你认为达到你想要的结果了吗？我希望找个机会我们深入交流一下，也许对孩子的教育更有好处。

注：此时家长的情绪已经稳定，很热情地邀请我一起喝茶。事后通过学生我了解到该家长经常痛骂孩子，孩子私下里称他为"暴君"。

【案例评析】

> **案例呈现**
>
> 今天小晨的妈妈来接小晨时，发现他坐在最后一排，立即气急败坏地打电话质问我，要求换到前三排。并说小晨最近成绩下滑严重，都是因为换了座位。可能由于太气愤了，她说完就把电话挂了，没等我解释一句，也没说再见。当时我心里真是堵得慌啊！
>
> 晚上吃完晚饭，我拨通小晨妈妈的电话，这次她接电话的语气平和多了。我向她解释了小晨坐最后一排座位的原因：小晨很活跃，上课时经常影响周围的同学。就在上个月他还在第一排坐着呢。但是坐在第一排的座位上看黑板，

黑板反光厉害，而且第一排往往坐的是一些需要特殊照顾的学生（如成绩差、自制力弱或视力不好的学生），小晨在班里成绩属中上等，还是数学课代表，视力也很好，完全没有理由坐在第一排。上次调整座位时，班里需要一个视力好又能自控的学生坐最后一排，他自告奋勇地举了手。我顺势鼓励他，在后排清静，干扰少，也方便他做课代表的工作。他很乐意地答应了。一个月下来，小晨果然上课消停了很多，成绩也保持着，并没有下滑。

小晨的妈妈就以他五年级时是班级前三名，六年级到了实验班就成了中等为由，夸张地说他成绩下滑得厉害。当然，我也不好直接反驳，只能答应明天看看是否有合适的位置，再考虑把小晨的座位往前调。

我自己觉得小晨坐在最后一排，对他只有利，没有弊。班级中那些比较让老师放心的好孩子都坐在后面，如班长、大部分女生。可家长这样要求，真让我头疼，教室里哪有那么多前排座位啊？！

（摘自：班主任之友论坛《教育疑点》栏目）

案例分析

该老师只是就事论事，没有读懂家长要求的背后动机——担心孩子的成绩。诚然，所谓的好位置的确有限，而班主任又有自己的排位原则，如果轻易答应家长，势必会给今后的管理带来很大的隐患；而如果强硬拒绝，又会令家长不愉快，甚至认为老师对她的孩子有成见。解决这个问题的关键就是要超越对座位的安排，上升到对孩子学习的关注。当家长明白了老师很重视她的孩子，随便调座位对孩子的负面影响以及座位与成绩的相互关系时，自然就不会在座位问题上纠缠，矛盾就自然会得到化解。

现场模拟

家长：老师，为什么要把我的孩子放在最后一排？他的成绩下降得很厉害，我认为和他坐的位置有关。我希望你能把他安排在前三排。

老师：我知道你很关心孩子的成绩，其实我也同样关心他。孩子的成绩出现滑坡让你感觉很生气，这个我理解。哪个做妈妈的不希望自己的孩子出类拔萃呢？更何况你的孩子一贯优秀，很聪明。

家长：我刚看到他的成绩时的确非常生气，他之前从来没有考得那么差。

老师：以他的学习基础和智力水平，他肯定还能把成绩提上来。现在最关键的是我们家长和老师要冷静，要找出影响他成绩下降的根本原因。

家长：我认为就是座位的原因。

老师：这个也可能有影响，还有没有其他原因呢？

家长：也许我最近比较忙，关心他学习的时间比较少了。

老师：孩子的学习容易出现波动，稍微一放松就可能成绩下降很多。这很正常。你再想想还有没有其他可能的原因。

……

老师：我们一共总结了几条原因，下面逐一分析一下，以便找到最有效的解决方法。首先看看座位问题。上次小晨坐在第一排，但黑板比较反光，第一排也往往坐的是那些需要特殊照顾的学生，如成绩差、自制力弱、视力不好、听力不好的学生。上次调座位时我说，班里需要一个视力好又能自控的学生坐最后一排，他自告奋勇地举了手。我顺势鼓励他，在后排清静，干扰少，也方便他做课代表的工作。他很乐意地答应了。一个月下来，我感觉他在课堂上比以前坐第一排时安静认真许多……（根据具体原因分析）

三、家长求助，怎样说才有效

【方法源头】

1. 快速和家长建立亲和感

所谓亲和感，并不等同于我们常常提到的亲和力。亲和力只是亲和感的一种表现形式，亲和感是一种似曾相识、物以类聚的感觉。病友之间的同病相怜，英雄之间的惺惺相惜，不打不相识的痛快，都属于亲和感的范畴。许多人都曾经有过这种感觉，有时候尽管是初次见到某个人，却与对方一见如故，内心里感觉很亲切。而有时候，我们见到一个人，却不知为何，打心底里不喜欢甚至反感对方。

至于我们喜欢与自己相似的人在一起，是因为彼此间的振动频率处于同一等级。宇宙中充满了波动，同一频率会产生共鸣。就如同电视的屏幕，不同的频道会接收到不同的图像一样。

亲和感的建立在有效沟通中占有60%以上的比重。也就是说，语言技巧最多只占到40%。比方说，有时我们不需要和对方说过多的话，对方就已经欣然接受了我们的建议。反过来说，有些时候尽管我们句句在理，振振有词，但对方执意不接受我们的建议，甚至他自己也解释不清楚原因。这些都证明了单纯的语言技巧并不能主导一次有效的沟通。

亲和感的建立更多的是发生在潜意识的层面上。实际上，在一次沟通里面，最多10%的效果出自意识层面，这个层面一般是指语言文字；潜意识层面的沟通则可以高达90%，这个层面包括了情绪、表情和肢体动作，同时，这个层面的表现往往不能被当事人觉察到。

在沟通中，对方不接受主要有以下两个原因：第一，对方不喜欢和不信任你。第二，不知道接受之后所带来的利益。

其中最为基础与关键的是第一个因素。亲和感的建立更多的是在潜意识的层面进行，而在我们的日常沟通中，大部分人并不了解这一点，因此导致沟通无效。那么建立亲和感的技巧有哪些呢？

建立亲和感的主要技巧有微笑、倾听、接纳、配合等。前三个都已经在有关章节做了详细介绍，这里就重点介绍"配合"。

2. 配合对方的表现

所谓"配合"，主要是指模仿沟通对象的行为特征，比如语音、语调、语速、呼吸以及模仿对方的表情和肢体动作，这些模仿要做得自然，不能刻意，否则会弄巧成拙。例如，家长坐在那里很随便，表现得不拘小节，教师也要显得很随意，不要正襟危坐。这样会在潜意识里形成一种"一见如故""志同道合"的感觉。

3. 注意两人之间的位置关系

一般而言，教师尽可能不要站在或坐在家长的对面。因为面对面被称为"理性空间"，这种位置关系会让家长下意识地产生"我们对立"的感觉，也不方便肢体语言的交流。教师要尽量和家长面对同一方向，角度以90°～120°为宜。这个位置被称为"感性空间"，会令家长在潜意识里产生"我们是同一个立场"的感觉，如此家长的防御心理便会减弱，也更容易接受教师的建议。同时，在需要和家长交流书面材料时，或者需要写一些东西时，因为两人的视线是一个方向，交流起来就显得比较自然。此外，建立亲和感还需要肢体交流，例如，配合语言的表达，教师可以做一些拍家长的肩膀等肢体动作，这样的位置关系可使这些肢体动作显得自然、亲切。

4. 告诉家长一些基本的亲子沟通观念和方法

（1）家长要正确地看待自己的身份

在面对孩子时，家长应该用正确的态度看待自己的身份。

◆ 家长不是超人，也不是完人，家长只是平常人。家长需要承认自己：会胜，也会败；有心情好的时候，也有心情不好的时候；比一些人聪明，也比一些人笨拙；在一些事情上能力强，在另一些事情上能力弱；不能拥有所有想要的东西；不能永远不犯错。

◆ 家长与孩子有平等的需求，因为家长与孩子都是人。家长往往注重了对孩子的单方面关注，却忽略了自己，其实：孩子应该得到别人的尊重，家长也是一样；孩子应该得到公平对待，家长也是一样；孩子希望别人对他们和蔼、友善，家长也是一样；孩子希望做得好的时候有人赞赏，家长也是一样；孩子做得不好时应该得到谅解和鼓励，家长也是一样；当孩子感到悲痛、烦恼、颓丧的时候，希望有人给予支持、安慰，家长也是一样。

◆ 家长永远是孩子的家长，永远给孩子爱和支持。孩子成功，家长分享喜悦；孩子快乐，家长觉得开心；孩子不断地学习和进步，家长不断地予以鼓励和嘉许；孩子每次倒下再爬起来，家长都给予支持。

◆ 家长用语言和行为来证实上面的道理，因此所说的与所做的必须一致。有时家长在孩子面前是相当"紧张"的，其实：在孩子面前，家长无须永远正确、成功、愉快；家长不要害怕对孩子承认错误；面对孩子，家长无须隐藏内心的情绪；家长也不用担心孩子会因此变得脆弱；家长遇事显示自信、自爱、自尊，孩子看在眼里，便会模仿；家长面对事情表现坚定并及时做出决定，孩子便会当机立断；家长表现出对事情的结果承担责任，孩子也会愿意承担责任；家长礼让谦和，孩子便也愿意礼让谦和；家长用自然、轻松的方式表现出自己的生活态度，孩子自然也会以真诚、自信和积极的态度创造自己的人生。

（2）与孩子相处时应有的观念

李中莹先生在《亲子关系全面技巧》一书中指出，家长应具有以下几个观念，才能与孩子建立良好的亲子关系。

- ◆ 没有两个人是一样的。
- ◆ 一个人不能控制另一个人。
- ◆ 沟通的意义取决于对方的回应。
- ◆ 孩子的学习来自家长的行为和情绪，而不是家长的指令。
- ◆ 所有行为背后必有其正面动机。
- ◆ 有足够好的方法，别人定会追随。
- ◆ 凡事总有至少3个解决方法。
- ◆ 成长过程是一个学习过程。
- ◆ 应该帮助孩子成长，而不是代替孩子成长。
- ◆ "爱"不可以作为筹码。

（3）表扬孩子的步骤

- ◆ 表达自己的感受。父母的感受会让孩子获得情感上的认同和满足，也是对孩子行为认可的具体表达方式。
- ◆ 陈述事情经过。对孩子表扬要具体，在陈述事情经过时要明确指出孩子的哪些行为是值得表扬的。
- ◆ 指出亮点。最好把那些值得表扬的行为上升为精神品格。
- ◆ 提出希望。给孩子进一步努力的目标。

（4）NLP式谈话的步骤

第一步：接纳。心理学研究表明，一个人永远不可能和一个不接受自己的人进行有效沟通。事情已经发生，不管我们如何懊悔、抱怨和指责都不可能改变结果，所以对结果我们要接纳。例如，孩子成绩不理想，家长可以这样说：我知道你心里也很难受，这个成绩你也很不满意。

第二步：聚焦。心理学研究表明，当把注意力放在一个人的缺点上时，他的缺点会越来越明显；当把注意力放在一个人的强项上时，他的强项就会得到发挥。同样的一件事，如何问、如何把孩子引导到积极方面，是需要家长的智慧的。把焦点放在你想要的，而不是你不想要的上面。

例如，当孩子的成绩不理想时，一般家长会责怪孩子：你是怎么学的？你有没有认真学习？你这样的成绩对得起父母吗？……

NLP认为，家长应把注意力转移到孩子现在应该怎么办上。例如：在前一段时间的学习中你存在什么问题？你怎样才能把知识漏洞补上呢？

第三步：选择。心理学研究表明，人只会为自己选择的事情负责任。

例如，一般情况下孩子因成绩不理想而受到家长的责备，往往会为自己辩护，甚至会产生逆反心理。

而当家长与孩子进行NLP式谈话后，孩子会感到愧疚，积极寻找解决问题的办法。

第四步：承诺（激励）。心理学研究表明，当一个人向另一个人做出承诺时，他通常会为这个承诺采取行动。

让孩子向家长做出承诺后，家长也要懂得激励孩子。

【沟通实录】

1. 女儿容易发火

家长：我的女儿正处于青春期，脾气很大，容易发火，我怎么做才能让她平静下来？

老师：当你的女儿发火的时候，你发火了没有？

家长：我也发火，觉得这孩子不懂事，怎么能用这样的方式和父母说话呢？

老师：她在外面发火，你在心里发火。要让你的女儿安静下来，先得让你自己安静下来。你的女儿发火说明有让她发火的问题或理由，我们需要找出导致她发火的真正原因。

家长：可是一看到她发火我就生气，根本没有想她为什么发火。这个时候我如何控制自己的情绪呢？

老师：我们永远不能操控别人。你为什么要制止你女儿发火？因为她不发火时你自己感到安宁。嗯，说到底，你女儿发火不发火不是你真正关注的，你真正关注的是你自己内心的安宁，是不是？如果是这样，抛开你女儿发火的问题，来对自己的内心下功夫吧！你要保持内心的宁静、平和，然后再认真倾听孩子的倾诉。

家长：这个时候我该怎样回应她呢？

老师：接纳。先肯定她的情绪，例如说"你看起来很生气"等，接纳让孩子愿意倾诉自己的不满、委屈。一般情况下，她倾诉完了，情绪也就平复了。

家长：哦，我明白了。是我没接纳孩子的情绪，原因是我更在乎自己的感受。以后她再发火的时候，我一定让自己保持平静，自己内心平静，才可能让她平静。

老师：孩子发火只是表象，其实她内心应该有一个更深的动机——遇到困难，想引起家长的关注。如果家长认真对待孩子的情绪，她就会有受重视的感觉，也更愿意把内心的秘密和家长分享。

家长：明白了。我们要找出引起她发火的根源，这样才能真正解决问题并帮助孩子成长。

2. 孩子不愿意和父母交流

家长：我实在是搞不懂我家孩子，不知道他到底在想什么，有时候我跟他说话，他根本不理我。

（有这种苦恼的家长还真是不少，尤其是青春期孩子的家长更能体会这种感觉）

老师：他以前和你交流多吗？

家长：在这之前，原本每天从学校回来后，他总会兴高采烈地说学校里发生了什么事，甚至让人觉得很聒噪。现在他却变得沉默寡言。生活在同一个屋檐下，即使是再亲密的家人，如果没有任何沟通，我也没办法知道他究竟在想什么。

老师：能举个例子吗？

家长：有一次孩子放学后兴高采烈地告诉我，"妈妈，××今天学会了在单杠上翻一圈喔！"我就问他："那你呢？你也学会了吗？"结果他的情绪一下子就低落了。

老师：其实孩子很愿意和你分享他的感受。看到别的同学学会了一样东西，开心得像是自己的事一样，赶紧向妈妈报告，却听到妈妈这么问，孩子的心不但凉了半截，甚至还会浮现出"早知道就不跟妈妈说"的想法。当时听到你的追问，他是怎样回答的？

家长：他说他还没有学会。

老师：你又是怎样回应的呢？

家长：我说："你自己都还没学会，干吗替别人这么开心啊？"

老师：这样的回答让孩子由分享喜悦跌入挨批的痛苦境地，会大大降低他和家长分享的欲望。一般情况下孩子会有这样的反应："算了，以后不管有什么事，我都不会跟妈妈说了！"也许正是你这样的回应方式才让他慢慢地疏远了你。

家长：那么我该如何回应他呢？

老师：你可以这样说："很高兴能分享你的喜悦，如果你也学会了，我会更高兴。"一般孩子在得到接纳之后会尽量满足家长的愿望。

3. 孩子的压力比较大

家长：李老师，孩子最近学习压力比较大，动不动就和家长闹情绪。我们家长也在帮她减压，可效果总是不好。

老师：你们都是怎样说的？

家长：我们告诉她："孩子，没关系，即使考不上父母也不埋怨你。再说考不上大学的大有人在，人总会有出路的。看看我们村的傻二，没上学还不是照样生活。"

老师：我估计你们这样说完她会更有情绪。

家长：是的。

老师：知道你这样的评价在向她传递什么信息吗？言外之意就是你认为她本来就不行，她和"傻二"差不多。作为一个有上进心的学生，是无法接受这种评价的。

家长：那么，我们该怎样和她交流呢？

老师：战场上将军往往用"激将法"来唤醒士兵的士气，就像电视剧《亮剑》里李云龙说的那样，"我们就是一群狼，要打出独立团的士气"。所以，要多鼓励孩子，相信她一定能行，并且给孩子诉说的机会。得到鼓励和信任之后，孩子会做出理性选择的。

注：当孩子遇到困难时就需要家长的理解和支持。家长要多倾听，让孩子发泄内心的郁闷；多鼓励，给孩子以动力；多支持，给孩子以能量。

4. 孩子在家里埋怨老师

家长：李老师，我知道你对学生很好，可是我家孩子回到家经常抱怨学校的管理，不满意某些老师的教学。我也知道老师很辛苦，是孩子不理解老师。可是我越说老师有道理，孩子就越生气。我该怎么和孩子交流？

老师：是啊，当你说老师对的时候，等于间接在说孩子是错的，忽略了他的感受。一个人的感受被忽略时他往往会变得更加生气。

家长：那我总不能在孩子面前说老师不对吧。

老师：你可以先接纳孩子的感受，例如说："看来你在学校受委屈了""是不是老师冤枉你了""你看起来好像真的很受伤""哦，是这样啊""如果真是这样，我能理解你的感受"，等等。然后全神贯注地倾听孩子的心声，让孩子把内心的感受都说出来。一般情况下，当孩子表达完自己的郁闷、困惑甚至不满后，就会更理智地处理好自己的情绪和面临的问题。

注：不久后家长来电话说，按照我的方法和孩子沟通了，让孩子尽情地发泄不满，最后孩子反而说老师也是在为学生的前途考虑，不再需要我讲大道理了。

5. 爱不能当作教育的筹码

家长：我为孩子牺牲了自己，辞职在家照顾他，可是他却不理解。这让我伤透了心。

老师：可怜天下父母心。我非常理解你的心情。可是每当你强调自己如何牺牲的时候，就增加了孩子的一份负罪感和压力。你经常这样说，孩子会更反感和叛逆。

家长：是啊，有一次他竟然说不让我管他。我尽心尽力地照顾他，他却完全不理解。

老师：有时候对孩子过多地照顾反而是一种伤害，因为这无形中剥夺了孩子成长的权利。有一个机构做过一项调查，很多学生说感受不到父母的爱，甚至有学生说家长的付出是他们的责任，而不是爱。当问什么时候感觉到父母爱自己的时候，很多学生说当孩子为父母做一点事情，例如帮妈妈做家务、为辛苦一天的父母倒一杯水而得到家长表扬的时候。所以，家长要给孩子成长的机会。

6. 多关注积极行为

家长：孩子有些不良行为，多次批评总是不能改正。

老师：孩子小的时候往往分不清某种行为是好还是坏，好坏都是成人的评价。而孩子的行为往往是为了引起某种关注，或者说当某种行为得到了更多的关注时，他就会下意识地重复这种行为。你们做父母的平时都是怎样和孩子沟通的呢？

家长：说来惭愧，我和他妈妈工作都很忙，对孩子的关注比较少。我们尽量满足孩子物质上的需要，其他的做得就不多了。

老师：也许孩子的行为引起了你们的批评，在孩子看来是受到了更多的关注。所以，我建议你们多发现孩子好的行为并及时给予关注和表扬，而对其不良行为可以视而不见。如果是比较严重的不良行为就要果断惩罚，让他知道这样做是要付出代价的。当孩子习惯了良好行为的时候，其不良行为也往往会得到纠正。

家长：有时候看到孩子乱丢乱放东西，我会很生气，就忍不住要批评他。

老师：不良行为可以批评，但不要轻易地定性。家长可以直接说出自己的内心感受，让孩子知道他的这个行为令家长不高兴。孩子会自我评判，也会自我纠正的。

【案例评析】

案例呈现

某学生早恋，老师多次教育无效，于是找家长配合。老师先和家长交流了早恋的危害和教育的经过，希望取得家长的配合。家长对孩子的期望值很高，性情又有些急躁，听老师如此讲，顿时很恼火。最后，家长在老师面前对孩子进行了痛心疾首的批评，又要求孩子和对方断绝来往，安心学习。学生迫于多方压力，当面承诺，但内心里更加叛逆，和对方在感情上更加"贴近"，最后双方高考均失利。

案例分析

该老师的沟通很明显存在问题，在某种程度上起到了推波助澜的作用。强调早恋的危害会加大家长的心理负担，甚至会让家长情绪失控。讲述曾经的教育有两个心理暗示：我做了很大的努力，很关心你的孩子，老师是尽职尽责的；你的孩子屡教不改，问题很严重。也许老师沟通时没有这样想，但家长听到后会有这样的感觉。该老师只是关注自己表达了什么，却没有关注家长听到了什么。恰当的做法是适当淡化后果，多给家长以希望，然后与家长心平气和地探讨怎样做才能帮助学生顺利度过青春期,怎样做才更有利于学生的成长。

> **现场模拟**
>
> 　　老师:您的孩子目前成绩比较优秀,很有希望考上比较好的大学。只是目前孩子学习有点不太专心,遇到了一些成长中的问题,需要我们共同帮助孩子解决。
> 　　如果学生的成绩不好,可以找其他优点,例如沟通能力强、做事能力强等。
> 　　家长:……
> 　　老师:喜欢异性也说明孩子的心理发育正常,看看我们该怎样利用他的这种心理来帮助他更好地成长。例如,学会承担责任、学会处理情感、学会规划未来等。
> 　　老师可以给家长提供一些成功的案例供家长借鉴,然后家校双方共同努力,定能找到帮助学生的有效方法。

第13章
同事相处，怎样说才有效

一、同事日常相处，怎样说才有效

【方法源头】

同事是我们与之相处时间最长的群体，相处时间甚至会超过我们与家人相处的时间。因此，我们与同事相处时应努力建立和谐的同事关系，营造愉快的工作氛围。有了这个明确的目标，我们才能决定该如何进行语言表达。

1. 真诚地赞赏你的同事

人性的弱点之一就是希望证明"我"很重要，这个证明的过程就隐含了对方"不重要"的信息。而知识分子集中的群体，又容易犯"文人相轻"的毛病，所以有些教师经常会因为一些看似无关紧要的话、一些不经意的行为细节，而在不知不觉中疏远同事，导致双方关系恶化，进而影响工作心情。因此，教师要学会在工作和生活中"真诚地赞赏"同事。

林肯说："人人都喜欢受人称赞。"威廉·詹姆士也说过："人类本质里最殷切的需求是渴望被人肯定。"因此，当同事取得成绩时，不要漠视，而要真诚地送上你的祝福；当同事表达自己的观点时，不要轻视，而要用"三人行，必有我师"的心态表达你的认同；即使是同事穿了新衣服、换了发型这样的生活细节，也不要"视而不见"，而应真诚地表达你的关注。这些不经意的言论会对你的工作产生积极的影响。

赞赏不等于奉承，教师要多称赞同事的具体行为和表现，而不要随便地做评价性表扬，否则会给人居高临下的感觉，让同事听起来感觉不舒服。

2. 不要为无谓的事情争论

如果错了，就承认。赞赏的表现形式很多，有时倾听会有非同凡响的效果。当有人发言、做报告甚至表达一些社会观点时，你的倾听会让对方感到被认可和尊重。

3. 让语言充满关怀

奥地利著名心理学家阿尔弗雷德·阿德勒在《生命对你意味着什么》一书中写道："凡不关心别人的人，必会在有生之年遭受重大困难，并且大大伤害其他人。也就是这种人，导致了人类的种种错失。"

4. 少指责，多尊重

在和同事相处的过程中，难免会出现意见相左的情况，这个时候教师要尽量控制自己的情绪，尽量不要用指责的语言，而应该尊重同事的意见。俗话说："人要脸，树要皮。"此话道出了人性的弱点：爱面子。纵使对方的观点有明显偏差，也尽量不要穷追猛打，而应该照顾对方的面子，给他留一点空间。

切忌用自己的真知灼见击败对方，因为这样会让你显得比他更聪明，等于否定了他的智慧和判断力，打击了他的自尊心，同时也伤害了他的感情，对方不但不会改变自己的看法，还会进行反击，大伤和气。你可以用若无其事的方式或者承认自己错了的方式提醒对方。例如，用"好像你忘记了"来代替"你不知道"，用"你好像没说清楚"来提醒"你错了"。这样就会给对方一个心理缓冲空间，让他更理性地思考自己的看法。

永远不要说这样的话："看着吧，你会知道谁是谁非的！"这等于说："我会使你改变看法，我比你更聪明。"这实际上是一种挑战，在你还没有开始证明对方的错误之前,他已经准备迎战了。

科学家说人与动物的最大区别之一,在于人是一种有理性的动物;但是,并不是说人只有理性。实际上,感性在我们的日常行为中所起的作用,比理性所起的作用更大。"良药苦口利于病,忠言逆耳利于行""口蜜腹剑非君子,防他背后暗伤人"。古代流传下来的许多警句是告诫人们要保持理性的清醒,尽量多听取一些逆耳忠言。但是,即使如此,人们也还是更愿意听到他人对自己的正面评价。即使那些出自善意的指责和批评,往往也只会引起人们的反感和抵触。

5. 和而不同

许多人都习惯按照自己的喜好来处理人际关系,乐于与喜欢的人打交道,厌恶与不喜欢的人打交道。但因为人的个性特质、地域关系、行为习惯等多方面的差异,我们总会发现自己身边有一部分和自己"不投缘"的人。对此,我们应该多一分理性和宽容,少一些感性和指责,学会化敌为友,努力做到和而不同。

【沟通实录】

1. 牛粪与鲜花

我的搭档是五位美女老师,于是我开玩笑说:"我是最幸福、最有营养的'牛粪',因为竟然插了五朵'鲜花'。"有此一比喻,我们一年的合作都非常愉快。

2. 赞美

对女同事:

①这件衣服非常符合你的气质,有一种古典美。

②我看了好久也没认出这位红衣少女是谁，我还以为是刚分配来的大学生呢。

对男同事：

①不愧为才子，真是文武双全。学文科的竟然如此精通电脑，佩服！

②身在教育，心系天下。纵观时事，入木三分。

3. 误会

A：这件事不能怪我。

B：哦，什么事情让你误会了？

A：你刚才说的话好像在埋怨我。

B：哦，对不起，可能是我没有把握好语气。因为其他事情让我有些心烦，所以说话的语气好像有些情绪。我向你道歉，你就大人大量，不要和我一般见识了。

于是矛盾消除，一笑泯恩仇。

4. 批评与建议

A：你们班最近学习状态不好，要多想想办法。

B：谢谢你的提醒，你在班级管理方面的确有独到见解，能见微知著。能不能告诉我怎么做才能改变现状呢？

于是，双方交流的就是改进措施。

5. 关注对方感兴趣的话题

A：你今天穿的衣服好像不太搭配？

B：哦，看来你对穿衣很有研究。你能告诉我如何搭配才合适吗？

A：你怎么知道我对穿衣有研究的？不过还真让你猜对了，我平时很喜欢看一些时装杂志。

于是，对方大谈时装话题。讲者得到满足，听者学到知识，各得其所。

【案例评析】

案例呈现

林老师说:"当官员都很清廉时,教师讲奉献;当官员都贪腐时,教师也在寻求经济利益。这就是我们不能改变的社会现实。我们的学生如果不学会腐败,就无法进入管理层。"

此话一出立时引起了大家的激烈讨论,基本上都是驳斥他的。有的说:"寻求经济利益与改变社会风气不矛盾,可以用我们的理想来影响下一代。"有的说:"有黑暗,但太阳一定会升起。"有的说:"有阴影一定就有阳光,但我们不能生活在阴影里。"有的说:"只要我们的学生有足够的智慧和能力,就一定能进入管理层。"

该老师说大家太理想和太幼稚,认不清现实;大家说他太偏激,以偏概全。于是大家围绕"现实和理想"争论不休,最后不欢而散。

(摘自:QQ 聊天群)

案例分析

林老师语出惊人的目的其实是引起大家对当前的教育和现实做深入思考,而不是真的想否定对学生人格的培养;而大家的批评是建立在教育理想的角度,立足点是现实虽不理想,但教育不能失去理想。双方的立足点不同,得出的结论自然不同,争论自然也难有结果,这就是典型的"公说公有理,婆说婆有理"。如果不能转换角度看问题,只能是争论不休,甚至变成相互攻击。后面讨论的趋向也确实如此。面对这种情况,最好的办法是找出对方观点的合理之处,然后探究对方得出这个结论的依据,这样彼此很容易理解和沟通,最后就可以达成共识。

> **现场模拟**
>
> A：林老师的观点有一定的道理，看来林老师对教育有深刻的思考。
>
> B：是啊，现实很残酷，如果我们的学生只生活在象牙塔里，那么走向社会就很难适应。一位老板办酒店，给了检查人员500元，结果检查不合格，酒店只能关门。后来我告诉他，要给2万元，结果就合格了。这就是现实。
>
> A：这种现象的确存在，作为老师也很难改变现状。这就是理想与现实的碰撞，不同的观点往往对立统一：看不清现实，自己要碰壁；没有理想，自己很苦恼。所以，我们老师要学会将理想与现实结合起来。
>
> B：是啊，要想实现这个理想，必须遵守社会游戏规则。我也不排斥理想，我真正的意思是说很多老师的教育过于理想化。
>
> A：看来林老师在这方面有独特的见解，你能不能找个时间给大家做一个关于理想与现实的报告？
>
> B：这个就不敢当了，不过我的确在这方面有些研究。最近我出了一本书就是关于家庭教育案例研究的。
>
> 后面的交流就非常流畅了，林老师也深入地谈了他的研究心得。

二、协调科任老师，怎样说才有效

【方法源头】

1. 三赢原则

所谓三赢，也就是班主任、科任老师以及学生在内的工作环境都取得利益的沟通模式。既要有利于班主任的管理，又要有利于科任老师的教学，更要有利于学生的学习。如果损害了三方中的任何一方，沟通都是有害的。

2. 沟通六步骤

（1）明确目标

在沟通之前，需要明确我们的目标是什么，千万不要为了沟通而沟通，更不要为了发泄情绪、表达不满而沟通，这样的沟通不但效率低下，而且可能加深矛盾。

为了让沟通更有效率，请思考以下问题：

- ◆ 你沟通的目标是什么？
- ◆ 为什么这个目标如此重要？
- ◆ 这个目标是否符合"三赢原则"？
- ◆ 你如何知道自己已经达成目标？
- ◆ 达成目标的关键是什么？
- ◆ 为了这次沟通，你如何定位自己的角色？

我们发现很多班主任在沟通中容易跑题，这和他们没有清晰的沟通目标有关，结果思维随着对方的思路漫无目的地越跑越远，将沟通变成了毫无意义的闲聊。如果有了清晰的目标，班主任就能不失时机地将话题引回到正轨，保证沟通的顺畅。

还有的班主任，因为语言的误会，极力向对方解释和辩解，把交流的目标放在了证明"自己无错"上，其实这样的交流暗含了另一个意思：对方是错误的。于是，对方也极力解释自己的意思。这样两个人的思维不处在同一频道，都无法准确接收对方的信号，彼此都感觉不被理解。这样的沟通就会越解释误会越多。

明确了沟通目标之后，还要设想一下沟通的步骤，多做一些情境设想，以便自己从容应对。同时，要完成在这次沟通中的自我角色定位，这个角色意识会让自己更从容地处理各种意想不到的情况。例如，如果和科任老师有了矛盾，班主任可以设想："我是一个豁达的人，能包容科任老师的缺点，我应该站在有利于班级管理的角度来处理问题，而不是为了证明自己是对的。"

（2）建立沟通的亲和感

关于建立沟通的亲和感方面的内容，请参阅本书第12章"与家长沟通，怎样说才有效"。

（3）了解科任老师的需求

班主任和科任老师沟通的一个核心目标就是双方齐心协力来管理好班级，这个时候班主任可以通过询问来了解科任老师存在的问题，需要班主任给予哪些配合和支持。常用的问句有：

- ◆ 发生了什么？
- ◆ 你希望怎样？
- ◆ 对你有什么影响？
- ◆ 目前的情况如何？
- ◆ 还有呢？
- ◆ 你认为怎样才能解决这个问题？

（4）表述自己的看法

班主任和科任老师沟通时，一定要明确自己的立场，要让科任老师明白自己的管理思路。对于可能产生的矛盾，也要准确表达自己的看法。

（5）处理异议

班主任与科任老师沟通，难免会在具体方法上存在不同的看法。这个时候要妥善处理，可以先找出双方的共同目标，然后再分析达到这个目标的方式有哪些，这些方式各自的优缺点是什么，哪些方法可能是最有效的。

（6）达成共识

有了尊重、共同的目标和和谐的沟通氛围，在集体大脑风暴的分析下，就很容易找到最恰当的做法，并达成共识。

【沟通实录】

1. 学科成绩不理想

班主任老师（以后简称"班任"）：某老师，你教的几个班里就我们班的成绩最差，这可能是因为我的班级管理力度不够，或者学生的重视程度不够。你看看，今后需要我做些什么才能让我们班的成绩很快提上去？

科任老师（以后简称"科任"）：学生的兴趣不高，作业完成情况不好，个别学生还上课睡觉，这严重影响了我的上课情绪。

班任：的确是这样，学生没兴趣，我们老师再怎么着急都没用。你对该学科的学习比较有经验，你说说，怎样才能提高学生的学习兴趣？

科任：一定要提高学生的认识，在这方面我再做一些努力。我再想办法让课堂更生动一些。

班任：作业是学习的基本保障，用什么方法来保证学生按时完成作业呢？需要我做什么？

科任：学生的作业可能多了一些，这就需要你协调一下各科的作业量了。我布置的作业会再精减一些。我会让课代表做好统计，作业情况可以作为期末评分的一部分，给学生一些压力。

2. 学生对科任老师有意见

背景：一学生突然找到我说，她最近很讨厌×××老师，原因是该老师不喜欢她、不关注她，她上课故意睡觉，老师都不管。

班任：你认为×××同学怎样啊？

科任：很不错啊！开学以来一直都很认真。

班任：有没有感觉她最近有不正常的行为啊？

科任：她最近上课有睡觉现象，可能是身体不舒服吧，估计是女生的生理问题，我也不好意思问。

班任：呵呵，看来学生还真不了解你有多么信任她。她上课睡觉是因为渴望得到你的关注，而你的信任却被她误解为对她的冷漠。你说多冤枉！

科任：这样啊！看来我需要和她沟通一下了。

最后是皆大欢喜。

3. 学生在课堂上冒犯科任老师之后

背景：学生因为不满科任老师在课堂上对他的批评，竟然当场顶撞老师。

班任：对不起，我管教无方，让你受委屈了。

科任：我受点委屈没问题，就是这学生也太无法无天了，以后我还怎么管学生啊！

班任：是啊，如果学生都敢在课堂上顶撞老师，老师就没有办法驾驭课堂了。所以，我以后一定会加强对他们的教育。这一点还需要你的大力支持，希望能听听你的建议。

科任：其实你们班大部分学生表现还是很好的，就是这个学生太冲动，一点儿也不理解老师是为他好。

班任：是啊，老师的批评都是为了让学生学好，看到学生表现不好老师心里就着急。可是，学生就是不理解。想想当年做学生的时候，我自己也犯过类似的错误，听到老师毫不留情的批评，就觉得丢了面子，非常不满。现在想想我都为自己过去的幼稚而感到惭愧。

科任：是啊，学生都爱面子，也怪我有点儿冲动。如果课后和他单独交流，效果可能会好得多。

班任：你说得没错，很多时候我单独批评学生时他们都表现很乖，也很乐意接受批评。我该怎样处理才能帮助你挽回影响？要不要学生在全班同学面前向你道歉？

科任：你和他交流一下，让他明白我是为他好。只要他以后好好听课，就不一定非要道歉。再说我的处理方式也太简单了。

最后，学生还是私下向科任老师道歉了。一场风波换来了师生更融洽的交流。

4. 学生不满科任老师拖堂

班任：感觉我们班的学生学习态度怎样？

科任：还可以。

班任：可是我最近感觉很烦，他们学习的热情不高，玩的积极性倒很高，好像谁也不能剥夺他们玩的权利。

科任：就是，我也感觉到了。只要一下课学生就不安心，有几次还提醒我已经下课了。可是我还有几个重点的内容想要告诉他们，这些知识点都非常重要，就怕他们掌握不了。

班任：是啊，我也遇到过类似的情况。可能学生和我太熟悉了吧，他们竟然在下面向我抗议，要我保证他们休息的权利。我感觉一片好心被当成驴肝肺，真难过。为他们付出那么多，他们却不领情。

科任：其实想想也可以理解，他们一天上8节课，课间休息的时间又不多。看来以后我也要注意了，尽量不拖堂。他们无心学习，老师讲了也白讲。

班任：谢谢你的建议，我保证以后绝不拖堂，想办法向课堂要效率。

5. 反馈学生的教学评价

班任：这次教学评价结果出来了，学生很佩服你，说你专业扎实，讲课知识点明确，重点突出。

科任：有没有提什么改进的建议？

班任：只是个别同学建议你讲课再生动一点，甚至可以讲点故事。因为他们听久了容易疲惫，尤其是那些成绩不太理想的同学，他们希望老师的幽默能让他们保持兴奋状态。

科任：我们今年的教学任务比较重，我怕完不成任务啊。

班任：我也认为是这样，毕竟教学内容才是最重要的。可是怎样才能让他们保持长久的注意力呢？

科任：这是个问题，如果学生听课状态不好，讲得再多也没用。看来还得在课堂安排上想一些办法。

6. 科任老师过于依赖班主任

科任：李老师，你倡导以生为本的理念没错，可是，你是不是对学生有点太好了？

班任：哦，看来我的班级管理存在一些问题，请你直说。

科任：有些学生不怕老师，有几次学生的作业交得不齐。

班任：哦，我还不知道有这种情况。你认为该如何处理？毕竟我们都是为了学生好，我会全力支持的。

科任：你能不能多找这些欠作业的同学聊聊，甚至惩罚他们。

班任：没问题，只是我担心学生受到我的惩罚会迁怒于你，认为老师只会让班主任来管理他们，这样会不会降低你在学生心目中的威信？

科任：我也感觉把什么问题都推给班主任有些不恰当，还是我来想想办法吧。

班任：好的，我尊重你的意见。只要是为学生好，我一定会全力支持的。

【案例评析】

案例 1

案例呈现

记得那是我接手这个班的第三年，因为原先的数学老师调动工作走了，我们班换了数学老师。经过一段时间的接触，我发现这位数学老师在教学上非常认真负责，对付学生也有自己的一套。她来了没多久，我们班的学生就在学习、纪律等各方面都有不同程度的进步和改进。但时间一久，我发现，不管班级里的什么事情都少不了她了。处理班级突发事件也好，与家长的沟通也好，哪里都有她的身影。我的心里不由得升起阵阵的失落感。有时也不免在心里埋怨，到底我是班主任，还是她是班主任啊？

后来有一次，她跟我提及，我们班的学生时间观念似乎不是很强，做事情老是拖拖拉拉的，不知道什么时候该干什么，应该在教室里挂个钟，让他们增强一下时间观念。我一听也觉得有道理，想着有空去买个钟挂上。但后来因为各种琐事给耽搁了我就没买。过了两天，正是早自修的时间，我组织学生在教室里晨读，自己回到办公室拿书。数学老师一看到我就很开心地说："钟我买来了，电池也装上了，我这就去挂上。"说完她拿起钉子和锤子就往外走。我想也没想就说："下课再去吧。现在他们正晨读呢，你一去他们肯定没有读书的心思了，就看你挂钟了。"谁知她非常生气地回转身来，把锤子重重地扔在桌子上，嘟着嘴坐下了，啥话也不说。我顿时愣住了。我觉得自己也没说错什么啊，晨读时间本来就短，她这一去，这个晨读就算报销了。这个钟课间去挂也没关系啊，又不差那几分钟，她有必要这么小题大做吗？于是，我也非常生气地回教室了。我也感到很委屈：她凭什么扔锤子啊？再说买个钟挂上是我班主任的事情，我自己会做的，只是这几天忙忘了而已。就这样，也许是因为内疚，也许是因为妒忌，我没有主动去跟她沟通，两人憋了好几天的气，谁也没有跟谁讲话。

【摘自：郑国福. 班主任工作中的一次触礁［J］. 班主任之友：小学版，2011(11).】

案例分析

郑老师最后还是和数学老师化解了矛盾，最后的理性认识也非常到位。不过理性的认识往往无法取代感性的体验，理智上认为是对的，不代表着感情上是愉悦的。做一点小人之心的推测，郑老师很难说在感情上完全解脱了被取代的别扭感受，没有了这种推心置腹、相互欣赏的感受作为基础，班主任与科任老师的合作只能停留在理性认知层面，无法实现默契的合作。那么，如何才能做到既身有"彩凤"——共同的教育目标，而又能"双翼齐飞"——班主任与科任老师共同努力，从而真正实现"心有灵犀一点通"的真诚合作呢？下面我就从班主任与科任老师两个方面对该案例进行点评。

（1）班主任要学会找到科任老师行为的良好动机

一个人判断对方的行为时往往受到自己感受和认知模式的影响，对对方的行为动机做出误解，这样就很容易形成矛盾。虽然郑老师一开始为"这位数学老师在教学上非常认真负责"，为学生"在学习、纪律等各方面都有不同程度的进步和改进"而感到很高兴，但是一种被超越的不良感受还是在其内心滋生，直到"不管班级里的什么事情都少不了她了"，班主任的影响力被全面超越后的失落感逐渐加深，对数学老师的成见左右了其情绪和判断。虽说是因为各种烦琐事务而耽误了买钟，但郑老师的潜意识里也有对数学老师建议的不快。阻止挂钟只不过是这种潜意识的外化：一种行为的反击和自己才是班主任的证明。我不知道当时郑老师说话的语气如何，但从数学老师的反应来看，应该是让她感觉到了一种否定、一种不满，所以她才有了扔锤子的举动。而这种否定和不满恰恰就是对数学老师行为动机的误解，认为她是在忽略自己、轻视自己，而这种误解也会无形中传递给对方，双方这种微妙的感觉才会在看似都无差错的对话中产生矛盾。后来，其他同事的评价从旁观者的角度指出了数学老师行为的正面动机，这让郑老师如梦初醒，才有了后面的化解矛盾。所以，班主任要学会找出科任老师行为的正面动机，千万不要用自己的感受来代替理性的解读，否则会让矛盾越积越深，甚至难以化解。

（2）班主任要善于向科任老师咨询和求教

要想让班级管理形成合力，班主任就要整合好人力资源，发挥各科任老师的特长。刘邦就是统筹人力资源的高手。运筹于帷幄之中，决胜于千里之外，他不如张良；带兵打仗，他不如韩信；管理后勤粮草，他不如萧何。刘邦的能力、智慧等都不如他们，但他们三人皆能为刘邦所用。刘邦的用人之道非常值得我们学习。在《鸿门宴》中，刘邦遇到困难时说得最多的一句话就是"为之奈何"，这样就让张良的智慧得以充分地发挥，英雄有了用武之地。

（3）班主任要能真诚地赞赏和感谢科任老师

根据案例，我感觉到数学老师是一位非常有班级管理经验并且非常负责的老师，这样的老师在内心深处有"表现自己能力的欲望"，并渴望得到他人的认同和赞赏，当他们提供对班级管理有效的方法或帮助管理班级时，班主任要及时表达对科任老师的理解、支持和感谢，让对方的付出得到认可和尊重。赞赏者心胸宽广，被赞赏者内心愉悦，这样双方都会尽心尽力地为班级管理出谋划策，而不是心胸狭窄地计较谁高谁低。当一方做出一些不恰当行为时，也很容易取得对方的谅解。而郑老师最初对数学老师的表现不是赞赏和认同，更没有对数学老师的贡献明确表示感谢，而是产生了"羡慕、嫉妒、恨"，这样就很容易产生不良情绪。

（4）学会控制自己的情绪，不要让负面情绪污染了你的表达

情绪是内心想法最直接的表白，有时候从字面看起来毫无问题的语言，由于表达时的情绪不当就很容易造成误会。当郑老师说出"下课再去吧。现在他们正晨读呢，你一去他们肯定没有读书的心思了，就看你挂钟了"的时候，我猜测他的语气和传递的情绪应该是有问题的，也就是这种语气和情绪让数学老师感觉很不舒服，认为自己的一片好心被当作了驴肝肺，于是才有"把锤子重重地扔在桌子上，嘟着嘴坐下了，啥话也不说"的表现。心理学研究表明，大约有80%的交流是非言语性的。研究还显示，当人们接收的言语信息中包含了不协调的非言语内容（比如说"我尊敬你"，却用一种嗤之以鼻的声调），对方往往会对非言语信息做出回应。从案例中看不出郑老师说话时的语调和表情，我只想设问一下：郑老师当时说话的时候是不是内心还有一种声音存在，例如"你很烦""你是班主任还是我是班主任"等？如果这种内在声音存在，很可能就会通过非言语信息传递给了对方而自己还不知道。由此可知，当时郑老师的这句话从字面上分析好像全无问题，但很可能是因为他用了不恰当的声调或者肢体语言，而让数学老师感觉不舒服。从积压很久的被代替的不良情绪来看，我们可以猜测郑老师当时的情绪应该是不太愉快的。

（5）学会用幽默化解尴尬，调解双方的关系

数学老师的行为引起班主任的不快是人之常情，处理这种不愉快可以用智慧的方法，例如，和数学老师开玩笑说"现在学生非常佩服你，不如你就垂帘听政，我来做你的代言人"，或者开玩笑说"你就是我们班的'女孔明'，我这个'刘备'需要你鼎力相助"。这样既可以适当提醒数学老师，又不显得自己心胸狭窄，更不会把双方的关系弄僵。

（6）科任老师有好的动机，更要有恰当的方式

科任老师积极参与班级管理，这种行为非常值得肯定，但不能因为动机是好的而不顾及方法和他人的感受。科任老师在向班主任提出意见和采取措施时，要尊重班主任的意见，把决策的权力留给班主任。这样既尊重了班主任，又能让自己的方法和措施得以实施。例如，数学老师可以说："我发现学生的时间观念不强，做事情老是拖拖拉拉的，不知道什么时候该干什么。请你看看该怎么办。"解决这个问题的方法很多，其中包括在教室里挂一只钟。即使班主任想不到这一点，数学老师也可以这样说："你认为在教室里挂一只钟怎么样？"这样把决策的权力留给了对方，对方会乐意接受意见的。

总之，教育需要合力，形成合力的过程需要双方都为学生考虑，更需要一定的胸怀和沟通技巧，这样才能让双方"心有灵犀一点通"，共同浇灌教育之花，享受教育之果。

【李进成. 身有彩凤双飞翼[J]. 班主任之友：小学版，2011（11）.】

现场模拟

数学老师：钟我买来了，电池也装上了，我这就去挂上。

班主任：太谢谢你了，也请你谅解我的疏忽大意。有你这个女"孔明"，我这个"刘备"就轻松多了。这个粗活就让我来做吧，下课后我找个学生挂上去。你很有班级管理经验，以后还要请你多多指教啊！

案例 2

案例呈现

自从我班换了英语老师后，英语课的纪律一直不太好。我一直感到奇怪：我班其他课，甚至连不受重视的政治课的纪律都比较好，为什么英语课的纪律这么成问题呢？难道仅仅是因为我班是普通班，学生英语基础差，英语课上听不懂就忍不住偷偷讲话么？但是前任英语老师的课堂纪律很好，从来不用我操心啊。经过多次巡视我发现，很多学生根本不是在偷偷摸摸地讲话，而是在光明正大地讲，而当他们看到我时瞬间安静下来。我为此批评过学生，惩罚过他们，也和他们讲过道理。他们也表示保证遵守纪律，可是我一去就安静，我一走就嘈杂的状况依然如故。我不由得有些埋怨英语老师：她好歹也一把年纪了，在我坚决地做其后盾的情况下，为什么还是管不好课堂纪律呢？

这不，英语早读课已经上了10分钟了，我在教室隔壁的办公室里只听到杂乱的说话声此起彼伏，而我所希望听到的读书声却迟迟没有出现。我坐不下去了，起身走到教室门口。这才发现全班绝大多数学生正在边闲聊，边看笑话似的欣赏着英语老师当众批评两名站在讲台前的同学。稍听了一会儿，我就知道原来是这两名学生又没做英语家庭作业。英语老师的话有些冲。我皱了下眉，走到英语老师身边，小声地对她说："于老师，这两名学生课后再处理吧，下面这么多学生在等着呢。"没想到我自以为委婉的话讲过后，英语老师发飙了:"这两名学生总是不做作业,我不应该及时处理吗?课后我没时间再来处理!"我有点不舒服了,声音冷硬下来:"可是这样侵犯了其他学生的权利,浪费了他们的时间。"我的话刺激了英语老师,她以更冷硬的声音说:"我的课堂我做主,我有权利决定该怎么做,不用你来说!"我也有些怒火上涌了,撂下一句话走出了教室:"班主任有义务协调师生之间的这种状况!"坐在办公室里,我心里很不是滋味。

早读课结束,英语老师捧着作业本走进我的办公室,来找我谈话。她花了很长时间阐述她的观点,即她的课堂她做主,我无权干涉她的课堂。她阐述完毕,我发表了与她大相径庭的观点,她又忍不住接连反驳我的话。我觉得很无趣,伸手做了个请离开的姿势,请她离开,说我们两人的观点完全不合,没必要再谈下去。她气冲冲地再次重申了她的观点,又要求我做好班主任的工作,把班带好,少对她指手画脚。我则说:"行,有本事你把课堂管好,不用烦我就行!"两人不欢而散,自此开始冷战。

【摘自:张建美.当班主任与任课老师发生碰撞[J].
班主任之友:中学版,2011(9).】

案例分析

案例中矛盾的焦点好像是一次对违纪学生处理的方法差异,其实根本的问题应该是日常情绪积累的集中爆发,该事件只不过是点燃双方不良情绪的导火索。出现这种不良情绪是由于彼此有了"成见",这种成见又左右了对对方行为的判断。

张老师对英语老师最大的成见就是"缺乏能力"。英语课纪律差不是由于这个班是普通班、学生英语基础差,因为前任英语老师的课堂纪律很好,从来不用班主任操心,因此现在英语课纪律差是现任英语老师能力差造成的。"经过多次巡视我发现,很多学生根本不是在偷偷摸摸地讲话,而是在光明正大地讲",说明英语老师缺乏责任心,所以,

"我不由得有些埋怨英语老师：她好歹也一把年纪了，在我坚决地做其后盾的情况下，为什么还是管不好课堂纪律呢？"于是这一成见就在内心深处不断生长，直到爆发。

成见的感觉是会传递的，英语老师肯定也会感觉出班主任对她的不满意，于是双方的误会、不满情绪也就越来越多。

造成双方出现误会、产生成见的一个重要因素就是双方的价值观不同，这个不同会让双方对事物的认知产生差异。价值观是沟通的最大障碍之一，当价值观不一样时，很多人就会犯一种错误，就是要求别人接受自己的价值观，要求别人符合他的规则，而为了达到目的，甚至会通过指责对方的错误来证明自己是对的。案例中英语老师认为"我的课堂我做主，我有权利决定该怎么做，不用你来说"，而班主任张老师认为"班主任有义务协调师生之间的这种状况"。双方各执一词，都认为自己是对的，于是都感觉理直气壮，同时又都想说服对方接受自己的观点。当对方不接受自己的观点时就会急躁、生气、冲动，这样的沟通只能让矛盾越来越深。

双方对沟通的理解也有错误，表达自己的观点不是沟通，那只不过是在强调自己有理，这样的强调和解释等于间接在说对方是错误的。这只是单向表达，而不是双方沟通。沟通的根本目的就是最终达成共识，但大多数人的想法却是我跟你沟通不了，我们两个想法不一致，沟通一次、两次、三次之后，我就拒绝跟你沟通。其实，这个时候不是拒绝沟通，而是根本还没开始沟通，只不过是"道不同，不相为谋"的意识阻碍了沟通。案例中张老师最后的决定也是这样："我觉得很无趣，伸手做了个请离开的姿势，请她离开，说我们两人的观点完全不合，没必要再谈下去。"这样就彻底堵住了沟通的渠道。

那么当班主任和科任老师发生碰撞时该如何解决呢？我认为，首先应该抛开"成见"，关注事件本身，瞄准期望的最终目标，用客观的态度处理问题，莫让成见遮望眼。

佛家教义《金刚经》中有一句话：应无所住而生其心。意思是说，在评论之前应该先把固有的认识、观念放弃，不能让固有的认识左右了自己对事件的评价。老子《道德经》第四十八章中说："为学日益，为道日损。损之又损，以至于无为。无为而无不为。"损，就是逐渐减少自我的认识，最终消除自我认识；达到无为，就是不用自己的主观见解而认识世界，遵循客观的规律和事实真相，做到这些就能够无不为。庄子在《齐物论》中提到"丧我"，也是这个意思。

心理学也强调"不知道"的状态，就是尝试放下所有预先存在的前提和假设，针对特定的情境或体验，获得一个新鲜的、无偏见的观点。也就是说，人们试图探索或检测特定的人或情境时，应让自己处于不知道的状态，以避免任何可能使自己戴上有色眼镜的预先假设。案例中双方的行为很明显都带有自己的成见，从而给双方的沟通带来了严重障碍。

其次，要学会处理沟通前的五个问题。

①当对方做了一些让你感觉不爽的行为时，先不要闹情绪，而是要先问自己："我是如何定义他的行为的？"

案例中张老师看到英语老师置早读课于不顾，而在处理两个学生，这个行为让张老师内心很不舒服，于是一股对英语老师不满的情绪油然而生，"皱了下眉"就是证据。这种情绪自然就会流露在与英语老师交流时的语气和语言模式中，"于老师，这两名学生课后再处理吧，下面这么多学生在等着呢。"这句话似乎听上去语气委婉，但不满意的成分很多，正常人都能感觉出来，有批评英语老师处理方式不当，耽误了大部分学生学习的意思。而英语老师对她的行为的定义是有问题就应该及时处理，将班主任的干涉定义为干涉她的教育，于是自然也会感觉不爽，发飙也就是顺理成章的事了。

②我是否充分了解了这件事情，他人行为背后真正的正面出发点是什么？

每个人的行为背后的出发点都有正面的因素，我们要学会找到这个正面信息。案例中英语老师对两个学生训话，班主任看到的是"下面这么多学生在等着呢"，于是认定该行为不恰当；而英语老师则认为应及时处理，不能让这样的事情一再发生，耽误一会儿早读可能影响不大。英语老师主动找班主任沟通的行为也是想取得对方的认同。如果班主任能关注这些正面信息，那么双方就会很容易取得共识。

③我如何换一个定义来诠释这件事情？

如果张老师对英语老师的行为进行重新定义，我想情绪反应和沟通效果会大不相同。例如，我们可以定义英语老师认真负责，处理问题比较及时，对学生永不放弃，与这样的人合作会提高自己的做事效率和发现问题的能力。当我们对对方行为的定义发生改变时，我们的感觉也会跟着改变。沟通时呈现的是正面情绪，这种情绪也会积极地影响双方，从而达到我们想要的沟通目的。

④双方的共同点是什么？

当双方意见不一致时，大部分人的注意力会发生偏差，不是把注意力放在共性上，而是过多地关注彼此的差异。越强调差异，越强调自己的立场，对方就会越坚持他的立场，结局往往是不欢而散。这个时候就需要我们跳出自己的思维，设身处地地站在对方的立场上考虑一下，运用上位推理，找出双方的共同点。案例中双方的共性还是比较明显的，都希望教育得到良性发展，都有对学生认真负责的态度，如果双方的沟通在这个共性的基础上，我想会很容易解决问题的。

⑤我应该用什么方式来跟他沟通，才能解决问题并使我们之间的关系变得更好呢？

当思维关注沟通方式时，其实是很容易找到答案的。这位班主任冷静下来后的反思就很有价值："于老师，这两个学生我来处理吧，不能让他们干扰了你的正常上课。"我想，当时班主任如果用这样的方式来沟通，英语老师是很乐意接受的。

矛盾是绝对的，只要有合作就必然会有不同的看法，这时最需要的就是良好的沟通方式。如果在沟通之前抛开成见，就事论事，认真思考上面的五个问题，我想很多问题就会迎刃而解。

【李进成. 莫让成见遮望眼[J]. 班主任之友：中学版，2011（9）.】

现场模拟

班主任：你们两个同学怎么又惹老师生气了？知道你们都犯了哪些错误吗？

班主任：第一，不按时做作业，耽误了自己的学习，影响了老师的心情；第二，老师的时间是全体同学的，因为处理你们两个的问题而影响了其他同学的学习；第三，于老师是一位非常负责的老师，你们的行为是对于老师的不尊重。

班主任：于老师，先不要生气，你先照顾其他同学，让我来处理这两个学生的问题。我一定会给你一个满意的答复的。

（事后班主任再向于老师表示歉意）

班主任：于老师，真对不起，都是我治班无方。如果班级管理还有哪些不足，请你一定要多提宝贵意见。另外，你大人大量，为了全班学生的利益，请你不要生气了。

万千教育 基础教育类书目

书号	书名	著、译者	定价(元)
班主任工作理念与方法系列			
2877	班主任工作的60个"鬼点子"	刘坚新 郑学志 编著	52.00
2879	班主任与家长沟通的艺术 ——创建优质家校关系的60个策略	郑学志 著	52.00
2204	做一个会"偷懒"的班主任（第二版）	郑学志 著	48.00
1708	怎样教授道德才有效 ——德育心理学家给教师的建议	杨韶刚 等译	48.00
1709	学生特殊问题发现与应对 ——给普通教师的建议	昝飞 等著	48.00
7316	把班级还给学生 ——班集体建设与管理的创新艺术	郑立平 著	26.00
7344	遭遇问题学生 ——问题学生的教育与转化技巧	万玮 编著	25.00
7317	魅力班会是怎样炼成的	杨兵 著	25.00
8631	家校沟通，没有痛过你不会懂 ——知名班主任梅洪建的心路历程	梅洪建 著	32.00
0539	如何上好班级心理辅导活动课 ——钟志农答疑50问	钟志农 著	42.00
9902	德育主任新方略	丁如许 著	32.00
8611	班主任工作中的心理效应	刘儒德 主编	35.00
1135	班主任有效沟通的艺术与技巧	李进成 著	36.00

0541	班主任如何破解德育低效难题	赵　坡　著	35.00
9135	班主任，青春万岁——王君带班之道	王　君　著	34.00
8770	班主任如何带好差班	赵　坡　著	30.00
8309	扶年轻班主任上马	王　莉　著	38.00
7926	教师必须掌握的教育惩戒艺术	郑立平　等　著	28.00
7928	做一个聪明的班主任 ——对常见七类学生的教育艺术	郑立平　等　著	28.00
班主任工作理念与方法系列合计			**694.00**
中学/中职班主任专业技能系列			
0938	好班是怎样炼成的 ——中学班主任班级建设之道	谢　云　主编	38.00
9882	初中主题班会设计技巧与优秀案例	郑学志　主编	34.00
9056	高中主题班会设计技巧与优秀案例	郑学志　主编	32.00
9557	打造高中卓越班级的42个策略	覃丽兰　著	38.00
9990	打造中职卓越班级的41个策略	李　迪　著	32.00
9905	中职主题班会设计技巧与优秀案例	李　迪　著	35.00
9604	中学德育问题与对策	李　季　贾高见　著	35.00
8463	中学班主任的70个临场应变技巧	刘令军　等　著	34.00
中学/中职班主任专业技能系列合计			**278.00**

……
欲了解更多图书信息，请登录：www.wqedu.com
联系地址：北京市西城区三里河路6号院2号楼213室　万千教育
咨询电话：010-65181109，65262933

*本目录定价如有错误或变动，以实际出书为准。